〔漢〕司馬遷 撰
〔宋〕裴駰 集解
〔唐〕司馬貞 索隱
〔唐〕張守節 正義

點校本
二十四史
修訂本

史記

第五册
卷三一至卷四二

中華書局

2013 年 9 月第 1 版　2024 年 6 月第 11 次印刷
ISBN 978-7-101-09501-2

史記卷三十一

吳太伯世家第一

索隱系家者，記諸侯本系也，言其下及子孫常有國。故孟子曰「陳仲子，齊之系家」。又董仲舒曰「王者封諸侯，非官之也，得以代爲家也」。

吳太伯，〔一〕太伯弟仲雍，〔二〕皆周太王之子，而王季歷之兄也。季歷賢，而有聖子昌，太王欲立季歷以及昌，於是太伯、仲雍二人乃犇荆蠻，文身斷髮，示不可用，〔三〕以避季歷。季歷果立，是爲王季，而昌爲文王。太伯之犇荆蠻，自號句吳。〔四〕荆蠻義之，從而歸之千餘家，立爲吳太伯。

〔一〕集解韋昭曰：「後武王追封爲吳伯，故曰吳太伯。」索隱國語曰黄池之會，晉定公使謂吳王夫差曰「夫命圭有命，固曰吳伯，不曰吳王」，是吳本伯爵也。范甯解論語曰「太者，善大之稱；伯者，長也。周太王之元子，故曰太伯」。稱仲雍、季歷，皆以字配名，則伯亦是字，又是爵，但其名史籍先闕耳。正義吳，國號也。太伯居梅里，在常州無錫縣東南六十里。至十九世孫壽夢居之，號句吳。壽夢卒，諸樊南徙吳。至二十一代孫光，使子胥築闔閭城都之，今蘇州也。

【二】索隱伯、仲、季是兄弟次第之字。若表德之字，意義與名相符，則系本曰「吳孰哉居蕃離」，宋忠曰「孰哉，仲雍字。蕃離，今吳之餘暨也」。解者云雍是孰食，故曰雍字孰哉也。

【三】集解應劭曰：「常在水中，故斷其髮，文其身，以象龍子，故不見傷害。」正義江熙云：「太伯少弟季歷生文王昌，有聖德，太伯知其必有天下，故欲傳國於季歷。以太王病，託採藥於吳越，不反。太王薨而季歷立，一讓也；季歷薨而文王立，二讓也；文王薨而武王立，遂有天下，三讓也。又釋云：太王病，託採藥，生不事之以禮，一讓也；太王薨而不反，使季歷主喪，不葬之以禮，二讓也；斷髮文身，示不可用，使歷主祭祀，不祭之以禮，三讓也。」

【四】集解宋忠曰：「句吳，太伯始所居地名。」索隱荆者，楚之舊號，以州而言之曰荆。蠻者，閩也，南夷之名；蠻亦稱越。此言自號「句吳」，吳名起於太伯，明以前未有吳號。地在楚越之界，故稱「荆蠻」。顏師古注漢書，以吳言「句」者，夷語之發聲，猶言「於越」耳。此言「號句吳」，當如顏解。而注引宋忠以爲地名者，系本居篇曰「孰哉居蕃離，孰姑徙句吳」，宋氏見史記有「太伯自號句吳」之文，遂彌縫解彼云是太伯始所居地名。裴氏引之，恐非其義。蕃離既有其地，句吳何總不知真實？吳人[一]不聞別有城邑曾名句吳，則系本之文或難依信。吳地記曰：「泰伯居梅里，在闔閭城北五十里許。」

太伯卒，【一】無子，弟仲雍立，是爲吳仲雍。仲雍卒，【二】子季簡立。季簡卒，子叔達立。叔達卒，子周章立。是時周武王克殷，求太伯、仲雍之後，得周章。周章已君吳，因而封之。乃封周章弟虞仲於周之北故夏虚，【三】是爲虞仲，【四】列爲諸侯。

【一】集解皇覽曰：「太伯冢在吳縣北梅里聚，去城十里。」

【二】索隱吳地記曰：「仲雍冢在吳郡常孰縣西海虞山上【一】，與言偃冢並列。」

【三】集解徐廣曰：「在河東大陽縣。」

【四】索隱夏都安邑，虞仲都大陽之虞城，在安邑南，故曰夏虚。左傳曰「太伯、虞仲，太王之昭」，則虞仲是太王之子必也。又論語稱「虞仲、夷逸隱居放言」，是仲雍稱虞仲。今周章之弟亦稱虞仲者，蓋周章之弟字仲，始封於虞，故曰虞仲。則仲雍本字仲，而爲虞之始祖，故後代亦稱虞仲，所以祖與孫同號也。

周章卒，子熊遂立。熊遂卒，子柯相立。【一】柯相卒，子彊鳩夷立。彊鳩夷卒，子餘橋疑吾立。【二】餘橋疑吾卒，子柯盧立。柯盧卒，子周繇立。【三】周繇卒，子屈羽立。【四】屈羽卒，子夷吾立。夷吾卒，子禽處立。禽處卒，子轉立。【五】轉卒，子頗高立。【六】頗高卒，子句卑立。【七】是時晉獻公滅周北虞公，以開晉伐虢也。【八】句卑卒，子去齊立。去齊卒，子壽夢立。【九】壽夢立而吳始益大，稱王。

【一】正義柯音歌。相音相匠反。

【二】正義橋音蹻驕反。

【三】正義繇音遥，又音由。

【四】正義屈，居勿反。

【五】索隱譙周古史考云「柯轉」。

【六】索隱古史考作「頗夢」。

【七】索隱古史考云「畢軫」。

【八】索隱春秋經僖公五年「冬，晉人執虞公」。左氏二年傳曰「晉荀息請以屈産之乘與垂棘之璧假道伐虢，宫之奇諫，不聽。虞公許之，且請先伐之，遂伐虢，滅下陽」。五年傳曰「晉侯復假道伐虢，宫之奇諫，不聽。以其族行，曰『虞不臘矣』。八月甲午，晉侯圍上陽。冬十有二月，滅虢。師還，遂襲虞，滅之」也。

【九】正義夢，莫公反。

自太伯作吴，五世而武王克殷，封其後爲二：其一虞，在中國；其一吴，在夷蠻。十二世而晉滅中國之虞。中國之虞滅二世，而夷蠻之吴興。【一】大凡從太伯至壽夢十九世。【二】

【一】正義中國之虞滅後二世，合七十一年，至壽夢而興大，稱王。

【二】索隱壽夢是仲雍十九代孫也【三】。

王壽夢二年，【一】楚之亡大夫申公巫臣怨楚將子反而犇晉，自晉使吳，教吳用兵乘車，令其子爲吳行人，【二】吳於是始通於中國。吳伐楚。十六年，楚共王伐吳，至衡山。【三】

【一】索隱自壽夢已下始有其年，春秋唯記卒年。計二年當成七年也。

【二】集解服虔曰：「行人，掌國賓客之禮籍，以待四方之使，賓大客，受小客之幣辭。」索隱左傳魯成二年曰「巫臣使齊，及鄭，使介反幣，而以夏姬行，遂犇晉」。七年傳曰「子重、子反殺巫臣之族而分其室，巫臣遺二子書曰『余必使爾罷於奔命以死』。巫臣使於吳，吳子壽夢悅之，乃通吳于晉，教吳乘車，教之戰陣，教之叛楚，寘其子狐庸焉，使爲行人。吳始伐楚，伐巢，伐徐。馬陵之會，吳入州來，子重、子反於是乎一歲七奔命」是。

【三】集解杜預曰：「吳興烏程縣南也。」索隱春秋經襄三年「楚公子嬰齊帥師伐吳」，左傳曰「楚子重伐吳，爲簡之師，克鳩茲，至于衡山」也。

二十五年，王壽夢卒。【一】壽夢有子四人，長曰諸樊，【二】次曰餘祭，次曰餘眛，【三】次曰季札。【四】季札賢，而壽夢欲立之，季札讓不可，於是乃立長子諸樊，攝行事當國。

【一】索隱襄十二年經曰「秋九月，吳子乘卒」。左傳曰壽夢。計從成六年至此，正二十五年。系本曰「吳孰姑徙句吳」。宋忠曰「孰姑，壽夢也」。代謂祝夢乘諸也。「壽」「孰」音相近，「姑」之言諸也，毛詩傳讀「姑」爲「諸」，知孰姑壽夢是一人，又名乘也。

【二】索隱春秋經書「吳子遏」，左傳稱「諸樊」，蓋遏是其名，諸樊是其號。公羊傳「遏」作「謁」。

【三】索隱左傳曰「閽戕戴吳」。杜預曰「戴吳，餘祭也」。又襄二十八年左傳，齊慶封奔吳，句餘與之朱方。杜預曰「句餘，吳子夷末也」。計餘祭以襄二十九年卒，則二十八年賜慶封邑，不得是夷末。且句餘餘祭或謂是一人〔四〕，夷末惟史記、公羊作「餘眜」〔五〕，左氏及穀梁並爲「餘祭」〔六〕。「夷末」「句餘」音字各異，不得爲一，或杜氏誤耳。正義祭，側界反。眜，莫葛反。

【四】索隱公羊傳曰：「謁也，餘祭也，夷末也，與季子同母者四人。季子弱而才，兄弟皆愛之，同欲以爲君〔七〕，兄弟遞相爲君，而致國乎季子。故謁也死，餘祭也立；餘祭也死，夷末也立；夷末也死，則國宜之季子，季子使而亡焉。僚者，長庶也，即之。闔閭曰：『將從先君之命與，則國宜之季子也；如不從君之命，則宜立者我也。僚惡得爲君乎？』於是使專諸刺僚。」史記壽夢四子，亦約公羊文，但以僚爲餘眜子爲異耳。左氏其文不明，服虔用公羊，杜預依史記及吳越春秋。下注徐廣引系本曰「夷眜生光〔八〕」，檢系本今無此語〔九〕。然按左氏狐庸對趙文子〔一〇〕，謂「夷末甚德而度，其天所啓也，必此君之子孫實終之」。若以僚爲末子，不應此言。又光言「我王嗣」，則光是夷眜子〔一一〕，且明是庶子。

王諸樊元年，【一】諸樊已除喪，讓位季札。季札謝曰：「曹宣公之卒也，諸侯與曹人不義曹君，【二】將立子臧，子臧去之，以成曹君，【三】君子曰【四】『能守節矣』。君義嗣，【五】誰敢干君！有國，非吾節也。札雖不材，願附於子臧之義。」吳人固立季札，季札弃其室而耕，乃舍之。【六】秋，吳伐楚，楚敗我師。四年，晉平公初立。【七】

【一】集解世本曰「諸樊徙吳」也。

【二】集解服虔曰：「宣公，曹伯盧也，以魯成公十三年會晉侯伐秦，卒于師。曹君，公子負芻也。負芻在國，聞宣公卒，殺太子而自立，故曰不義之也。」

【三】集解服虔曰：「子臧，負芻庶兄。」索隱成十三年左傳曰：「曹宣公卒于師。曹人使公子負芻守，使公子欣時逆喪。秋，負芻殺其太子而自立。」杜預曰：「皆宣公庶子也。負芻，成公也。欣時，子臧也。」十五年傳曰：「會于戚，討曹成公也，執而歸諸京師。諸侯將見子臧於王而立之。子臧曰：『前志有之曰：「聖達節，杜預曰：聖人應天命，不拘常禮也。次守節，杜預曰：謂賢者也。下失節。杜預曰：愚者妄動也。」爲君，非吾節也。雖不能聖，敢失守乎？』遂逃，奔宋。」

【四】索隱君子者，左丘明所爲史評仲尼之詞，指仲尼爲君子也。

【五】集解王肅曰：「義，宜也。嫡子嗣國，得禮之宜。」杜預曰：「諸樊嫡子，故曰義嗣。」

【六】索隱「諸樊元年已除喪」至「乃舍之」，皆襄十四年左氏傳文。正義舍音捨。

【七】索隱左傳襄十六年春「葬晉悼公，平公即位」是也。

十三年，王諸樊卒。【一】有命授弟餘祭，欲傳以次，必致國於季札而止，以稱先王壽夢之意，且嘉季札之義，兄弟皆欲致國，令以漸至焉。季札封於延陵，【二】故號曰延陵季子。

【一】索隱春秋經襄二十五年：「十有二月，吳子遏伐楚，門于巢，卒。」左傳曰：「吳子諸樊伐楚，以報舟師之役，門于巢。巢牛臣曰：『吳王勇而輕，若啓之，將親門。我獲射之，必殪。是君也死，疆其少安。』從之。吳子門焉，牛臣隱於短牆以射之，卒。」

【二】索隱襄三十一年左傳趙文子問於屈狐庸曰「延州來季子其果立乎」，杜預曰「延州來，季札邑也」。昭二十七年左傳曰「吳子使延州來季子聘于上國」，杜預曰「季子本封延陵，後復封州來，故曰延州來」。成七年左傳曰「吳入州來」，杜預曰「州來，楚邑，淮南下蔡縣是」。昭十三年傳「吳滅州來」〔二〕，二十三年傳「吳伐州來」〔三〕。則州來本爲楚邑，吳光伐滅，遂以封季子也。地理志云會稽毗陵縣，季札所居。太康地理志曰「故延陵邑，季札所居，栗頭有季札祠」。地理志沛郡下蔡縣云「古州來國，爲楚所滅，後吳取之，至夫差遷昭侯於此」。公羊傳曰「季子去之延陵，終身不入吳國」，何休曰「不入吳朝廷也」。此云「封於延陵」，謂因而賜之以菜邑。而杜預春秋釋例土地名則云「延州來，闕」，不知何故而爲此言也。

王餘祭三年，齊相慶封有罪，自齊來犇吳。吳予慶封朱方之縣，【一】以爲奉邑，以女妻之，富於在齊。

【一】集解吳地記曰：「朱方，秦改曰丹徒。」

四年，吳使季札聘於魯，【一】請觀周樂。【二】爲歌周南、召南。【三】曰：「美哉，始基之矣，【四】猶未也。【五】然勤而不怨。」【六】歌邶、鄘、衞。【七】曰：「美哉，淵乎，憂而不困者也。【八】吾聞衞康叔、武公之德如是，是其衞風乎？」【九】歌王。【一〇】曰：「美哉，思而不懼，其周之東乎？」【一一】歌鄭。【一二】曰：「其細已甚，民不堪也，是其先亡乎？」【一三】歌齊。曰：「美哉，泱泱乎，大風也哉。【一四】表東海者，其太公乎？【一五】國未可量也。」【一六】歌豳。曰：「美哉，蕩蕩乎，樂而不淫，【一七】其周公之東乎？」【一八】歌秦。曰：「此之謂夏聲。夫能夏則大，大之至也，其周之舊乎？」【一九】歌魏。曰：「美哉，渢渢乎，【二〇】大而寬〔四〕，【二一】儉而易行，以德輔此，則盟主也。」【二二】歌唐。曰：「思深哉，其有陶唐氏之遺風乎？不然，何憂之遠也？【二三】非令德之後，誰能若是！」歌陳。曰：「國無主，其能久乎？」【二四】自鄶以下，無譏焉。【二五】歌小雅。【二六】曰：「美哉，思而不貳，【二七】怨而不言，【二八】其周德之衰乎？【二九】猶有先王之遺民也。」【三〇】歌大雅。【三一】曰：「廣哉，熙熙乎，【三二】曲而有直體，【三三】其文王之德乎？」歌頌。【三四】曰：「至矣哉，【三五】直而不倨，【三六】曲而不詘，【三七】近而不偪，【三八】遠而不攜，【三九】遷而不淫，【四〇】復而不厭，【四一】哀而不愁，【四二】樂而不荒，【四三】用而不匱，【四四】廣而不宣，【四五】施而不費，【四六】取而不貪，【四七】處而不底，【四八】行而不流。【四九】五聲和，八風平，【五〇】節有度，守有序，【五一】盛德之所同也。」【五二】見舞象箾、南籥者，【五三】曰：「美哉，猶有感。」【五四】見舞大武，【五五】曰：「美哉，周之盛也，其若此乎？」見舞韶護者，【五六】曰：「聖人之弘也，【五七】猶有慚德，聖人之難也！」【五八】見舞大夏，【五九】曰：「美哉，勤而不德！【六〇】非禹，其誰能及之？」見舞招箾，【六一】曰：「德至矣哉，大矣，【六二】如天之無不幬也，【六三】如地之無不載也，雖甚盛德，無以加矣。觀止矣，若有他樂，吾不敢觀。」【六四】

【一】集解在春秋魯襄公二十九年。

【二】集解服虔曰：「周樂，魯所受四代之樂也。」杜預曰：「魯以周公故，有天子禮樂。」

【三】集解杜預曰：「此皆各依其本國歌所常用聲曲。」

【四】集解王肅曰：「言始造王基也。」

【五】集解賈逵曰：「言未有雅、頌之成功也。」杜預曰：「猶有商紂，未盡善也。」

【六】集解杜預曰：「未能安樂，然其音不怨怒。」

【七】集解杜預曰：「武王伐紂，分其地爲三監。三監叛，周公滅之，并三監之地，更封康叔，故三國盡被康叔之化。」

【八】集解賈逵曰：「淵，深也。」杜預曰：「亡國之音哀以思，其民困。衞康叔、武公德化深遠，雖遭宣公淫亂，懿公滅亡，民猶秉義，不至於困。」

【九】集解賈逵曰：「康叔遭管叔、蔡叔之難，武公罹幽王、褒姒之憂，故曰康叔、武公之德如是。」杜預曰：「康叔、武公，皆衞之令德君也。聽聲以爲別，故有疑言。」

【一〇】集解服虔曰：「王室當在雅，衰微而列在風，故國人猶尊之，故稱王，猶春秋之『王人』也。」杜預曰：「王，黍離也。」

【一一】集解服虔曰：「平王東遷雒邑。」杜預曰：「宗周殞滅，故憂思；猶有先王之遺風，故不懼也。」正義思音肆。

【一二】集解賈逵曰：「鄭風，東鄭是。」

【一三】集解服虔曰：「其風細弱已甚，攝於大國之閒，無遠慮持久之風，故曰民不堪，將先亡也。」

【一四】集解服虔曰：「泱泱，舒緩深遠，有大和之意。其詩風刺，辭約而義微，體疏而不切，故曰大風。」索隱泱，於良反。泱泱猶汪汪洋洋，美盛貌也。杜預曰「弘大之聲」也。

【一五】集解王肅曰：「言爲東海之表式。」

【一六】集解服虔曰：「國之興衰，世數長短，未可量也。」杜預曰：「言其或將復興。」

【一七】集解賈逵曰：「蕩然無憂，自樂而不荒淫也。」

【一八】集解杜預曰：「周公遭管、蔡之變，東征，爲成王陳后稷先公不敢荒淫，以成王業，故言其周公東乎〔一五〕。」

【一九】集解杜預曰：「秦仲始有車馬禮樂，去戎狄之音，而有諸夏之聲，故謂之夏聲。及襄公佐周平王東遷而受其故地，故曰周之舊也。」

【二〇】索隱渢音馮，又音泛。杜預曰：「中庸之聲。」

【二一】索隱左傳作「大而婉」。杜預曰：「婉，約也。大而約，則儉節易行。」「寬」字宜讀爲「婉」也。

【二二】集解徐廣曰：「盟，一作『明』。」駰案：賈逵曰「其志大，直而有曲體，歸中和。中庸之德，難成而實易行。故曰以德輔此，則盟主也」。杜預曰「惜其國小而無明君」。索隱注引徐廣曰「盟，一作『明』」。按：左傳亦作「明」，此以聽聲知政，言其明聽耳，非盟會也。

【二三】集解杜預曰：「晉本唐國，故有堯之遺風。憂深思遠，情發於聲也。」

【二四】集解杜預曰：「淫聲放蕩，無所畏忌，故曰國無主。」

【二五】集解服虔曰：「鄶以下，及曹風也。其國小，無所刺譏。」

【二六】集解杜預曰：「小雅，小正，亦樂歌之章〔一六〕。」

【二七】集解杜預曰：「思文、武之德，無貳叛之心也。」

【二八】集解王肅曰：「非不能言，畏罪咎也。」

【二九】集解杜預曰：「衰，小也。」

【三〇】集解杜預曰：「謂有殷王餘俗，故未大衰〔一七〕。」

【三一】集解杜預曰：「大雅，陳文王之德，以正天下。」
【三二】集解杜預曰：「熙熙，和樂聲。」
【三三】集解杜預曰：「論其聲。」
【三四】集解杜預曰：「頌者，以其成功告於神明。」
【三五】集解賈逵曰：「言道備至也。」
【三六】集解杜預曰：「倨，傲也。」
【三七】集解杜預曰：「詘，撓也。」
【三八】集解杜預曰：「謙退也。」
【三九】集解杜預曰：「攜，貳也。」
【四〇】集解服虔曰：「遷，徙也。文王徙豐，武王居鄗。」杜預曰：「淫，過蕩也。」
【四一】集解杜預曰：「常日新也。」
【四二】集解杜預曰：「知命也。」
【四三】集解杜預曰：「節之以禮也。」
【四四】集解杜預曰：「德弘大。」
【四五】集解杜預曰：「不自顯也。」

【四六】集解杜預曰：「因民所利而利之。」

【四七】集解杜預曰：「義然後取。」

【四八】集解杜預曰：「守之以道。」

【四九】集解杜預曰：「制之以義。」

【五〇】集解杜預曰：「宮、商、角、徵、羽謂之五聲。八方之氣謂之八風。」

【五一】集解杜預曰：「八音克諧，節有度也。無相奪倫，守有序也。」

【五二】集解杜預曰：「頌有殷、魯，故曰盛德之所同。」

【五三】集解賈逵曰：「象，文王之樂武象也。箾，舞曲也。南籥，以籥舞也。」索隱箾音朔，又素交反。

【五四】集解服虔曰：「憾，恨也。恨不及己以伐紂而致太平也。」索隱「感」讀爲「憾」，字省耳，胡暗反。

【五五】集解賈逵曰：「大武，周公所作武王樂也。」

【五六】集解賈逵曰：「韶護，殷成湯樂大護也。」

【五七】集解賈逵曰：「弘，大也。」

【五八】集解服虔曰：「慙於始伐而無聖佐，故曰聖人之難也。」

【五九】集解賈逵曰：「夏禹之樂大夏也。」

【六〇】集解服虔曰：「禹勤其身以治水土也。」

【六一】集解服虔曰：「有虞氏之樂大韶也。」索隱「韶」「簫」二字體變耳。

【六二】集解服虔曰：「至，帝王之道極於韶也，盡美盡善也。」

【六三】集解賈逵曰：「燾，覆也。」

【六四】集解服虔曰：「周用六代之樂，堯曰咸池，黄帝曰雲門。魯受四代，下周二等，故不舞其二。季札知之，故曰有他樂吾不敢請。」

去魯，遂使齊。説晏平仲曰：「子速納邑與政。【一】無邑無政，乃免於難。齊國之政將有所歸；未得所歸，難未息也。」故晏子因陳桓子以納政與邑，是以免於欒高之難。【二】

【一】集解服虔曰：「入邑與政職於公，不與國家之事。」

【二】集解難在魯昭公八年。正義難，乃憚反。在魯昭公八年。欒施、高彊二氏作難，陳桓子和之乃解也。

去齊，使於鄭。見子産，如舊交。謂子産曰：「鄭之執政侈，難將至矣，政必及子。子爲政，慎以禮。【一】不然，鄭國將敗。」去鄭，適衛。説蘧瑗、史狗、史鰌、公子荆、公叔發、公子朝曰：「衛多君子，未有患也。」

【一】集解服虔曰：「禮，所以經國家，利社稷也。」

自衛如晉，將舍於宿，【一】聞鍾聲，【二】曰：「異哉！吾聞之，辯而不德，必加於戮。【三】夫子獲罪於君以在此，【四】懼猶不足，而又可以畔乎？【五】夫子之在此，猶燕之巢于幕也。【六】君在殯而可以樂乎？」【七】遂去之。文子聞之，終身不聽琴瑟。【八】

【一】集解左傳曰：「將宿於戚。」索隱注引左傳曰「將宿於戚」。按：太史公欲自爲一家，事雖出左氏，文則隨義而換。既以「舍」字替「宿」，遂誤下「宿」字替於「戚」〔一八〕。戚既是邑名，理應不易。今宜讀「宿」爲「戚」。戚，衛邑，孫文子舊所食地。

【二】集解服虔曰：「孫文子鼓鐘作樂也。」

【三】集解服虔曰：「辯若鬬辯也。夫以辯爭，不以德居之，必加於刑戮也。」

【四】集解賈逵曰：「夫子，孫文子也。獲罪，出獻公，以戚畔也。」

【五】索隱左傳曰「而又何樂」。此「畔」字宜讀曰「樂」。樂謂所聞鐘聲也，畔非其義也。

【六】集解王肅曰：「言至危也。」

【七】集解賈逵曰：「衛君獻公棺在殯未葬。」

【八】集解服虔曰：「聞義而改也。琴瑟不聽，況於鐘鼓乎？」

適晉，說趙文子、【一】韓宣子、【二】魏獻子【三】曰：「晉國其萃於三家乎！」【四】將去，謂叔向曰：「吾子勉之！君侈而多良，大夫皆富，政將在三家。【五】吾子直，【六】必思自免於難。」

【一】索隱名武也。

【二】索隱名起也。　正義世本云名秦。

【三】索隱名舒也〔一九〕。

【四】集解服虔曰：「言晉國之祚將集於三家。」

【五】集解杜預曰：「富必厚施，故政在三家也〔二〇〕。」

【六】集解服虔曰：「直，不能曲撓以從衆。」

季札之初使，北過徐君。徐君好季札劍，口弗敢言。季札心知之，爲使上國，未獻。還至徐，徐君已死，於是乃解其寶劍，繫之徐君冢樹而去。【一】從者曰：「徐君已死，尚誰予乎？」季子曰：「不然。始吾心已許之，豈以死倍吾心哉！」

【一】正義括地志云：「徐君廟在泗州徐城縣西南一里，即延陵季子挂劍之徐君也。」

七年，楚公子圍弒其王夾敖而代立，是爲靈王。【一】十年，楚靈王會諸侯而以伐吳之朱方，以誅齊慶封。吳亦攻楚，取三邑而去。【二】十一年，楚伐吳，至雩婁。【三】十二年，楚復來伐，次於乾谿，【四】楚師敗走。

【一】索隱春秋經襄二十五年，吳子遏卒；二十九年，閽殺吳子餘祭；昭十五年，吳子夷末卒。是餘祭在位四年，餘眛在位十七年。系家倒錯二王之年，此七年正是餘眛之三年。昭元年經曰「冬十有一月，楚子麇卒」。左傳曰「楚公子圍將聘于鄭，未出竟，聞王有疾而還。入問王疾，縊而殺之，孫卿曰：以冠纓絞之。遂殺其子幕及平夏〔二一〕。葬王于郟，謂之郟敖」也。

【二】集解左傳曰：「吳伐楚，入棘、櫟、麻，以報朱方之役。」索隱杜預注彼云「皆楚東鄙邑也。譙國酇縣東北有棘亭，汝陰新蔡縣東北有櫟亭」。按：解者以麻即襄城縣故麻城是也。

【三】集解服虔曰：「雩婁，楚之東邑。」索隱昭五年左傳曰「楚子使沈尹射待命于巢，薳啓强待命於雩婁」。今直言至雩婁，略耳。

【四】集解杜預曰：「乾谿在譙國城父縣南，楚東境。」

十七年，王餘祭卒，【一】弟餘眛立。王餘眛二年，楚公子弃疾弒其君靈王代立焉。【二】

【一】索隱春秋襄二十九年經曰「閽殺吳子餘祭」。左傳曰「吳人伐越，獲俘焉，以爲閽，使守舟。吳子餘祭觀舟，閽以刀殺之」。公羊傳曰「近刑人則輕死之道」是也〔二二〕。

【二】索隱據春秋，即眛之十五年也。昭十三年經曰「夏四月，楚公子比自晉歸于楚，弒其君虔于乾谿，楚公子弃疾殺公子比」。左傳具載，以詞繁不録。公子比、弃疾，皆靈王弟也。比即子干也。靈王，公子圍也，即位後易名爲虔。弃疾即位後易名熊居，是爲平王。史記以平王遂有楚國，故曰「弃疾弒君」；春秋以子干已爲王，故曰「比弒君」〔二三〕，彼此各有意義也。

四年，王餘昧卒，欲授弟季札。季札讓，逃去。於是吴人曰：「先王有命，兄卒弟代立，必致季子。季子今逃位，則王餘昧後立。今卒，其子當代。」乃立王餘昧之子僚爲王。【一】

【一】集解吴越春秋曰「王僚，夷昧子」，與史記同。索隱此文以爲餘昧子，公羊傳以爲壽夢庶子也。

王僚二年，【一】公子光伐楚，【二】敗而亡王舟。光懼，襲楚，復得王舟而還。【三】

【一】索隱計僚元年當昭十六年。比二年，公子光亡王舟，事在昭十七年左傳。

【二】集解徐廣曰：「世本云夷昧生光。」

【三】集解左傳曰舟名「餘皇」。

五年，楚之亡臣伍子胥來犇，公子光客之。【一】公子光者，王諸樊之子也。【二】常以爲「吾父兄弟四人，當傳至季子。季子即不受國，光父先立。即不傳季子，光當立」。陰納賢士，欲以襲王僚。

【一】索隱左傳昭二十年曰：「伍員如吴，言伐楚之利於州于。杜預曰：「州于，吴子僚也。」公子光曰：『是宗爲戮，而欲反其讎，不可從也。』員曰：『彼將有他志，余姑爲之求士，而鄙以待之。』乃見鱄設諸焉，而耕於鄙。」是謂客禮以接待也。

【二】索隱 此文以爲諸樊子，系本以爲夷昧子。

八年，吴使公子光伐楚，敗楚師，迎楚故太子建母於居巢以歸。因北伐，敗陳、蔡之師。九年，公子光伐楚，拔居巢、鍾離。【一】初，楚邊邑卑梁氏之處女與吴邊邑之女爭桑，【二】二女家怒相滅，兩國邊邑長聞之，怒而相攻，滅吴之邊邑。吴王怒，故遂伐楚，取兩都而去。【三】

【一】集解 服虔曰：「鍾離，州來西邑也。」索隱 昭二十四年經曰：「冬，吴滅巢。」左傳曰：「楚子爲舟師以略吴疆。沈尹戌曰：『此行也，楚必亡邑。不撫人而勞之，吴不動而速之。』吴人踵楚，邊人不備，遂滅巢及鍾離乃還也。」地理志居巢屬廬江，鍾離屬九江。應劭曰「鍾離子之國也」。

【二】索隱 左傳無其事。

【三】正義 兩都即鍾離、居巢。

伍子胥之初犇吴，説吴王僚以伐楚之利。公子光曰：「胥之父兄爲僇於楚，欲自報其仇耳。未見其利。」於是伍員知光有他志，【一】乃求勇士專諸，【二】見之光。光喜，乃客伍子胥。子胥退而耕於野，以待專諸之事。【三】

【一】集解服虔曰：「欲取國。」

【二】集解賈逵曰：「吴勇士。」索隱專，或作「剸」。左傳作「鱄設諸」。刺客傳曰諸，棠邑人也。正義吴越春秋云：「專諸，豐邑人〔二四〕。伍子胥初亡楚如吴時，遇之於途，專諸方與人鬭，甚不可當，其妻呼，還。子胥怪而問其狀。專諸曰：『夫屈一人之下，必申萬人之上。』胥因而相之，雄貌〔二五〕，深目，侈口，熊背，知其勇士。」

【三】索隱依左傳即上五年「公子光客之」是也。事合記於五年，不應略彼而更具於此也。

十二年冬，楚平王卒。【一】十三年春，吴欲因楚喪而伐之，【二】使公子蓋餘、燭庸【三】以兵圍楚之六、灊。【四】使季札於晉，以觀諸侯之變。【五】楚發兵絶吴兵後，吴兵不得還。於是吴公子光曰：「此時不可失也。」【六】告專諸曰：「不索何獲！【七】我真王嗣，當立，吾欲求之。季子雖至，不吾廢也。」【八】專諸曰：「王僚可殺也。母老子弱，【九】而兩公子將兵攻楚，楚絶其路。方今吴外困於楚，而内空無骨鯁之臣，是無柰我何。」光曰：「我身，子之身也。」【一〇】四月丙子，【一一】光伏甲士於窟室，【一二】而謁王僚飲。【一三】王僚使兵陳於道，自王宫至光之家，門階户席，皆王僚之親也，人夾持鈹。【一四】公子光詳爲【一五】足疾，入于窟室，【一六】使專諸置匕首【一七】於炙魚之中以進食。【一八】手匕首刺王僚，鈹交於匈，【一九】遂弒王僚。公子光竟代立爲王，是爲吴王闔廬。闔廬乃以專諸子爲卿。

【一】索隱昭二十六年春秋經書「楚子居卒」是也。按十二諸侯年表及左傳，合在僚十一年。

【二】索隱據表及左氏僚止合有十二年〔三六〕，事並見昭二十七年左傳也。

【三】集解賈逵曰：「二公子皆吴王僚之弟。」索隱春秋作「掩餘」，史記並作「蓋餘」，義同而字異。或者謂太史公被腐刑，不欲言「掩」也。賈逵及杜預及刺客傳皆云二公子王僚母弟。而昭二十三年左傳曰「光帥右，掩餘帥左」，杜注彼則云「掩餘，吴王壽夢子」。又系族譜亦云「二公子並壽夢子」。若依公羊，僚爲壽夢子，則與系族譜合也。

【四】集解杜預曰：「灊在廬江六縣西南。」

【五】集解服虔曰：「察彊弱。」

【六】集解賈逵曰：「時，言可殺王時也。」

【七】集解服虔曰：「不索當何時得也。」

【八】集解王肅曰：「聘晉還至也。」

【九】集解服虔曰：「母老子弱，專諸託其母子於光也。」王肅曰：「專諸言王母老子弱也。」索隱依王肅解，與史記同，於理無失。服虔、杜預見左傳下文云「我，爾身也，以其子爲卿」，遂强解「是無若我何」猶言「我無若是何」，語不近情，過爲迂回，非也。

【一〇】集解服虔曰：「言我身猶爾身也。」

【一一】索隱春秋經唯言「夏四月」，左傳亦無「丙子」，當別有按據，不知出何書也。

【一二】集解杜預曰：「掘地爲室也。」

【一三】索隱謁，請也。本或作「請」也〔一七〕。

【一四】集解音披。索隱音披。劉逵注吴都賦「鈹，兩刃小刀」。

【一五】索隱上音陽，下如字。左傳曰「光僞足疾」，詳即僞也。或讀此「爲」字音「僞」，非也。豈詳僞重言邪？

【一六】集解杜預曰：「恐難作，王黨殺己，素避之也。」

【一七】索隱劉氏曰：「匕首，短劍也。」按：鹽鐵論以爲長尺八寸。通俗文云「其頭類匕，故曰匕首也」。

【一八】集解服虔曰：「全魚炙也。」

【一九】集解賈逵曰：「交專諸匈也。」

季子至，曰：「苟先君無廢祀，民人無廢主，社稷有奉，乃吾君也。吾敢誰怨乎？哀死事生，以待天命。【一】非我生亂，立者從之，先人之道也。」【二】復命，哭僚墓，【三】復位而待。【四】吴公子燭庸、蓋餘二人將兵遇圍於楚者，聞公子光弑王僚自立，乃以其兵降楚，楚封之於舒。【五】

【一】集解服虔曰：「待其天命之終也。」

【二】集解杜預曰：「吳自諸樊以下，兄弟相傳而不立適，是亂由先人起也。季子自知力不能討光，故云。」

【三】集解服虔曰：「復命於僚，哭其墓也。」正義復音伏，下同。

【四】集解杜預曰：「復本位，待光命。」

【五】索隱左傳昭二十七年曰「掩餘奔徐，燭庸奔鍾吾」。三十年經曰「吳滅徐，徐子奔楚」。左傳曰「吳子使徐人執掩餘，使鍾吾人執燭庸。二公子奔楚，楚子大封而定其徙」。無封舒之事，當是「舒」「徐」字亂，又且疏略也。

王闔廬元年，舉伍子胥爲行人而與謀國事。楚誅伯州犂，其孫伯嚭亡奔吳，【一】吳以爲大夫。

【一】集解徐廣曰：「伯嚭，州犂孫也。史記與吳越春秋同。嚭音披美反。」

三年，吳王闔廬與子胥、伯嚭將兵伐楚，拔舒，殺吳亡將二公子。光謀欲入郢，將軍孫武曰：「民勞，未可，待之。」【一】四年，伐楚，取六與灊。五年，伐越，敗之。六年，楚使子常囊瓦伐吳。【二】迎而擊之，大敗楚軍於豫章，取楚之居巢而還。【三】

【一】索隱左傳此年有子胥對耳，無孫武事也。

【二】正義左傳云「楚囊瓦爲令尹」，杜預云「子囊之孫子常」。

【三】索隱左傳定二年，當爲七年〔二八〕。

九年，吴王闔廬謂伍子胥、孫武曰：「始子之言郢未可入，今果如何？」【一】二子對曰：「楚將子常貪，而唐、蔡皆怨之。王必欲大伐，必得唐、蔡乃可。」闔廬從之，悉興師，與唐、蔡西伐楚，至於漢水。楚亦發兵拒吴，夾水陳。【二】吴王闔廬弟夫槩【三】欲戰，闔廬弗許。夫槩曰：「王已屬臣兵，兵以利爲上，尚何待焉？」遂以其部五千人襲冒楚，楚兵大敗，走。於是吴王遂縱兵追之。比至郢，【四】五戰，楚五敗。楚昭王亡出郢，奔鄖。【五】鄖公弟欲弑昭王，【六】昭王與鄖公犇隨。【七】而吴兵遂入郢。子胥、伯嚭鞭平王之尸【八】以報父讎。

【一】索隱言今欲果敢伐楚可否也。

【二】正義音陣。

【三】正義音古代反。

【四】索隱定四年經〔二九〕「戰于柏舉，吴入郢」是也。

【五】集解服虔曰：「鄖，楚縣。」

【六】正義左傳云「鄖公辛之弟懷」也。

【七】集解服虔曰：「隨，楚與國也。」

【八】索隱左氏無此事。

十年春，越聞吳王之在郢，國空，乃伐吳。吳使別兵擊越。楚告急秦，秦遣兵救楚擊吳，吳師敗。闔廬弟夫槩見秦越交敗吳，吳王留楚不去，夫槩亡歸吳而自立爲吳王。闔廬聞之，乃引兵歸，攻夫槩。夫槩敗，奔楚。楚昭王乃得以九月復入郢，而封夫槩於堂谿，爲堂谿氏。【一】十一年，吳王使太子夫差伐楚，取番。楚恐而去郢徙都。【二】

【一】集解司馬彪曰：「汝南吳房有堂谿亭。」索隱「堂谿氏」。注「司馬彪云」〔三〇〕，案地理志而知。正義括地志云：「豫州吳房縣在州西北九十里。應劭云『吳王闔閭弟夫槩奔楚，封之於堂谿氏〔三一〕。本房子國，以封吳，故曰吳房』。」

【二】集解服虔曰：「鄀，楚邑。」索隱定六年左傳「四月己丑，吳太子終纍敗楚舟師」。杜預曰「闔廬子，夫差兄」。此以爲夫差，當謂名異而一人耳。左傳又曰「獲潘子臣、小惟子及大夫七人，楚於是乎遷郢於鄀」。此言「番」，番音潘，楚邑名，子臣即其邑之大夫也。

十五年，孔子相魯。【一】

【一】索隱定十年左傳曰「夏，公會齊侯于祝其，實夾谷。孔丘相。犂彌言於齊侯曰『孔丘知禮而無勇』」是也。杜預以爲「相會儀也」，而史遷孔子系家云「攝行相事」。案：左氏「孔丘以公退，曰『士兵之』，又使茲無還揖對」，是攝國相也。

十九年夏，吳伐越，越王句踐迎擊之檇李。〔一〕越使死士挑戰，〔二〕三行造吳師，呼，自剄。〔三〕吳師觀之，越因伐吳，敗之姑蘇，〔四〕傷吳王闔廬指，軍卻七里。吳王病傷而死。〔五〕闔廬使立太子夫差，謂曰：「爾而忘句踐殺汝父乎〔三二〕？」對曰：〔六〕「不敢！」三年，乃報越。

〔一〕集解賈逵曰：「檇李，越地。」杜預曰：「吳郡嘉興縣南有檇李城也〔三三〕。」檇音醉。

〔二〕集解徐廣曰：「死，一作『亶』，越世家亦然，或者以爲人名氏乎？」駰案：賈逵曰「死士，死罪人也」。鄭衆曰「死士，欲以死報恩者也」。杜預曰「敢死之士也」。正義挑音田鳥反。

〔三〕集解左傳曰：「使罪人三行，屬劍於頸。」正義行，胡郎反。造，千到反〔三四〕。呼，火故反。到，堅鼎反〔三五〕。

〔四〕集解越絶書曰：「闔廬起姑蘇臺，三年聚材，五年乃成，高見三百里。」索隱姑蘇，臺名，在吳縣西三十里。左傳定十四年曰「越子大敗之，靈姑浮以戈擊闔廬，闔廬傷將指，還，卒於陘，去檇李七里」〔三六〕。杜預以爲檇李在嘉興縣南。靈姑浮，越大夫也。

〔五〕集解越絶書曰：「闔廬冢在吳縣昌門外，名曰虎丘。下池廣六十步，水深一丈五尺，桐棺三重〔三七〕，澒池六尺，玉鳧之流扁諸之劍三千，方員之口三千，槃郢、魚腸之劍在焉。卒十餘萬人治之，取土臨湖。葬之三日，白虎居其上，故號曰虎丘。」索隱注「澒池」〔三八〕。澒，胡貢反。以水銀爲池。

〔六〕索隱此以爲闔廬謂夫差，夫差對闔廬。若左氏傳，則云「對曰」者，夫差對所使之人也。

王夫差元年，〔一〕以大夫伯嚭爲太宰。〔二〕習戰射，常以報越爲志。二年，吳王悉精兵以伐越，敗之夫椒，〔三〕報姑蘇也。越王句踐乃以甲兵五千人棲於會稽，〔四〕使大夫種〔五〕因吳太宰嚭而行成，〔六〕請委國爲臣妾。吳王將許之，伍子胥諫曰：「昔有過氏〔七〕殺斟灌以伐斟尋，〔八〕滅夏后帝相。〔九〕帝相之妃后緡方娠，〔一〇〕逃於有仍〔一一〕而生少康。〔一二〕少康爲有仍牧正。〔一三〕有過又欲殺少康，少康奔有虞。〔一四〕有虞思夏德，於是妻之以二女而邑之於綸，〔一五〕有田一成，有衆一旅。〔一六〕後遂收夏衆，撫其官職。〔一七〕使人誘之，〔一八〕遂滅有過氏，復禹之績，祀夏配天，〔一九〕不失舊物。〔二〇〕今吳不如有過之彊，而句踐大於少康。今不因此而滅之，又將寬之，不亦難乎！且句踐爲人能辛苦，今不滅，後必悔之。」吳王不聽，聽太宰嚭，卒許越平，與盟而罷兵去。

〔一〕集解越絕書曰：「太伯到夫差二十六代，且千歲。」索隱史記太伯至壽夢十九代，諸樊已下六王，唯二十五代。

【二】索隱案：左傳定四年伯嚭爲太宰，當闔廬九年，非夫差代也。

【三】集解賈逵曰：「夫椒，越地。」杜預曰：「太湖中椒山也。」索隱賈逵云越地，蓋近得之。然其地闕，不知所在。杜預以爲太湖中椒山，非戰所。夫椒與椒山不得爲一。且夫差以報越爲志，又伐越，當至越地，何乃不離吳境，近在太湖中？又案：越語云敗五湖也。

【四】集解賈逵曰：「會稽，山名。」索隱鳥所止宿曰棲。越爲吳敗，依託於山林，故以鳥棲爲喻。左傳作「保」，國語作「棲」。

【五】索隱大夫，官也；種，名也。吳越春秋以爲種姓文。而劉氏云「姓大夫」，非也。

【六】集解服虔曰：「行成，求成也。」正義國語云：「越飾美女八人納太宰嚭，曰：『子苟然，放越之罪。』」

【七】集解賈逵曰：「過，國名也。」索隱過，音戈，寒浞之子澆所封國也，猗姓國。晉地道記曰：「東萊掖縣有過鄉，北有過城，古過國也。」

【八】集解斟灌、斟尋，夏同姓也。夏后相依斟灌而國，故曰殺夏后相也。索隱「斟灌、斟尋」注「夏同姓」〔三九〕，賈氏據系本而知也。案：地理志北海壽光縣，應劭曰「古斟灌亭是也」〔四〇〕。平壽縣，復云「古抖尋〔四一〕，禹後，今抖城是也」。然「抖」與「斟」同。

【九】集解服虔曰：「夏后相，啓之孫。」

【一〇】集解賈逵曰：「緡，有仍之姓也。」杜預曰：「娠，懷身也。」

【一一】集解賈逵曰：「有仍，國名，后緡之家。」索隱未知其國所在。春秋經桓五年「天王使仍叔之子來聘」，穀梁經傳並作「任叔」。「仍」「任」聲相近，或是一地，猶「甫」「呂」、「虢」「郭」之類。案：地理志東平有任縣，蓋古仍國。

【一二】集解服虔曰：「后緡遺腹子。」

【一三】集解王肅曰：「牧正，牧官之長也。」

【一四】集解賈逵曰：「有虞，帝舜之後。」杜預曰：「梁國虞縣。」

【一五】集解賈逵曰：「綸，虞邑。」

【一六】集解賈逵曰：「方十里爲成。五百人爲旅。」

【一七】集解服虔曰：「因此基業，稍收取夏遺民餘衆，撫修夏之故官憲典。」

【一八】索隱左傳云：「使女艾諜澆，季杼誘豷〔四二〕，遂滅過、戈。」杜預曰：「諜，候也。」

【一九】集解服虔曰：「以鯀配天也。」

【二〇】集解賈逵曰：「物，職也。」杜預曰：「物，事也。」

七年，吳王夫差聞齊景公死而大臣爭寵，新君弱，乃興師北伐齊。子胥諫曰：「越王句踐食不重味，衣不重采，弔死問疾，且欲有所用其衆。此人不死，必爲吳患。今越在腹心疾，而王不先，而務齊，不亦謬乎！」吳王不聽，遂北伐齊，敗齊師於艾陵。【一】至繒，【二】

召魯哀公而徵百牢。季康子使子貢以周禮説太宰嚭，乃得止。【三】因留略地於齊魯之南。九年，爲騶伐魯，【四】至，與魯盟乃去。十年，因伐齊而歸。十一年，復北伐齊。【五】

【一】集解杜預曰：「艾陵，齊地。」索隱七年，魯哀公之六年也。左傳此年無伐齊事，哀十一年敗齊艾陵爾。

【二】集解杜預曰：「琅邪繒縣。」

【三】集解賈逵曰：「周禮，王合諸侯享禮十有二牢，上公九牢，侯伯七牢，子男五牢。」索隱事在哀七年。是年當夫差八年，不應上連七年。案：左傳曰「子服景伯對，不聽，乃與之」，非謂季康子使子貢説，得不用百牢。太宰嚭自別召康子，乃使子貢辭之耳。

【四】索隱左傳「騶」作「邾」，聲相近自亂耳。杜預注左傳亦曰「邾，今魯國騶縣是也」。騶，宜音邾。

【五】索隱依左氏合作十一年、十二年也。

越王句踐率其衆以朝吳，厚獻遺之，吳王喜。唯子胥懼，曰：「是弃吳也。」【一】諫曰：「越在腹心，今得志於齊，猶石田，無所用。【二】且盤庚之誥有顛越勿遺，【三】商之以興。」【四】吳王不聽，使子胥於齊，子胥屬其子於齊鮑氏，【五】還報吳王。吳王聞之，大怒，賜子胥屬鏤【六】之劍以死。將死，曰：「樹吾墓上以梓，【七】令可爲器。抉吾眼置之吳東門，【八】以觀越之滅吳也。」

【一】索隱 左氏作「豢吳」。豢，養也。

【二】集解 王肅曰：「石田不可耕。」

【三】集解 服虔曰：「顛，隕也；越，墜也。顛越無道，則割絶無遺也。」 索隱 左傳曰：「其顛越不共，則劓殄無遺育，無俾易種于茲邑，是商所以興也，今君易之。」此則艾陵戰時也。

【四】集解 徐廣曰：「一本作『盤庚之誥有顛之越之，商之以興』。子胥傳『誥曰有顛越，商之興』。」

【五】集解 服虔曰：「鮑氏，齊大夫。」 索隱 左傳直曰「使於齊」，杜預曰「私使人至齊屬其子」。案：左傳又曰「反役，王聞之」，明非子胥自使也。

【六】集解 服虔曰：「屬鏤，劍名。賜使自刎。」 索隱 劍名，見越絶書。 正義 屬音燭。鏤音力于反。

【七】索隱 左傳云：「樹吾墓檟，檟可材也，吳其亡乎！」梓檟相類，因變文也。

【八】索隱 抉，烏穴反。此國語文，彼以「抉」爲「辟」。又云「以手抉之。王慍曰：『孤不使大夫得有見。』乃盛以鴟夷，投之江也」。 正義 吳俗傳云「子胥亡後，越從松江北開渠至横山東北，築城伐吳。子胥乃與越軍夢，令從東南入破吳。越王即移向三江口岸立壇，殺白馬祭子胥，杯動酒盡，越乃開渠。子胥作濤，盪羅城東，開入滅吳。至今猶號曰示浦，門曰鱛鲟」。是從東門入滅吳也。

齊鮑氏弑齊悼公。【一】吳王聞之，哭於軍門外三日，【二】乃從海上攻齊。【三】齊人敗吳，吳王乃引兵歸。

【一】索隱 公名陽生。左傳哀十年曰「吳伐齊南鄙，齊人殺悼公」，不言鮑氏。又鮑牧以哀八年爲悼公所殺，今言鮑氏，蓋其宗黨爾。且此伐在艾陵戰之前年，今記於後，亦爲顛倒錯亂也。

【二】集解 服虔曰：「諸侯相臨之禮。」

【三】集解 徐廣曰：「上，一作『中』。」

十三年，吳召魯、衛之君會於橐皋。【一】

【一】集解 服虔曰：「橐皋，地名也。」杜預曰：「在淮南逡遒縣東南。」 索隱 哀十二年左傳曰：「公會吳于橐皋。衛侯會吳于鄖。」此并言會衛橐皋者，案左傳「吳徵會于衛。初，衛殺吳行人，懼，謀於子羽。子羽曰『不如止也』。子木曰『往也』」。以本不欲赴會，故魯以夏會，衛及秋乃會。太史公以其本召於橐皋〔四三〕，故不言鄖。鄖，發陽也，廣陵海陵縣東南有發繇口〔四四〕。橐音他各反〔四五〕。逡遒，上七巡反，下酒尤反。

十四年春，吳王北會諸侯於黃池，【一】欲霸中國以全周室〔四六〕。六月丙子〔四七〕，越王句踐伐吳。乙酉，越五千人與吳戰。丙戌，虜吳太子友。丁亥，入吳。吳人告敗於王夫差，夫差惡其聞也。【二】或泄其語，吳王怒，斬七人於幕下。【三】七月辛丑，吳王與晉定公爭長。

吳王曰：「於周室我爲長。」【四】晉定公曰：「於姬姓我爲伯。」【五】趙鞅怒，將伐吳，乃長晉定公。【六】吳王已盟，與晉別，欲伐宋。太宰嚭曰：「可勝而不能居也。」乃引兵歸國。國亡太子，內空，王居外久，士皆罷敝，於是乃使厚幣以與越平。

【一】集解杜預曰：「陳留封丘縣南有黃亭，近濟水。」

【二】集解賈逵曰：「惡其聞諸侯。」

【三】集解服虔曰：「以絕口。」

【四】集解杜預曰：「吳爲太伯後，故爲長。」

【五】集解杜預曰：「爲侯伯。」

【六】集解徐廣曰：「黃池之盟，吳先歃，晉次之，與外傳同。」駰案：賈逵曰「外傳曰『吳先歃，晉亞之』。先敍晉，晉有信，又所以外吳」。索隱此依左傳文。案：左傳「趙鞅呼司馬寅曰：『建鼓整列(四八)，二臣死之，長幼必可知也。』是趙鞅怒。司馬寅請姑視之(四九)，反曰：『肉食者無墨，今吳王有墨，國其勝乎？』杜預曰：墨，氣色下也，國爲敵所勝。又曰：『太子死乎？且夷德輕，不忍久，請少待之。』乃先晉人」，是也。徐、賈所云據國語，不與左傳合，非也。左氏魯襄公代晉、楚爲會，先書晉，晉有信耳。外傳即國語也，書有二名也。外吳者，吳夷，賤之，不許同中國，故言外也。

十五年，齊田常殺簡公。

十八年，越益彊。越王句踐率兵復伐敗吴師於笠澤〔五〇〕。楚滅陳。

二十年，越王句踐復伐吴。【一】二十一年，遂圍吴。二十三年十一月丁卯，越敗吴。越王句踐欲遷吴王夫差於甬東，【二】予百家居之。吴王曰：「孤老矣，不能事君王也。吾悔不用子胥之言，自令陷此。」遂自剄死。【三】越王滅吴，誅太宰嚭，以爲不忠，而歸。

【一】索隱哀十九年左傳曰：「越人侵楚，以誤吴也。」杜預曰：「誤吴，使不爲備也。」無伐吴事。

【二】集解賈逵曰：「甬東，越東鄙，甬江東也。」韋昭曰：「句章東海口外州也。」索隱國語曰甬句東，越地，會稽句章縣東海中州也。案：今鄮縣是也。

【三】集解越絶書曰：「夫差冢在猶亭西卑猶位，越王使干戈人一累土以葬之。近太湖，去縣五十七里。」索隱左傳「乃縊，越人以歸」也。猶亭，亭名。「卑猶位」三字共爲地名，吴地記曰「徐枕山，一名卑猶山」是。累音路禾反，小竹籠，以盛土。

太史公曰：孔子言「太伯可謂至德矣，三以天下讓，民無得而稱焉」。【一】余讀春秋古文，乃知中國之虞與荆蠻句吴兄弟也。延陵季子之仁心，慕義無窮，見微而知清濁。嗚呼，又何其閎覽博物君子也！【二】

【一】集解王肅曰：「太伯弟季歷賢，又生聖子昌，昌必有天下，故太伯以天下三讓於王季。其讓隱，故無得而稱言之者，所以爲至德也。」

【二】集解皇覽曰：「延陵季子冢在毗陵縣暨陽鄉，至今吏民皆祀之。」

【索隱述贊】太伯作吴，高讓雄圖。周章受國，別封於虞。壽夢初霸，始用兵車。三子遞立，延陵不居。光既篡位，是稱闔閭。王僚見殺，賊由專諸。夫差輕越，取敗姑蘇。甬東之恥，空慙伍胥。

校勘記

〔一〕蕃離既有其地句吴何總不知真實吴人　「真」，耿本、黄本、彭本、索隱本、柯本作「貞」，疑爲司馬貞自稱，「貞實」二字當屬下。

〔二〕仲雍冢在吴郡常孰縣　「吴郡」，原作「吴鄉」。索隱曰仲雍冢「與言偃冢並列」。本書卷六七仲尼弟子列傳「言偃，吴人」索隱：「今吴郡有言偃冢，蓋吴郡人爲是也。」今據改。

〔三〕壽夢是仲雍十九代孫也　「十九」，耿本、黄本、彭本、柯本、凌本、殿本作「十八」。

〔四〕且句餘餘祭或謂是一人　耿本、黄本、彭本、柯本、凌本、殿本作「但句餘或別是一人」。

〔五〕夷末惟史記公羊作餘眛　索隱本無「公羊」二字，疑此衍。按：公羊傳無「餘眛」。

〔六〕餘祭　耿本、黄本、彭本、柯本、凌本、殿本作「夷末」。

〔七〕同欲以爲君　耿本、黄本、彭本、柯本、凌本、殿本此下有「季子猶不受謁請」七字。

〔八〕夷眛生光　原作「夷眛及僚夷眛生光」，據耿本、黄本、彭本、柯本、凌本、殿本及正文改。按：下「王僚二年，公子光伐楚」集解引徐廣曰：「世本云『夷眛生光』。」又，耿本、黄本、彭本、柯本、凌本、殿本「夷眛生光」後有「引吳越春秋云王僚夷眛子」十一字。

〔九〕檢系本今無此語　耿本、黄本、彭本、柯本、凌本、殿本作「今檢系本吳越春秋並無此語」。

〔一〇〕然按左氏狐庸對趙文子　「氏」字原無，據耿本、黄本、彭本、柯本、凌本、殿本補。

〔一一〕則光是夷眛子　「則光」，原作「國」，據黄本、彭本、柯本、凌本、殿本改。

〔一二〕昭十三年傳吳滅州來　「滅」，原作「伐」，據耿本、黄本、彭本、索隱本、柯本、凌本改。按：左傳昭公十三年：「吳滅州來。」又左傳昭公十九年「楚人城州來」杜預注：「十三年，吳滅州來，今就城而取之。」同年傳又曰：「昔吳滅州來。」杜預注：「在十三年。」

〔一三〕二十三年傳吳伐州來　「伐」，原作「滅」，據耿本、黄本、彭本、索隱本、柯本、凌本改。按：左傳昭公二十三年：「吳人伐州來。」參見上條。

〔一四〕大而寬　「寬」，景祐本、紹興本、耿本、黄本、彭本、柯本、凌本、殿本作「婉」。

〔一五〕其周公東乎　「周公」下疑脱「之」字。按：左傳襄公二十九年「其周公之東乎」杜預注有

「之」字，與正文合。

〔一六〕亦樂歌之章　「章」，左傳襄公二十九年杜預注作「常」。

〔一七〕故未大衰　「衰」字原無。左傳襄公二十九年「猶有先王之遺民焉」杜預注：「謂有殷王餘俗，故未大衰。」今據補。

〔一八〕遂誤下宿字替於戚　耿本、黄本、彭本、柯本、凌本、殿本作「遂以宿字替戚爾」。

〔一九〕名舒也　「舒」上原有「鍾」字，據耿本、黄本、彭本、柯本、凌本、殿本删。按：左傳昭公二十八年「秋，晉韓宣子卒，魏獻子爲政」杜預注：「獻子，魏舒。」

〔二〇〕故政在三家也　左傳昭公二十八年杜預注無「三」字。

〔二一〕遂殺其子幕及平夏　「其子」，黄本、彭本、柯本、凌本、殿本作「其二子」。

〔二二〕公羊傳曰近刑人則輕死之道是也　耿本、黄本、彭本、柯本、凌本、殿本無「是」字，「也」下有「合在季札聘魯之前倒錯於此」十二字。

〔二三〕故曰比弑君　「弑」，原作「殺」，據耿本、黄本、彭本、柯本、凌本、殿本改。

〔二四〕豐邑人　沈家本諸史瑣言卷二：「按今本吴越春秋作『堂邑人』，與刺客傳合，『豐』字譌。」按：本書卷八六刺客列傳：「專諸者，吴堂邑人也。」索隱：「地理志臨淮有堂邑縣。」「堂」，字或作「棠」，時屬吴。

〔二五〕雄貌　疑當作「碓顙」。按：吴越春秋王僚使公子光傳：「子胥因相其貌，碓顙而深目，虎膺而能背。」太平御覽卷四三六引作「推顙」，「推」疑爲「椎」之形譌。「碓」、「椎」皆借作「頧」。說文頁部：「頧，出頟也。」又曰：「顙，頟也。」

〔二六〕據表及左氏僚止合有十二年　「僚」，原作「傳」，據耿本、黄本、彭本、柯本、凌本、殿本改。

〔二七〕本或作請也　耿本、黄本、彭本、柯本、凌本、殿本作「本或作請左氏作饗王」。

〔二八〕當爲七年　「爲」下黄本、柯本、殿本有「闔廬」二字，耿本、彭本、凌本作「闔廬」。

〔二九〕定四年經　「經」字原無，據耿本、黄本、彭本、柯本、凌本、殿本補。

〔三〇〕堂谿氏注司馬彪云　此八字原無，據索隱本補。

〔三一〕封之於堂谿氏　疑當作「封之於堂谿因以爲氏」。按：後漢書卷六四延篤傳「少從潁川唐溪典受左氏傳」李賢注：「風俗通曰：『吴夫槩王奔楚，封堂谿，因以爲氏。』」

〔三二〕爾而忘句踐殺汝父乎　王念孫雜志史記第三：「此當作『而忘句踐殺女父乎』。『而』，即『爾』也。定十四年左傳作『而忘越王之殺而父乎』，是其證。今作『爾而』者，後人依五子胥傳旁記『爾』字，因誤入正文也。」

〔三三〕吴郡嘉興縣南有檇李城也　「檇」，景祐本、紹興本、耿本、黄本、彭本、柯本、凌本作「醉」，與春秋經定公十八年杜預注合。

〔三四〕造千到反　「千」，疑當作「七」。按：張守節史記正義發字例：「造，曹早反，七到反。」

〔三五〕到堅鼎反　「到」，原作「頸」，據黄本、彭本、柯本、凌本改。

〔三六〕去檇李七里　耿本、黄本、彭本、柯本、凌本此下有「此云擊之檇李又云敗之姑蘇自爲乖異」十六字。

〔三七〕桐棺三重　「桐棺」，今本越絶書作「銅椁」，疑是。按：吴地記、藝文類聚卷四〇禮部下、太平御覽卷四六地部一一、卷五三地部一八、卷五五二禮儀部三一引越絶書皆云「銅槨三重」。北堂書鈔卷九四禮儀部引越記云：「闔閭墓鑄銅爲椁。」景祐本、紹興本作「銅棺」，「銅」字尚不誤。

〔三八〕注潁池　此三字原無，據索隱本補。

〔三九〕斟灌斟尋注夏同姓　「注」字原無，據索隱本補。

〔四〇〕古斟灌亭是也　耿本、黄本、彭本、柯本、凌本、殿本作「古抖灌禹後今灌亭是也」，疑此有脱誤。按：漢書卷二八上地理志上北海郡壽光縣注引應劭：「古抖灌，禹後，今灌亭是。」

〔四一〕古抖尋　「古」下原有「北」字，據耿本、黄本、彭本、柯本、凌本、殿本删。按：漢書卷二八上地理志上北海郡平壽縣注引應劭：「古抖尋，禹後，今抖城是也。」

〔四二〕使女艾諜澆季杼誘殪　「季杼誘殪」四字原無，據耿本、黄本、彭本、柯本、凌本、殿本補。按：左傳哀公元年「使女艾諜澆，使季杼誘豷，遂滅過、戈，復禹之績」杜預注：「豷，澆弟也。季杼，少康子后杼也。」

〔四三〕太史公以其本召於橐皋　「召」下黄本、殿本有「魯衞會」三字。

〔四四〕廣陵海陵縣東南有發繇口　「海陵」二字原無，據耿本、黄本、彭本、柯本、凌本、殿本補。按：左傳哀公十二年杜預注：「鄖，發陽也。廣陵海陵縣東南有發繇亭。」又，「發繇口」下耿本、黄本、彭本、柯本、凌本、殿本有「槖皋縣名在壽春」七字。

〔四五〕槖音他各反　耿本、黄本、彭本、柯本、凌本、殿本此下有「皋音姑」三字。

〔四六〕欲霸中國以全周室　「全」，疑當作「令」。按：本書卷六六伍子胥列傳：「其明年，因北大會諸侯於黄池，以令周室。」

〔四七〕六月丙子　「丙子」，原作「戊子」。梁玉繩志疑卷一七：「左傳作『丙子』，此誤。」張文虎札記卷四：「若戊子，則不當在乙酉前。」按：瀧川資言會注、水澤利忠校補云楓山、三條本作「丙子」。今據改。

〔四八〕建鼓整列　耿本、黄本、彭本、柯本、凌本、殿本此上有「日旰矣大事未成二臣之罪也」十二字，與左傳哀公十三年合。

〔四九〕司馬寅請姑視之　「司馬寅」下耿本、黄本、彭本、柯本、凌本、殿本有「對曰」二字。

〔五〇〕越王句踐率兵復伐敗吴師於笠澤　「復」，原作「使」。張文虎札記卷四：「『使』當爲『復』之譌，『復』與『復』通。」今據改。

史記卷三十二

齊太公世家第二

正義括地志云：「天齊池在青州臨淄縣東南十五里。封禪書云『齊之所以爲齊者，以天齊也』。」

太公望呂尚者，東海上人。【一】其先祖嘗爲四嶽，佐禹平水土甚有功。虞夏之際封於呂，【二】或封於申，【三】姓姜氏。夏商之時，申、呂或封枝庶子孫，或爲庶人，尚其後苗裔也。本姓姜氏，從其封姓，故曰呂尚。

【一】集解呂氏春秋曰：「東夷之士（一）。」索隱譙周曰：「姓姜，名牙。炎帝之裔，伯夷之後，掌四岳有功，封之於呂，子孫從其封姓，尚其後也。」按：後文王得之渭濱，云「吾先君太公望子久矣」，故號太公望。蓋牙是字，尚是其名，後武王號爲師尚父也。

【二】集解徐廣曰：「呂在南陽宛縣西。」

【三】索隱地理志申在南陽宛縣，申伯國也。呂亦在宛縣之西也。

呂尚蓋嘗窮困，年老矣，【一】以漁釣奸周西伯。【二】西伯將出獵，卜之，曰「所獲非龍非彲，【三】非虎非羆；所獲霸王之輔」。於是周西伯獵，果遇太公於渭之陽，與語，大說，曰：「自吾先君太公曰『當有聖人適周，周以興』。子真是邪？吾太公望子久矣。」故號之曰「太公望」，載與俱歸，立爲師。

【一】索隱譙周曰：「呂望嘗屠牛於朝歌，賣飲於孟津〔二〕。」

【二】正義奸音干。括地志云：「茲泉水源出岐州岐山縣西南凡谷。呂氏春秋云『太公釣於茲泉，遇文王』。酈元云『磻磎中有泉，謂之茲泉。泉水潭積，自成淵渚，即太公釣處，今人謂之凡谷。石壁深高，幽篁邃密，林澤秀阻，人跡罕及。東南隅有石室，蓋太公所居也。水次有磻石可釣處，即太公垂釣之所。其投竿跪餌，兩膝遺跡猶存，是有磻磎之稱也。其水清泠神異，北流十二里注于渭』。說苑云『呂望年七十釣于渭渚，三日三夜魚無食者，望即忿，脫其衣冠。上有農人者，古之異人，謂望曰：「子姑復釣，必細其綸，芳其餌，徐徐而投，無令魚駭。」望如其言，初下得鮒，次得鯉。刺魚腹得書，書文曰「呂望封於齊」。望知其異』。」

【三】集解徐廣曰：「勑知反。」索隱徐廣音勑知反，餘本亦作「螭」字。

或曰，太公博聞，嘗事紂。紂無道，去之。游說諸侯，無所遇，而卒西歸周西伯。或曰，吕尚處士，隱海濱。周西伯拘羑里，散宜生、閎夭素知而招吕尚。吕尚亦曰「吾聞西伯賢，又善養老，盍往焉」。三人者爲西伯求美女奇物，獻之於紂，以贖西伯。西伯得以出，反國。言吕尚所以事周雖異，然要之爲文武師。

周西伯昌之脱羑里歸，與吕尚陰謀修德以傾商政，其事多兵權與奇計，【一】故後世之言兵及周之陰權皆宗太公爲本謀。周西伯政平，及斷虞芮之訟，而詩人稱西伯受命曰文王。伐崇、密須、【二】犬夷，大作豐邑。天下三分，其二歸周者，太公之謀計居多。

【一】正義六韜云：「武王問太公曰：『律之音聲，可以知三軍之消息乎？』太公曰：『深哉王之問也！夫律管十二，其要有五：宫、商、角、徵、羽，此其正聲也，萬代不易。五行之神，道之常也，可以知敵。金、木、水、火、土，各以其勝攻之。其法，以天清静無陰雲風雨，夜半遣輕騎往，至敵人之壘九百步，偏持律管横耳，大呼驚之，有聲應管，其來甚微。角管聲應，當以白虎；徵管聲應，當以玄武；商管聲應〔三〕，當以句陳；五管盡不應，無有商聲〔四〕，當以青龍：此五行之府，佐勝之徵，成敗之機也〔五〕。』」

【二】索隱按：郡國志在東郡廩丘縣北，今曰顧城。密須，姞姓，在河南密縣東，故密城是也。與安定姬姓密國别也。

文王崩，武王即位。九年，欲修文王業，東伐以觀諸侯集否。師行，師尚父【一】左杖黃鉞，右把白旄以誓，曰：「蒼兕蒼兕，【二】總爾衆庶，與爾舟楫，後至者斬！」遂至盟津。諸侯不期而會者八百諸侯。諸侯皆曰：「紂可伐也。」武王曰：「未可。」還師，與太公作此太誓。

【一】集解劉向別録曰：「師之，尚之，父之，故曰師尚父。父亦男子之美號也。」

【二】索隱亦有本作「蒼雉」。按：馬融曰「蒼兕，主舟楫官名」。又王充曰「蒼兕者，水獸，九頭」。今誓衆，令急濟，故言蒼兕以懼之。然此文上下並今文泰誓也。

居二年，紂殺王子比干，囚箕子。武王將伐紂，卜，龜兆不吉，風雨暴至。羣公盡懼，唯太公彊之勸武王，武王於是遂行。十一年【一】正月甲子，誓於牧野，伐商紂。紂師敗績。紂反走，登鹿臺，遂追斬紂。明日，武王立于社，羣公奉明水，【二】衞康叔封布采席，【三】師尚父牽牲，史佚策祝，以告神討紂之罪。散鹿臺之錢，發鉅橋之粟，以振貧民。封比干墓，釋箕子囚。遷九鼎，脩周政，與天下更始。師尚父謀居多。

【一】集解徐廣曰：「一作『三年』。」

【二】索隱周本紀「毛叔鄭奉明水」也。

【三】索隱周本紀「衞康叔封布茲」。茲是席，故此亦云采席也。

於是武王已平商而王天下，封師尚父於齊營丘。【一】東就國，道宿行遲。逆旅之人曰：

「吾聞時難得而易失。客寢甚安，殆非就國者也。」太公聞之，夜衣而行，犂明至國。【二】萊侯來伐，與之爭營丘。營丘邊萊。萊人，夷也，會紂之亂而周初定，未能集遠方，是以與太公爭國。

【一】正義括地志云：「營丘在青州臨淄北百步外城中。」

【二】索隱犂音里奚反。犂猶比也。一云犂猶遲也。

太公至國，脩政，因其俗，簡其禮，通商工之業，便魚鹽之利，而人民多歸齊，齊爲大國。及周成王少時，管蔡作亂，淮夷【一】畔周，乃使召康公【二】命太公曰：「東至海，西至河，南至穆陵，北至無棣，【三】五侯九伯，實得征之。」【四】齊由此得征伐，爲大國。都營丘。

【一】正義孔安國云：「淮浦之夷，徐州之戎。」

【二】集解服虔曰：「召公奭。」

【三】集解服虔曰：「是皆太公始受封土地疆境所至也。」索隱舊說穆陵在會稽，非也。按：今淮南有故穆陵門，是楚之境。無棣在遼西孤竹。服虔以爲太公受封境界所至，不然也，蓋言其征伐所至之域也。

【四】集解杜預曰：「五等諸侯，九州之伯，皆得征討其罪也。」

蓋太公之卒百有餘年，【一】子丁公呂伋【二】立。丁公卒，子乙公得立。乙公卒，子癸公慈母【三】立。癸公卒，子哀公不辰【四】立。

【一】集解禮記曰：「太公封於營丘，比及五世，皆反葬於周。」鄭玄曰：「太公受封，留爲太師，死，葬於周。五世之後乃葬齊。」皇覽曰：「呂尚冢在臨菑縣城南，去縣十里。」

【二】集解徐廣曰：「一作『及』。」正義謚法：「述義不克曰丁。」

【三】索隱系本作「廥公慈母」。譙周亦曰「祭公慈母」也。

【四】索隱系本作「不臣」。譙周亦作「不辰」。宋忠曰：「哀公荒淫田游，國史作還詩以刺之也〔六〕。」

哀公時，紀侯譖之周，周烹哀公【一】而立其弟靜，是爲胡公。【二】胡公徙都薄姑，【三】而當周夷王之時。

【一】集解徐廣曰周夷王。

【二】正義謚法：「彌年壽考曰胡。」

【三】正義括地志云：「薄姑城在青州博昌縣東北六十里。」

哀公之同母少弟山怨胡公，乃與其黨率營丘人襲攻殺胡公而自立，【一】是爲獻公。獻公元年，盡逐胡公子，因徙薄姑都，治臨菑。

【一】索隱宋忠曰：「其黨周馬繻人將胡公於貝水殺之，而山自立也〔七〕。」

九年，獻公卒，子武公壽立。武公九年，周厲王出奔，居彘。【一】十年，王室亂，大臣行政，號曰「共和」。二十四年，周宣王初立。

【一】正義直厲反。括地志云：「晉州霍邑縣也。鄭玄云：『霍山在彘。』本秦時霍伯國〔八〕。」

二十六年，武公卒，子厲公無忌立。厲公暴虐，故胡公子復入齊，齊人欲立之，乃與攻殺厲公。胡公子亦戰死。齊人乃立厲公子赤爲君，是爲文公，而誅殺厲公者七十人。

文公十二年卒，子成公脱【一】立。成公九年卒，子莊公購立。

【一】索隱系本及譙周皆作「説」。

莊公二十四年，犬戎殺幽王，周東徙雒。秦始列爲諸侯。五十六年，晉弒其君昭侯。

六十四年，莊公卒，子釐公禄甫立。

釐公九年，魯隱公初立。十九年，魯桓公弒其兄隱公而自立爲君。

二十五年，北戎伐齊。鄭使太子忽來救齊，齊欲妻之。忽曰：「鄭小齊大，非我敵。」遂辭之。

三十二年，釐公同母弟夷仲年死。其子曰公孫無知，釐公愛之，令其秩服奉養比太子。

三十三年，釐公卒，太子諸兒立，是爲襄公。

襄公元年。始爲太子時，嘗與無知鬭，及立，絀無知秩服，無知怨。

四年，魯桓公與夫人如齊。齊襄公故嘗私通魯夫人。魯夫人者，襄公女弟也，自釐公時嫁爲魯桓公婦，及桓公來而襄公復通焉。魯桓公知之，怒夫人，夫人以告齊襄公。齊襄公與魯君飲，醉之，使力士彭生抱上魯君車，因拉殺魯桓公，〔一〕桓公下車則死矣。魯人以爲讓，〔二〕而齊襄公殺彭生以謝魯。

〔一〕集解公羊傳曰：「搚幹而殺之。」何休曰：「搚，折聲也。」正義拉音力合反。

〔二〕索隱讓猶責也。

八年，伐紀，紀遷去其邑。〔一〕

〔一〕集解徐廣曰：「年表云『去其都邑』。」索隱按：春秋莊四年「紀侯大去其國」，左傳云「違齊難」是也。

十二年。初，襄公使連稱、管至父戍葵丘，〔一〕瓜時而往，及瓜而代。〔二〕往戍一歲，卒瓜時而公弗爲發代。或爲請代，公弗許。故此二人怒，因公孫無知謀作亂。連稱有從妹在公宫，無寵，【三】使之閒襄公，【四】曰「事成以女爲無知夫人」。冬十二月，襄公游姑棼，【五】遂獵沛丘。【六】見彘，從者曰「彭生」。【七】公怒，射之，彘人立而啼。公懼，墜車傷足，失屨。反而鞭主屨者茀【八】三百。茀出宫。而無知、連稱、管至父等聞公傷，乃遂率其衆襲宫。逢主屨茀，茀曰：「且無入驚宫，驚宫未易入也。」無知弗信，茀示之創，【九】乃信之。待宫外，令茀先入。茀先入，即匿襄公户閒。良久，無知等恐，遂入宫。茀反與宫中及公之幸臣攻無知等，不勝，皆死。無知入宫，求公不得。或見人足於户閒，發視，乃襄公，遂弑之，而無知自立爲齊君。

【一】集解賈逵曰：「連稱、管至父皆齊大夫。」杜預曰：「臨淄縣西有地名葵丘。」索隱杜預曰「臨淄西有地名葵丘」。又桓三十五年會諸侯於葵丘，當魯僖公九年，杜預曰「陳留外黄縣東有葵丘」。不同者，蓋葵丘有兩處，杜意以戍葵丘當不遠出齊境，故引臨淄縣西之葵丘。若三十五年會諸侯於葵丘，杜氏又以不合在本國，故引外黄東葵丘爲注，所以不同爾。

【二】集解服虔曰：「瓜時，七月。及瓜謂後年瓜時。」

【三】集解服虔曰：「爲妾在宫也。」

【四】集解王肅曰：「候公之閒隙。」

【五】集解賈逵曰：「齊地也。」正義音扶云反。

【六】集解杜預曰：「樂安博昌縣南有地名貝丘。」索隱左傳作「貝丘」也。正義左傳云「齊襄公田于貝丘，墜車傷足」，即此也。

【七】集解服虔曰：「公見彘，從者乃見彭生，鬼改形爲豕也。」

【八】正義非佛反，下同。茀，主履者也。

【九】正義音瘡。

桓公元年春，齊君無知游於雍林。【一】雍林人嘗有怨無知，及其往游，雍林人襲殺無知，告齊大夫曰：「無知弒襄公自立，臣謹行誅。唯大夫更立公子之當立者，唯命是聽。」

【一】集解賈逵曰：「渠丘大夫也。」索隱亦有本作「雍廩」。賈逵曰「渠丘大夫」。左傳云「雍廩殺無知」，杜預曰「雍廩，齊大夫」。此云「游雍林，雍林人嘗有怨無知，遂襲殺之」，蓋以雍林爲邑名，其地有人殺無知。賈言「渠丘大夫」者，渠丘邑名，雍林爲渠丘大夫也。

初，襄公之醉殺魯桓公，通其夫人，殺誅數不當，淫於婦人，數欺大臣，羣弟恐禍及，故次弟糾奔魯。其母魯女也。管仲、召忽傅之。次弟小白奔莒，鮑叔傅之。小白母，衞女也，有寵於釐公。小白自少好善大夫高傒。【二】及雍林人殺無知，議立君，高、國先陰召小白於莒。魯聞無知死，亦發兵送公子糾，而使管仲別將兵遮莒道，射中小白帶鉤。小白詳死，管仲使人馳報魯。魯送糾者行益遲，六日至齊，則小白已入，高傒立之，是爲桓公。

【一】集解賈逵曰：「齊正卿高敬仲也。」 正義傒音奚。

桓公之中鉤，詳死以誤管仲，已而載温車中馳行，亦有高、國内應，故得先入立，發兵距魯。秋，與魯戰于乾時，【一】魯兵敗走，齊兵掩絶魯歸道。齊遺魯書曰：「子糾，兄弟，弗忍誅，請魯自殺之。召忽、管仲，讎也，請得而甘心醢之。不然，將圍魯。」魯人患之，遂殺子糾于笙瀆。【二】召忽自殺，管仲請囚。桓公之立，發兵攻魯，心欲殺管仲。鮑叔牙曰：「臣幸得從君，君竟以立。君之尊，臣無以增君。君將治齊，即高傒與叔牙足也。君且欲霸王，非管夷吾不可。夷吾所居國國重，不可失也。」於是桓公從之。乃詳爲召管仲欲甘心，實欲用之。管仲知之，故請往。鮑叔牙迎受管仲，及堂阜而脱桎梏，【三】齋祓而見桓公。桓公厚禮以爲大夫，任政。

【一】集解杜預曰：「乾時，齊地也。時水在樂安界岐流，旱則涸竭，故曰乾時。」

【二】集解賈逵曰：「魯地，句瀆也。」 索隱賈逵云「魯地句瀆」。又按：鄒誕生本作「莘瀆」，「莘」「笙」聲相近。笙如字，瀆音豆。論語作「溝瀆」，蓋後代聲轉而字異，故諸文不同也。

【三】集解賈逵曰：「堂阜，魯北境。」杜預曰：「堂阜，齊地。東莞蒙陰縣西北有夷吾亭，或曰鮑叔解夷吾縛於此，因以爲名也。」

桓公既得管仲，與鮑叔、隰朋、【一】高傒修齊國政，連五家之兵，【二】設輕重魚鹽之利，【三】以贍貧窮，禄賢能，齊人皆說。

【一】集解徐廣曰：「或作『崩』也。」

【二】集解國語曰：「管子制國，五家爲軌，十軌爲里，四里爲連，十連爲鄉，以爲軍令。」

【三】索隱按：管子有理人輕重之法七篇。輕重謂錢也。又有捕魚、煮鹽法也。

二年，伐滅郯，【一】郯子奔莒。初，桓公亡時，過郯，郯無禮，故伐之。

【一】集解徐廣曰：「一作『譚』。」索隱據春秋，魯莊十年「齊師滅譚」是也。杜預曰「譚國在濟南平陵縣西南」。然此郯乃東海郯縣，蓋亦不當作「譚」字也。

五年，伐魯，魯將師敗。魯莊公請獻遂邑以平，【一】桓公許，與魯會柯而盟。【二】魯將盟，曹沫以匕首劫桓公於壇上，【三】曰：「反魯之侵地！」桓公許之。已而曹沫去匕首，北面就臣位。桓公後悔，欲無與魯地而殺曹沫。管仲曰：「夫劫許之而倍信殺之，【四】愈一小快耳，而弃信於諸侯，失天下之援，不可。」於是遂與曹沫三敗所亡地於魯。諸侯聞之，皆信齊而欲附焉。七年，諸侯會桓公於甄〔九〕，【五】而桓公於是始霸焉。

【一】集解杜預曰：「遂在濟北蛇丘縣東北。」

【二】集解杜預曰：「此柯今濟北東阿，齊之阿邑，猶祝柯今爲祝阿。」

【三】集解何休曰："土基三尺【一○】，階三等，曰壇。會必有壇者，爲升降揖讓，稱先君以相接也。"

【四】集解徐廣曰："一云已許之而背信殺劫也。"

【五】集解杜預曰："甄，衞地，今東郡甄城也。"

十四年，陳厲公子完，【一】號敬仲，來奔齊。齊桓公欲以爲卿，讓；於是以爲工正。【二】田成子常之祖也。

【一】正義音桓。

【二】集解賈逵曰："掌百工。"

二十三年，山戎伐燕，【一】燕告急於齊。齊桓公救燕，遂伐山戎，至于孤竹而還。燕莊公遂送桓公入齊境。桓公曰："非天子，諸侯相送不出境，吾不可以無禮於燕。"於是分溝割燕君所至與燕，命燕君復修召公之政，納貢于周，如成康之時。諸侯聞之，皆從齊。

【一】集解服虔曰："山戎，北狄，蓋今鮮卑也。"何休曰："山戎者，戎中之別名也。"

二十七年，魯湣公母曰哀姜，桓公女弟也。哀姜淫於魯公子慶父，慶父弒湣公，哀姜欲立慶父，魯人更立釐公。【一】桓公召哀姜，殺之。

【一】集解徐廣曰："史記『僖』字皆作『釐』。"

二十八年，衛文公有狄亂，告急於齊。齊率諸侯城楚丘【一】而立衛君。

【一】集解賈逵曰：「衛地也。」索隱杜預曰：「不言城衛，衛未遷。」楚丘在濟陰城武縣南，即今之衛南縣。

二十九年，桓公與夫人蔡姬戲船中。蔡姬習水，蕩公，【一】公懼，止之，不止，出船，怒，歸蔡姬，弗絶。蔡亦怒，嫁其女。桓公聞而怒，興師往伐。

【一】集解賈逵曰：「蕩，摇也。」

三十年春，齊桓公率諸侯伐蔡，蔡潰。【一】遂伐楚。楚成王興師問曰：「何故涉吾地？」管仲對曰：「昔召康公命我先君太公曰：『五侯九伯，若實征之，以夾輔周室。』【二】賜我先君履，【三】東至海，西至河，南至穆陵，北至無棣。楚貢包茅不入，王祭不具，【四】是以來責。昭王南征不復，是以來問。」【五】楚王曰：「貢之不入，有之，寡人罪也，敢不共乎！昭王之出不復，君其問之水濱。」【六】齊師進，次于陘。【七】夏，楚王使屈完將兵扞齊，齊師退，次召陵。【八】桓公矜屈完以其衆。屈完曰：「君以道則可；若不，則楚方城以爲城，【九】江、漢以爲溝，君安能進乎？」乃與屈完盟而去。過陳，陳袁濤塗詐齊，令出東方，覺。秋，齊伐陳。【一〇】是歲，晉殺太子申生。

【一】集解服虔曰：「民逃其上曰潰也。」

【二】集解左傳曰：「周公、太公股肱周室，夾輔成王也。」

【三】集解杜預曰：「所踐履之界。」

【四】集解賈逵曰：「包茅，菁茅包匭之也，以供祭祀。」杜預曰：「尚書『包匭菁茅』，茅之爲異未審。」

【五】集解服虔曰：「周昭王南巡狩，涉漢，未濟，船解而溺昭王，王室諱之，不以赴，諸侯不知其故，故桓公以爲辭責問楚也。」索隱宋衷云：「昭王南伐楚，辛由靡爲右，涉漢，中流而隕，由靡逐王，遂卒不復，周乃侯其後于西翟。」

【六】集解杜預曰：「昭王時漢非楚境，故不受罪。」

【七】集解杜預曰：「陘，楚地，潁川召陵縣南有陘亭。」左傳曰：「凡師，一宿爲舍，再宿爲信，過信爲次。」

【八】集解杜預曰：「召陵，潁川縣〔二〕。」

【九】集解服虔曰：「方城山在漢南。」韋昭曰：「方城，楚北之阸塞。」杜預曰「方城山在南陽葉縣南」是也。索隱按：地理志葉縣南有長城，號曰方城，則杜預、韋昭說爲得，而服氏云在漢南，未知有何憑據。

【一〇】集解左傳曰：「討不忠也。」

三十五年夏，會諸侯于葵丘。【一】周襄王使宰孔賜桓公文武胙、彤弓矢、大路，【二】命無拜。桓公欲許之，管仲曰不可，乃下拜受賜。【三】秋，復會諸侯於葵丘，益有驕色。周使宰孔會。諸侯頗有叛者。【四】晉侯病，後，遇宰孔。宰孔曰：「齊侯驕矣，弟無行。」從之。是歲，晉獻公卒，里克殺奚齊、卓子，【五】秦穆公以夫人入公子夷吾爲晉君。桓公於是討晉亂，至高梁，【六】使隰朋立晉君，還。

【一】集解杜預曰：「陳留外黃縣東有葵丘也。」

【二】集解賈逵曰：「大路，諸侯朝服之車，謂之金路。」

【三】集解韋昭曰：「下堂拜賜也。」

【四】集解公羊傳曰：「葵丘之會，桓公震而矜之，叛者九國。」

【五】集解徐廣曰：「史記『卓』多作『悼』。」正義卓，丑角反。

【六】集解服虔曰：「晉地也。」杜預曰：「在平陽縣西南。」

是時周室微，唯齊、楚、秦、晉爲彊。晉初與會，【一】獻公死，國內亂。秦穆公辟遠，不與中國會盟。楚成王初收荊蠻有之，夷狄自置。唯獨齊爲中國會盟，而桓公能宣其德，故諸侯賓會。於是桓公稱曰：「寡人南伐至召陵，望熊山；北伐山戎、離枝、孤竹；【二】西伐大夏，涉流沙；【三】束馬懸車登太行，至卑耳山【四】而還。諸侯莫違寡人。寡人兵車之會三，【五】乘車之會六，【六】九合諸侯，一匡天下。【七】昔三代受命，有何以異於此乎？吾欲封泰山，禪梁父。」管仲固諫，不聽；乃説桓公以遠方珍怪物至乃得封，桓公乃止。

【一】正義與音預，下同。

【二】集解地理志曰令支縣有孤竹城，疑離枝即令支也，「令」「離」聲相近。應劭曰：「令音鈴。」「鈴」「離」聲亦相近。管子亦作「離」字。索隱離枝音零支，又音令祇，又如字。離枝、孤竹，皆古國名。秦以離枝爲縣，故地理志遼西令支縣有孤竹城。爾雅曰「孤竹、北户、西王母、日下，謂之四荒」也。

【三】正義大夏，并州晉陽是也。

【四】正義卑音壁。劉伯莊及韋昭並如字。

【五】正義左傳云魯莊十三年，會北杏，以平宋亂；僖四年，侵蔡，遂伐楚；六年，伐鄭，圍新城也。

【六】正義左傳云魯莊十四年，會于鄄；十五年，又會鄄；十六年，同盟于幽；僖五年，會首止；八年，盟于洮；九年，會葵丘是也。

【七】正義匡，正也。一匡天下，謂定襄王爲太子之位也。

三十八年，周襄王弟帶與戎、翟合謀伐周，齊使管仲平戎於周。周欲以上卿禮管仲，管仲頓首曰：「臣陪臣，安敢！」三讓，乃受下卿禮以見。三十九年，周襄王弟帶來奔齊。

齊使仲孫請王，爲帶謝。襄王怒，弗聽。

四十一年，秦穆公虜晉惠公，復歸之。是歲，管仲、隰朋皆卒。【一】管仲病，桓公問曰：「羣臣誰可相者？」管仲曰：「知臣莫如君。」公曰：「易牙如何？」【二】對曰：「殺子以適君，非人情，不可。」公曰：「開方如何？」對曰：「倍親以適君，非人情，難近。」【三】公曰：「豎刀如何？」【四】對曰：「自宮以適君，非人情，難親。」管仲死，而桓公不用管仲言，卒近用二子，三子專權。

【一】【正義】括地志云：「管仲冢在青州臨淄縣南二十一里牛山上，與桓公冢連。隰朋墓在青州臨淄縣東北七里也。」

【二】【正義】即雍巫也。賈逵云：「雍巫，雍人，名巫，易牙也。」

【三】【集解】管仲曰【一二】：「衞公子開方去其千乘之太子而臣事君也。」

【四】【正義】刀，鳥條反。顏師古云：「豎刀、易牙皆齊桓公臣。管仲有病，桓公往問之，曰：『將何以教寡人？』管仲曰：『願君遠易牙、豎刀。』公曰：『易牙烹其子以快寡人，尚可疑邪？』對曰：『人之情非不愛其子也，其子之忍，又將何愛於君【一三】！』公曰：『豎刀自宮以近寡人，猶尚疑邪？』對曰：『人之情非不愛其身也，其身之忍，又將何有於君！』公曰：『諾。』管仲遂盡逐之【一四】，而公食不甘、心不怡者三年【一五】。公曰：『仲父不已過乎？』於是皆即召反。明年，公有病，易牙、豎刀相與作亂，塞宮門，築高牆，不通人。有一婦人踰垣入，至公所。公曰：『我欲食。』婦人曰：『吾無所得。』公曰：『我欲飲。』婦人曰：『吾無所得。』公曰：『何故？』曰：『易牙、豎刀相與作亂，塞宮門，築高牆，不通人，故無所得。』公慨然歎，涕出，曰：『嗟乎，聖人所見豈不遠哉！若死者有知，我將何面目見仲父乎？』蒙衣袂而死乎壽宮。蟲流於户〔一六〕，蓋以楊門之扇，二月不葬也〔一七〕。」

四十二年，戎伐周，周告急於齊，齊令諸侯各發卒戍周。是歲，晉公子重耳來，桓公妻之。

四十三年。初，齊桓公之夫人三：曰王姬、徐姬、〔一〕蔡姬，皆無子。桓公好内，〔二〕多内寵，如夫人者六人，長衛姬，生無詭；〔三〕少衛姬，生惠公元；鄭姬，生孝公昭；葛嬴，生昭公潘；密姬，生懿公商人；宋華子，〔四〕生公子雍。桓公與管仲屬孝公於宋襄公，以爲太子。雍巫〔五〕有寵於衛共姬，因宦者豎刀以厚獻於桓公，亦有寵，桓公許之立無詭。〔六〕管仲卒，五公子皆求立。冬十月乙亥，齊桓公卒。易牙入，與豎刀因内寵殺羣吏，〔七〕而立公子無詭爲君。太子昭奔宋。

〔一〕索隱按：系本徐，嬴姓。禮，婦人稱國及姓，今此言「徐姬」者，然姬是衆妾之總稱，故漢禄秩令云「姬妾數百」。婦人亦總稱姬，姬亦未必盡是姓也。

【二】集解服虔曰：「內，婦官也。」

【三】索隱左傳作「無虧」也。

【四】集解賈逵曰：「宋華氏之女，子姓。」

【五】集解賈逵曰：「雍巫，雍人，名巫，易牙字。」索隱賈逵以雍巫爲易牙，未知何據。按：管子有棠巫，恐與雍巫是一人也。

【六】集解杜預曰：「易牙既有寵於公，爲長衞姬請立。」

【七】集解服虔曰：「內寵如夫人者六人。羣吏，諸大夫也。」杜預曰：「內寵，內官之有權寵者。」

桓公病，五公子各樹黨爭立。及桓公卒，遂相攻，以故宮中空，莫敢棺。【一】桓公尸在牀上六十七日，尸蟲出于户。十二月乙亥，無詭立，乃棺，赴。辛巳夜，斂殯。【二】

【一】正義音古患反。

【二】集解徐廣曰：「斂，一作『臨』也。」

桓公十有餘子，要其後立者五人：無詭立三月死，無謚；次孝公；次昭公；次懿公；次惠公。孝公元年三月，宋襄公率諸侯兵送齊太子昭而伐齊。齊人恐，殺其君無詭。齊人將立太子昭，四公子之徒攻太子，太子走宋，宋遂與齊人四公子戰。五月，宋敗齊四公子師而立太子昭，是爲齊孝公。宋以桓公與管仲屬之太子，故來征之。以亂故，八月，乃

葬齊桓公。【一】

【一】集解皇覽曰：「桓公冢在臨菑城南七里所菑水南。」正義括地志云：「齊桓公墓在臨菑縣南二十一里牛山上，亦名鼎足山，一名牛首堈，一所二墳。晉永嘉末，人發之，初得版，次得水銀池，有氣不得入，經數日，乃牽犬入中，得金蠶數十薄，珠襦、玉匣、繒綵、軍器不可勝數。又以人殉葬，骸骨狼藉也。」

六年春，齊伐宋，以其不同盟于齊也。【一】夏，宋襄公卒。七年，晉文公立。

【一】集解服虔曰：「魯僖公十九年，諸侯盟于齊，以無忘桓公之德。宋襄公欲行霸道，不與盟，故伐之。」

十年，孝公卒，孝公弟潘因衞公子開方殺孝公子而立潘，是爲昭公。昭公，桓公子也，其母曰葛嬴。

昭公元年，晉文公敗楚於城濮，【一】而會諸侯踐土，朝周，天子使晉稱伯。【二】六年，翟侵齊。晉文公卒。秦兵敗於殽。十二年，秦穆公卒。

【一】正義賈逵云：「衞地也。」

【二】正義音霸。

十九年五月，昭公卒，子舍立爲齊君。舍之母無寵於昭公，國人莫畏。昭公之弟商人以桓公死爭立而不得，陰交賢士，附愛百姓，百姓説。及昭公卒，子舍立，孤弱，即與衆十月即墓上弑齊君舍〔一八〕，而商人自立，是爲懿公。懿公，桓公子也，其母曰密姬。

懿公四年春。初，懿公爲公子時，與丙戎〔一〕之父獵，爭獲不勝，及即位，斷丙戎父足，〔二〕而使丙戎僕。〔三〕庸職之妻好，〔四〕公内之宫，使庸職驂乘。五月，懿公游於申池，〔五〕二人浴，戲。職曰：「斷足子！」戎曰：「奪妻者！」二人俱病此言，乃怨。謀與公游竹中，二人弑懿公車上，弃竹中而亡去。

〔一〕索隱左傳「丙」作「邴」。邴歜也。

〔二〕正義左傳云「乃掘而刖之」，杜預云「斷其尸足也」。

〔三〕集解賈逵曰：「僕，御也。」

〔四〕索隱左傳作「閻職」，此言「庸職」。不同者，傳所云「閻」，姓；「職」，名也。此言「庸職」，庸非姓，蓋謂受顧織之妻〔一九〕，史意不同，字則異耳。正義國語及左傳作「閻職」。

〔五〕集解杜預曰：「齊南城西門名申門。齊城無池，唯此門左右有池，疑此是也。」左思齊都賦注曰：「申池，海濱齊藪也。」

懿公之立，驕，民不附。齊人廢其子而迎公子元於衞，立之，是爲惠公。惠公，桓公子也。其母衞女，曰少衞姬，避齊亂，故在衞。

惠公二年，長翟來，【一】王子城父攻殺之，【二】埋之於北門。晉趙穿弒其君靈公。

【一】集解 穀梁傳曰：「身橫九畝，斷其首而載之，眉見於軾。」

【二】集解 賈逵曰：「王子城父，齊大夫。」

十年，惠公卒，子頃公無野立。【一】初，崔杼有寵於惠公，惠公卒，高、國畏其偪也，逐之，崔杼奔衞。

【一】正義 頃音傾。

頃公元年，楚莊王彊，伐陳。二年，圍鄭，鄭伯降，已復國鄭伯。

六年春，晉使郤克於齊，齊使夫人帷中而觀之。郤克上，夫人笑之。郤克曰：「不是報，不復涉河！」歸，請伐齊，晉侯弗許。齊使至晉，郤克執齊使者四人河内，殺之。八年，晉伐齊，齊以公子彊質晉，晉兵去。十年春，齊伐魯、衞。魯、衞大夫如晉請師，皆因郤克。【一】晉使郤克以車八百乘【二】爲中軍將，士燮將上軍，欒書將下軍，以救魯、衞，伐齊。六月壬申，與齊侯兵合靡笄下。【三】癸酉，陳于鞌。【四】逄丑父【五】爲齊頃公右。頃公曰：「馳之，破晉軍會食。」射傷郤克，流血至履。克欲還入壁，其御曰：「我始入，再傷，不敢言疾，恐懼士卒，願子忍之。」遂復戰。戰，齊急，丑父恐齊侯得，乃易處，頃公爲右，車絓於木而止。【六】晉小將韓厥伏齊侯車前，曰「寡君使臣救魯、衞」，戲之。丑父使頃公下取飲，【七】因得亡，脱去，入其軍。晉郤克欲殺丑父。丑父曰：「代君死而見僇，後人臣無忠其君者矣。」克舍之，丑父遂得亡歸齊。於是晉軍追齊至馬陵。【八】齊侯請以寶器謝，【九】不聽；必得笑克者蕭桐叔子，【一〇】令齊東畝。【一一】對曰：「叔子，齊君母。齊君母亦猶晉君母，子安置之？且子以義伐而以暴爲後，其可乎？」於是乃許，令反魯、衞之侵地。【一二】

【一】索隱成二年左傳魯臧宣叔、衞孫桓子如晉，皆主於郤克是。

【二】集解賈逵曰：「八百乘，六萬人。」

【三】集解徐廣曰：「靡，一作『摩』。」賈逵曰：「靡笄，山名也。」索隱靡，如字。靡笄，山名，在濟南，與代地磨笄山不同。

【四】集解服虔曰：「窜，齊地名也。」

【五】集解賈逵曰：「齊大夫。」

【六】正義絓，胡卦反。止也，有所礙也。

【七】正義左傳云「及華泉，驂絓於木而止。丑父使公下，如華泉取飲。鄭周父御佐車，苑茷爲右，載齊侯獲免」也。

【八】集解徐廣曰：「一作『陘』。」駰案：賈逵曰「馬陘，齊地也」。

【九】集解左傳曰：「賂以紀甗、玉磬也。」

【一〇】集解杜預曰：「桐叔，蕭君之字，齊侯外祖父。子，女也。難斥言其母，故遠言之。」賈逵曰：「蕭，附庸，子姓。」

【一一】集解服虔曰：「欲令齊隴畝東行。」 索隱壟畝東行，則晉車馬東向齊行易也。

【一二】正義左傳云晉師及齊國〔一〇〕，使齊人歸我汶陽之田也。

十一年，晉初置六卿〔一一〕，賞鞌之功。齊頃公朝晉，欲尊王晉景公，【一】晉景公不敢受，乃歸。歸而頃公弛苑囿，薄賦斂，振孤問疾，虛積聚以救民，民亦大說。厚禮諸侯。竟頃公卒，百姓附，諸侯不犯。

【一】索隱王劭按：張衡曰「禮，諸侯朝天子執玉，既授而反之。若諸侯自相朝，則不授玉」。齊頃公戰敗朝晉而授玉，是欲尊晉侯爲王，太史公探其旨而言。今按：此文不云「授玉」，王氏之說復何所依，聊記異耳。

十七年，頃公卒，【一】子靈公環立。

【一】集解皇覽曰：「頃公冢近呂尚冢。」

靈公九年，晉欒書弑其君厲公。十年，晉悼公伐齊，齊令公子光質晉。十九年，立子光爲太子，高厚傅之，令會諸侯，盟於鍾離。〔一〕二十七年，晉使中行獻子伐齊。〔二〕齊師敗，靈公走入臨菑。晏嬰止靈公，靈公弗從。曰：「君亦無勇矣！」晉兵遂圍臨菑，臨菑城守不敢出，晉焚郭中而去。

〔一〕正義括地志云：「鍾離故城在沂州承縣界。」

〔二〕索隱荀偃。祖林父代爲中行，後改姓爲中行氏。獻子名偃。

二十八年。初，靈公取魯女，生子光，以爲太子。仲姬，戎姬。戎姬嬖，仲姬生子牙，屬之戎姬。戎姬請以爲太子，公許之。仲姬曰：「不可。光之立，列於諸侯矣，〔一〕今無故廢之，君必悔之。」公曰：「在我耳。」遂東太子光，〔二〕使高厚傅牙爲太子。靈公疾，崔杼迎故太子光而立之，是爲莊公。莊公殺戎姬。五月壬辰，靈公卒，莊公即位，執太子牙於句竇之丘，殺之。八月，崔杼殺高厚。晉聞齊亂，伐齊，至高唐。〔三〕

〔一〕集解服虔曰：「數從諸侯征伐盟會。」

〔二〕集解賈逵曰：「徙之東垂也。」

〔三〕集解杜預曰：「高唐在祝阿縣西北。」

莊公三年，晉大夫欒盈〔一〕奔齊，莊公厚客待之。晏嬰、田文子諫，公弗聽。四年，齊

莊公使欒盈閒入晉曲沃，〔二〕爲内應，以兵隨之，上太行，入孟門。〔三〕欒盈敗，齊兵還，取朝歌。〔四〕

〔一〕集解徐廣曰：「史記多作『逞』。」

〔二〕集解賈逵曰：「欒盈之邑。」

〔三〕集解賈逵曰：「孟門、太行，皆晉山隘也。」索隱孟門山在朝歌東北。太行山在河内温縣西。

〔四〕集解賈逵曰：「晉邑。」

六年。初，棠公妻好，〔一〕棠公死，崔杼取之。莊公通之，數如崔氏，以崔杼之冠賜人。侍者曰：「不可。」崔杼怒，因其伐晉，欲與晉合謀襲齊而不得閒。莊公嘗笞宦者賈舉，賈舉復侍，爲崔杼閒公〔二〕以報怨。五月，莒子朝齊，齊以甲戌饗之。崔杼稱病不視事。乙亥，公問崔杼病，遂從崔杼妻。崔杼妻入室，與崔杼自閉户不出，公擁柱而歌。〔三〕宦者賈舉遮公從官而入，閉門，崔杼之徒持兵從中起。公登臺而請解，不許；請盟，不許；請自殺於廟，不許。皆曰：「君之臣杼疾病，不能聽命。〔四〕近於公宫。〔五〕陪臣爭趣有淫者，〔六〕不知二命。」〔七〕公踰牆，射中公股，公反墜，遂弒之。晏嬰立崔杼門外，〔八〕曰：「君爲社稷死則死之，爲社稷亡則亡之。〔九〕若爲己死己亡，非其私暱，誰敢任之！」〔一〇〕門開而入，枕公尸而哭，三踊而出。人謂崔杼：「必殺之。」崔杼曰：「民之望也，舍之得民。」〔一一〕

【一】集解賈逵曰："棠公，齊棠邑大夫。"

【二】集解服虔曰："伺公閒隙。" 正義閒音閑，又如字。

【三】集解服虔曰："公以爲姜氏不知己在外，故歌以命之也。一曰公自知見欺，恐不得出，故歌以自悔。"

【四】集解服虔曰："言不能親聽公命。"

【五】集解服虔曰："崔杼之宮近公宮，淫者或詐稱公。"

【六】集解徐廣曰："爭，一作『扞』。" 索隱左傳作"扞趣"。此爲"爭趣"者，是太史公變左氏之文。言陪臣但爭趣投有淫者耳，更不知他命也。

【七】集解杜預曰："言得淫人，受崔子命討之，不知他命也。"

【八】集解賈逵曰："聞難而來。"

【九】集解服虔曰："謂以公義爲社稷死亡也。如是者，臣亦隨之死亡。"

【一〇】集解服虔曰："言君自以己之私欲取死亡之禍，則私近之臣所當任也。"杜預曰："私暱，所親愛也。非所親愛，無爲當其禍也。"

【一一】集解服虔曰："置之，所以得人心。"

丁丑，崔杼立莊公異母弟杵臼，【一】是爲景公。景公母，魯叔孫宣伯女也。景公立，以崔杼爲右相，慶封爲左相。二相恐亂起，乃與國人盟曰：「不與崔慶者死！」晏子仰天曰：「嬰所不獲，唯忠於君利社稷者是從〔三〕！」不肯盟。慶封欲殺晏子，崔杼曰：「忠臣也，舍之。」齊太史書曰「崔杼弑莊公」，崔杼殺之。其弟復書，崔杼復殺之。少弟復書，崔杼乃舍之。

【一】集解徐廣曰：「史記多作『箸臼』。」

景公元年。初，崔杼生子成及彊，其母死，取東郭女，生明。東郭女使其前夫子無咎與其弟偃【一】相崔氏。成有罪，【二】二相急治之，立明爲太子。成請老於崔〔三〕，崔杼許之，二相弗聽，曰：「崔，宗邑，不可。」【三】成、彊怒，告慶封。【四】慶封與崔杼有郤，欲其敗也。成、彊殺無咎、偃於崔杼家，家皆奔亡。崔杼怒，無人，使一宦者御，見慶封。慶封曰：「請爲子誅之。」使崔杼仇盧蒲嫳【五】攻崔氏，殺成、彊，盡滅崔氏，崔杼婦自殺。崔杼毋歸，【六】亦自殺。慶封爲相國，專權。

【一】正義杜預云：「東郭偃，東郭姜之弟也。」

【二】正義左傳云「成有疾而廢之」。杜預云「有惡疾也」。

【三】集解杜預曰：「濟南東朝陽縣西北有崔氏城也。」

【四】正義左傳云成、彊告慶封曰：「夫子身亦子所知也，唯無咎與偃是從，父兄莫能進矣。恐害夫子，敢以告。」慶封曰：「苟利夫子，必去之，難，吾助汝。」乃殺東郭偃、棠無咎於崔氏朝也。其妻及崔杼皆縊死，崔明奔魯。

【五】集解賈逵曰：「嬖，齊大夫，慶封之屬。」

【六】索隱毋音無也。

三年十月，慶封出獵。初，慶封已殺崔杼，益驕，嗜酒好獵，不聽政令。慶舍用政，【一】已有内郤。田文子謂桓子曰：「亂將作。」田、鮑、高、欒氏相與謀慶氏。慶舍發甲圍慶封宮，四家徒共擊破之。慶封還，不得入，奔魯。齊人讓魯，封奔吴。吴與之朱方，聚其族而居之，富於在齊。其秋，齊人徙葬莊公，僇崔杼尸於市以説衆。

【一】集解服虔曰：「舍，慶封之子也。生傳其職政與子。」

九年，景公使晏嬰之晉，與叔向私語曰：「齊政卒歸田氏。田氏雖無大德，以公權私，有德於民，民愛之。」十二年，景公如晉，見平公，欲與伐燕。十八年，公復如晉，見昭公。二十六年，獵魯郊，因入魯，與晏嬰俱問魯禮。三十一年，魯昭公辟季氏難，奔齊。齊欲以千社封之，【一】子家止昭公，昭公乃請齊伐魯，取鄆【二】以居昭公。

【一】集解賈逵曰：「二十五家爲一社。千社，二萬五千家也。」

【二】正義鄆，鄆城也。

三十二年，彗星見。景公坐柏寢，嘆曰：「堂堂！誰有此乎？」【一】羣臣皆泣，晏子笑，公怒。晏子曰：「臣笑羣臣諛甚。」景公曰：「彗星出東北，當齊分野，寡人以爲憂。」晏子曰：「君高臺深池，賦斂如弗得，刑罰恐弗勝，茀星【二】將出，彗星【三】何懼乎？」公曰：「可禳否？」晏子曰：「使神可祝而來，【四】亦可禳而去也。百姓苦怨以萬數，而君令一人禳之，安能勝衆口乎？」是時景公好治宮室，聚狗馬，奢侈，厚賦重刑，故晏子以此諫之。

【一】集解服虔曰：「景公自恐德薄不能久享齊國，故曰『誰有此』也。」

【二】正義茀音佩。謂客星侵近邊側欲相害。

【三】正義彗，息歲反。若帚形，見，其境有亂也。

【四】正義祝音章受反。

四十二年，吳王闔閭伐楚，入郢。

四十七年，魯陽虎攻其君，不勝，奔齊，請齊伐魯。鮑子諫景公，乃囚陽虎。陽虎得亡，奔晉。

四十八年，與魯定公好會夾谷。【一】犁鉏【二】曰：「孔丘知禮而怯，請令萊人爲樂，【三】

因執魯君，可得志。」景公害孔丘相魯，懼其霸，故從犂鉏之計。方會，進萊樂，孔子歷階上，使有司執萊人斬之，以禮讓景公。景公慙，乃歸魯侵地以謝，而罷去。是歲，晏嬰卒。

【一】集解服虔曰：「東海祝其縣是也。」

【二】索隱且，即餘反。即犂彌也。

【三】集解杜預曰：「萊人，齊所滅萊夷。」

五十五年，范、中行反其君於晉，晉攻之急，來請粟。田乞欲爲亂，樹黨於逆臣，說景公曰：「范、中行數有德於齊，不可不救。」乃使乞救而輸之粟。

五十八年夏，景公夫人燕姬適子死。景公寵妾芮姬生子荼，【一】荼少，其母賤，無行，諸大夫恐其爲嗣，乃言願擇諸子長賢者爲太子。景公老，惡言嗣事，又愛荼母，欲立之，憚發之口，乃謂諸大夫曰：「爲樂耳，國何患無君乎？」秋，景公病，命國惠子、高昭子【二】立少子荼爲太子，逐羣公子，遷之萊。【三】景公卒，【四】太子荼立，是爲晏孺子。冬，未葬，而羣公子畏誅，皆出亡。荼諸異母兄公子壽、【五】駒、黔【六】奔衛，【七】公子駔、【八】陽生奔魯。【九】萊人歌之曰：「景公死乎弗與埋，三軍事乎弗與謀，【一〇】師乎師乎，胡黨之乎？」【一一】

【一】索隱左傳曰「鬻姒之子荼嬖」，則荼母姓姒。此作「芮姬」，不同也。譙周依左氏作「鬻姒」，鄒誕生本作「芮姁」。姁音五句反。

【二】集解杜預曰：「惠子，國夏也。昭子，高張也。」

【三】集解服虔曰：「萊，齊東鄙邑。」

【四】集解皇覽曰：「景公冢與桓公冢同處。」

【五】索隱一作「嘉」。

【六】正義三公子。

【七】集解徐廣曰：「一云『壽、黔奔衛』。」索隱三人奔衛。

【八】索隱左傳作「鉏」。

【九】索隱二人奔魯。凡五公子也。

【一〇】集解服虔曰：「萊人見五公子遠遷鄙邑，不得與景公葬埋之事及國三軍之謀，故愍而歌。」杜預曰：「稱謚，蓋葬後而爲此歌，哀羣公子失所也。」

【一一】集解服虔曰：「師，衆也。黨，所也。言公子徒衆何所適也。」

晏孺子元年春，田乞僞事高、國者，每朝，乞驂乘，言曰：「子得君，大夫皆自危，欲謀作亂。」又謂諸大夫曰：「高昭子可畏，及未發，先之。」大夫從之。六月，田乞、鮑牧乃與大夫以兵入公宮，攻高昭子。昭子聞之，與國惠子救公。公師敗，田乞之徒追之，國惠子奔莒，遂反殺高昭子。晏圉奔魯。【一】八月，齊秉意茲〔二四〕。【二】田乞敗二相，乃使人之魯召公子陽生。陽生至齊，私匿田乞家。十月戊子，田乞請諸大夫曰：「常之母有魚菽之祭，【三】幸來會飲。」會飲，田乞盛陽生橐中，置坐中央，發橐出陽生，曰：「此乃齊君矣！」大夫皆伏謁。將與大夫盟而立之，鮑牧醉，乞誣大夫曰：「吾與鮑牧謀共立陽生。」鮑牧怒曰：「子忘景公之命乎？」諸大夫相視欲悔，陽生前，頓首曰：「可則立之，否則已。」鮑牧恐禍起，乃復曰：「皆景公子也，何爲不可！」乃與盟，立陽生，是爲悼公。悼公入宮，使人遷晏孺子於駘，【四】殺之幕下，而逐孺子母芮子。芮子故賤而孺子少，故無權，國人輕之。

【一】集解賈逵曰：「圉，晏嬰之子。」

【二】集解徐廣曰：「左傳八月，齊邴意茲奔魯。」

【三】集解何休曰：「齊俗，婦人首祭事。言魚豆者，示薄陋無所有也。」

【四】集解賈逵曰：「齊邑。」

悼公元年，齊伐魯，取讙、闡。【一】初，陽生亡在魯，季康子以其妹妻之。及歸即位，使迎之。季姬與季魴侯通，【二】言其情，魯弗敢與，故齊伐魯，竟迎季姬。季姬嬖，齊復歸魯侵地。

【一】集解杜預曰：「闡在東平剛縣北。」索隱二邑名。讙在今博城縣西南。杜預曰：「闡在東平剛縣北。」

【三】集解杜預曰：「魴侯，康子叔父也。」

鮑子與悼公有郤，不善。四年，吳、魯伐齊南方。鮑子弒悼公，赴于吳。吳王夫差哭於軍門外三日，將從海入討齊。齊人敗之，吳師乃去。晉趙鞅伐齊，至賴而去。【一】齊人共立悼公子壬，是爲簡公。【二】

【一】集解服虔曰：「賴，齊邑。」

【二】集解徐廣曰：「年表云簡公壬者，景公之子也。」

簡公四年春。初，簡公與父陽生俱在魯也，監止有寵焉。【一】及即位，使爲政。田成子憚之，驟顧於朝。【二】御鞅【三】言簡公曰：「田、監不可並也，君其擇焉。」【四】弗聽。子我夕，【五】田逆殺人，逢之，【六】遂捕以入。【七】田氏方睦，【八】使囚病而遺守囚者酒，【九】醉而殺守者，得亡。子我盟諸田於陳宗。【一〇】初，田豹欲爲子我臣，【一一】使公孫言豹，【一二】豹有喪而止。後卒以爲臣，【一三】幸於子我。子我謂曰：「吾盡逐田氏而立女，可乎？」對曰：「我遠田氏矣。【一四】且其違者不過數人，【一五】何盡逐焉！」遂告田氏。子行曰：「彼得君，弗先，必禍子。」【一六】子行舍於公宮。【一七】

【一】集解賈逵曰：「闞止，子我也。」索隱監，左傳作「闞」，音苦濫反。闞在東平須昌縣東南也。

【二】集解杜預曰：「心不安，故數顧也。」

【三】集解賈逵曰：「鞅，齊大夫也。」索隱鞅，名也，爲僕御之官，故曰御鞅，亦田氏之族。按：系本陳桓子無宇產子亹，亹產子獻，獻產鞅也。

【四】集解杜預曰：「擇用一人也。」

【五】集解服虔曰：「夕省事。」

【六】集解服虔曰：「子我將往夕省事於君，而逢逆之殺人也。」杜預曰：「逆，子行。陳氏宗。」

【七】集解杜預曰：「執逆入至於朝也。」

【八】集解服虔曰：「陳常方欲謀有齊國，故和其宗族。」

【九】集解服虔曰：「使陳逆詐病而遺也。」

【一〇】集解服虔曰：「子我見陳逆得生出，而恐爲陳氏所怨，故與盟而請和也。陳宗，宗長之家。」

【一一】集解賈逵曰：「豹，陳氏族也。」

【一二】集解賈逵曰：「公孫，齊大夫也。」杜預曰言，介達之意。

【一三】集解杜預曰：「終喪也。」

【一四】集解服虔曰：「言我與陳氏宗疏遠也。」

【一五】集解服虔曰：「違者，不從子我者。」

【一六】集解服虔曰：「彼謂闞止也。子謂陳常也。」

【一七】集解服虔曰：「止於公宮，爲陳氏作内間也。」

夏五月壬申，成子兄弟四乘如公。【一】子我在幄，【二】出迎之，遂入，閉門。【三】宦者禦之，【四】子行殺宦者。【五】公與婦人飲酒於檀臺，【六】成子遷諸寢。【七】公執戈將擊之，【八】太史子餘【九】曰：「非不利也，將除害也。」【一〇】成子出舍于庫，【一一】聞公猶怒，將出，【一二】曰：「何所無君！」子行拔劍曰：「需，事之賊也。【一三】誰非田宗？【一四】所不殺子者，有如田宗！」【一五】乃止。子我歸，屬徒【一六】攻闈與大門，【一七】皆弗勝，乃出。田氏追之。豐丘人執子我以告，【一八】殺之郭關。【一九】成子將殺大陸子方，【二〇】田逆請而免之。以公命取車於道，【二一】出雍門。【二二】田豹與之車，弗受，曰：「逆爲余請，豹與余車，余有私焉。事子我而有私於其讎，何以見魯、衛之士？」【二三】

【一】集解服虔曰：「成子兄弟八人，二人共一乘，故曰四乘。」索隱服虔曰：「成子兄弟八人，二人共乘一車，故四乘。」按系本，陳僖子乞産成子常、簡子齒、宣子其夷、穆子安、廩丘子尚毉茲、芒子盈、惠子得，凡七人。杜預又取昭子莊以充八人之數。按系本，昭子是桓子之子【二五】，成子之叔父，又不名莊，彊相證會，言四乘有八人耳。今按：田完系家云田常兄弟四人如公宮，與此事同。今此唯稱四乘，不云人數，知四乘謂兄弟四人乘車而入，非二人共車也。然其昆弟三人不見者，蓋時或不在，不同入公宮，不可彊以四乘爲八人，添叔父爲兄弟之數。服、杜殊失也。

【二】集解杜預曰：「幄，帳也，聽政之處也。」

【三】集解服虔曰：「成子兄弟見子我出，遂突入，反閉門，子我不得復入。」

【四】集解服虔曰：「閹豎以兵禦陳氏。」

【五】集解服虔曰：「舍於公宮，故得殺之。」

【六】集解服虔曰：「當陳氏入時，飲酒於此臺。」

【七】集解服虔曰：「欲徙公令居寢也。」

【八】集解杜預曰：「疑其作亂也。」

【九】集解服虔曰：「齊大夫。」

【一〇】集解杜預曰：「言將爲公除害也。」

【一一】集解杜預曰：「以公怒故也。」

【一二】集解服虔曰：「出奔也。」

【一三】集解杜預曰：「言需疑則害事。」

【一四】集解杜預曰：「言陳氏宗族衆多。」

【一五】集解杜預曰：「言子若欲出，我必殺子，明如陳宗。」

【一六】集解服虔曰：「會徒衆。」

【一七】集解宮中之門曰闈。大門，公門也。

【一八】集解賈逵曰：「豐丘，陳氏邑也。」

【一九】集解服虔曰：「齊關名。」

【二〇】集解服虔曰：「子方，子我黨，大夫東郭賈也。」

【二一】集解杜預曰：「子方取道中行人車。」

【二二】集解杜預曰：「齊城門。」

【二三】集解服虔曰：「子方將欲奔魯、衞也。」左傳曰：「東郭賈奔衞。」

庚辰，田常執簡公于徐州。【一】公曰：「余蚤從御鞅言，不及此。」甲午，田常弒簡公于徐州。田常乃立簡公弟鷔，【二】是爲平公。平公即位，田常相之，專齊之政，割齊安平以東爲田氏封邑。【三】

【一】集解春秋作「舒州」。賈逵曰：「陳氏邑也。」索隱徐音舒，其字從人。左氏作「舒」，舒，陳氏邑。說文作「郐」，郐在薛縣。

【二】索隱系本及譙周皆作「敬」，蓋誤也。

【三】集解徐廣曰：「年表云平公之時，齊自是稱田氏。」索隱安平，齊邑。按：地理志涿郡有安平縣也。

平公八年，越滅吴。二十五年卒，子宣公積立。

宣公五十一年卒，子康公貸立。田會反廩丘。【一】

【一】索隱田會，齊大夫。廩，邑名，東郡有廩丘縣也。

康公二年，韓、魏、趙始列爲諸侯。十九年，田常曾孫田和始爲諸侯，遷康公海濱。

二十六年，康公卒，吕氏遂絶其祀。田氏卒有齊國，爲齊威王，彊於天下。

太史公曰：吾適齊，自泰山屬之琅邪，北被于海，膏壤二千里，其民闊達多匿知，其天性也。以太公之聖，建國本，桓公之盛，修善政，以爲諸侯會盟，稱伯，不亦宜乎？洋洋哉，固大國之風也！

【索隱述贊】太公佐周，實秉陰謀。既表東海，乃居營丘。小白致霸，九合諸侯。及溺内寵，釁鍾蟲流。莊公失德，崔杼作仇。陳氏專政，厚貨輕收。悼、簡遘禍，田、闞非儔。渢渢餘烈，一變何由？

校勘記

〔一〕東夷之士　「士」，原作「土」，據景祐本、紹興本、耿本、黄本、彭本、柯本、凌本、殿本改。按：呂氏春秋孝行覽首時作「士」。

〔二〕賣飲於孟津　「飲」，耿本、黄本、彭本、柯本、凌本、殿本作「飯」。

〔三〕商管聲應　張文虎札記卷四：「六韜『商聲應管』下有『當以朱雀，羽聲應管』二句，此脱。」

〔四〕五管盡不應無有商聲　張文虎札記卷四：「六韜本作『五管盡不應者宫也』，此誤。」

〔五〕成敗之機也　「成」，原作「陰」。張文虎札記卷四：「六韜『陰』作『成』，此誤。」今據改。

〔六〕國史　耿本、黄本、彭本、柯本、凌本、殿本作「史」。

〔七〕而山自立也　「山」，原作「出」，據耿本、黄本、彭本、柯本、凌本、殿本及上下文改。

〔八〕本秦時霍伯國　「秦」，疑當作「春秋」。按：本書卷三五管蔡世家「次曰霍叔處」正義：「鄭玄注周禮云『霍山在彘』，本春秋時霍伯國地。」卷四四魏世家「魏悼子徙治霍」正義：「晉州霍邑縣，漢彘縣也，後漢改曰永安，隋改曰霍邑，本春秋時霍伯國也。」

〔九〕諸侯會桓公於甄　「甄」，本書卷一四十二諸侯年表作「鄄」，春秋經莊公十五年同。

〔一〇〕土基三尺　「土」，原作「上」，據景祐本、紹興本、耿本、黄本、彭本、柯本、凌本、殿本改。按：公羊傳莊公十三年「莊公升壇」何休注：「土基三尺，土堦三等曰壇。」

〔一一〕召陵潁川縣　「潁川」，原作「潁州」，據景祐本、紹興本、耿本、黄本、彭本、柯本、凌本、殿本改。按：春秋經僖公四年「次于陘」杜預注亦作「潁川」。

〔一三〕管仲　景祐本、紹興本、耿本、黄本、彭本、柯本、凌本、殿本作「管子」。按：管子戒：「今夫衛公子開方，去其千乘之太子而臣事君，是所願也得於君者，是將欲過其千乘也。」

〔一四〕又將何愛於君　「何愛」，漢書卷六五東方朔傳「易牙作患」顔師古注作「何有」，吕氏春秋先識覽知接同。

〔一五〕管仲遂盡逐之　漢書卷六五東方朔傳「易牙作患」顔師古注作「管仲死盡逐之」，吕氏春秋先識覽知接同。

〔一六〕心不怡者三年　「者」，漢書卷六五東方朔傳「易牙作患」顔師古注作「居」，吕氏春秋先識覽知接同。黄本作「君」，疑爲「居」之譌。

〔一七〕蟲流於户　漢書卷六五東方朔傳「易牙作患」顔師古注「流」下有「出」字，吕氏春秋先識覽知接同。

〔一八〕二月不葬也　「二月」，漢書卷六五東方朔傳「易牙作患」顔師古注作「三月」，吕氏春秋先識覽知接同。

〔一九〕十月　梁玉繩志疑卷一七：「左傳作『七月乙卯』，則此『十』字乃傳寫之譌。」

〔二〇〕受顧織之妻　「織」，彭本、柯本、凌本、殿本作「職」。

〔二一〕晉師及齊國　左傳成公二年此下有「佐盟于爰婁」五字，疑此脱。

〔二〕晉初置六卿　梁玉繩志疑卷一七：「『六卿』乃『六軍』之誤。攷成三年左傳疏引世家作『六軍』，則唐初史記本元是『軍』字。」按：梁説是。晉設三軍，即有六卿。左傳文公十三年云「夏，六卿相見於諸浮」，是其證。

〔三〕嬰所不獲唯忠於君　張文虎札記卷四：「『獲』字疑即下文『唯』字譌衍，左傳無。」

〔三〕成請老於崔　「崔」下原有「杼」字。張文虎札記卷四：「（杼）蓋涉下而衍。」按：左傳襄公二十七年：「成請老于崔。」杜預注：「成欲居崔邑以終老。」今據删。

〔四〕齊秉意茲　疑此下有脱文。按：集解引徐廣曰：「左傳八月，齊邴意茲奔魯。」左傳哀公六年：「八月，齊邴意茲來奔。陳僖子使召公子陽生。」

〔五〕按系本昭子是桓子之子　「昭子」上原有「將來」二字，據耿本、黄本、彭本、柯本、凌本、殿本删。

史記卷三十三

魯周公世家第三

周公旦者，周武王弟也。【一】自文王在時，旦爲子孝，【二】篤仁，異於羣子。及武王即位，旦常輔翼武王，用事居多。武王九年，東伐，至盟津，周公輔行。十一年，伐紂，至牧野，【三】周公佐武王，作牧誓。破殷，入商宮。已殺紂，周公把大鉞，召公把小鉞，以夾武王，釁社，告紂之罪于天，及殷民。釋箕子之囚。封紂子武庚禄父，使管叔、蔡叔傅之，以續殷祀。徧封功臣同姓戚者。封周公旦於少昊之虚曲阜，【四】是爲魯公。周公不就封，留佐武王。

【一】集解譙周曰：「以太王所居周地爲其采邑，故謂周公。」索隱周，地名，在岐山之陽，本太王所居，後以爲周公之菜邑，故曰周公。即今之扶風雍東北故周城是也。謚曰周文公，見國語。

【二】索隱鄒誕本「孝」作「敬」也。

【三】正義衛州即牧野之地，東北去朝歌七十三里。

【四】正義括地志云：「兗州曲阜縣外城即魯公伯禽所築也。」

武王克殷二年，天下未集，武王有疾，不豫，羣臣懼，太公、召公乃繆卜。【一】周公曰：「未可以戚我先王。」【二】周公於是乃自以爲質，設三壇，周公北面立，戴璧秉圭，【三】告于太王、王季、文王。【四】史策祝曰：【五】「惟爾元孫王發，勤勞阻疾。【六】若爾三王是有負子之責於天，以旦代王發之身。【七】旦巧能，多材多藝，能事鬼神。【八】乃王發不如旦多材多藝，不能事鬼神。乃命于帝庭，敷佑四方，【九】用能定汝子孫于下地，四方之民罔不敬畏。【一〇】無墜天之降葆命，我先王亦永有所依歸。【一一】今我其即命於元龜，【一二】爾之許我，我其以璧與圭歸〔一〕，以俟爾命。【一三】爾不許我，我乃屏璧與圭。」【一四】周公已令史策告太王、王季、文王，欲代武王發，於是乃即三王而卜。卜人皆曰吉，發書視之，信吉。【一五】周公喜，開籥，乃見書遇吉。【一六】周公入賀武王曰：「王其無害。旦新受命三王，維長終是圖。【一七】茲道能念予一人。」【一八】周公藏其策金縢匱中，【一九】誡守者勿敢言。明日，武王有瘳。

【一】集解徐廣曰：「古書『穆』字多作『繆』。」

【二】集解孔安國曰：「戚，近也。未可以死近先王也。」鄭玄曰：「二公欲就文王廟卜。戚，憂也。

未可憂怖我先王也。」

【三】集解孔安國曰：「璧以禮神，圭以爲贄。」

【四】集解孔安國曰：「告謂祝辭。」

【五】集解孔安國曰：「史爲策書祝詞也〔二〕。」鄭玄曰：「策，周公所作，謂簡書也。祝者讀此簡書，以告三王。」

【六】集解徐廣曰：「阻，一作『淹』。」

【七】集解孔安國曰：「大子之責，謂疾不可救也。不可救于天，則當以旦代之。死生有命，不可請代，聖人敍臣子之心以垂世教。」索隱尚書「負」爲「丕」，今此爲「負」者，謂三王負於上天之責，故我當代之。鄭玄亦曰「丕」讀曰「負」。

【八】集解孔安國曰：「言可以代武王之意。」

【九】集解馬融曰：「武王受命於天帝之庭，布其道以佑助四方。」

【一〇】集解孔安國曰：「言武王用受命帝庭之故，能定先人子孫於天下，四方之民無不敬畏也。」

【一一】集解孔安國曰：「言不救，則墜天寶命也；救之，則先王長有所依歸矣。」鄭玄曰：「降，下也。寶猶神也。有所依歸，爲宗廟之主也。」正義墜，直類反。

【一二】集解孔安國曰：「就受三王之命於元龜，卜知吉凶者也。」馬融曰：「元龜，大龜也。」

【一三】集解孔安國曰：「許謂疾瘳。待命，當以事神也。」馬融曰：「待汝命。武王當愈，我當死也。」

【一四】集解孔安國曰：「不許，不愈也。屏，藏。言不得事神。」

【一五】集解孔安國曰：「占兆書也。」

【一六】集解王肅曰：「籥，藏占兆書管也。」

【一七】集解孔安國曰：「我新受三王命，武王維長終是謀周之道。」

【一八】集解馬融曰：「一人，天子也。」鄭玄曰：「茲，此也。」

【一九】集解孔安國曰：「藏之於匱，緘之以金，不欲人開也。」

其後武王既崩，成王少，在强葆之中。【一】周公恐天下聞武王崩而畔，周公乃踐阼代成王攝行政當國。管叔及其羣弟流言於國曰：「周公將不利於成王。」【二】周公乃告太公望、召公奭曰：「我之所以弗辟【三】而攝行政者，恐天下畔周，無以告我先王太王、王季、文王。三王之憂勞天下久矣，於今而后成。武王蚤終，成王少，將以成周，我所以爲之若此。」於是卒相成王，而使其子伯禽代就封於魯。周公戒伯禽曰：「我文王之子，武王之弟，成王之叔父，我於天下亦不賤矣。然我一沐三捉髮，一飯三吐哺，起以待士，猶恐失天下之賢人。子之魯，慎無以國驕人。」

【一】索隱强葆即「繦褓」，古字少，假借用之。正義强闊八寸，長八尺，用約小兒於背而負行。葆，小兒被也。

【二】集解孔安國曰：「放言於國，以誣周公，以惑成王也。」

【三】正義音避。

管、蔡、武庚等果率淮夷而反。周公乃奉成王命，興師東伐，作大誥。遂誅管叔，殺武庚，放蔡叔。收殷餘民，以封康叔於衞，封微子於宋，以奉殷祀。寧淮夷東土，二年而畢定。諸侯咸服宗周。

天降祉福，唐叔得禾，異母同穎，【一】獻之成王，成王命唐叔以餽周公於東土，作餽禾。周公既受命禾，嘉天子命，【二】作嘉禾。東土以集，周公歸報成王，乃爲詩貽王，命之曰鴟鴞。【三】王亦未敢訓周公。【四】

【一】集解徐廣曰：「一作『穗』。穎即穗也。」索隱尚書曰「異畝」，此「母」義並通。鄒誕本同。

【二】集解徐廣曰：「嘉，一作『魯』，今書序作『旅』也。」索隱徐廣云一作「魯」，「魯」字誤也。今書序作「旅」。史記「嘉天子命」，於文亦得，何須作「嘉旅」？

【三】集解毛詩序曰：「成王未知周公之志，公乃爲詩以遺王，名之曰鴟鴞。」毛傳曰：「鴟鴞，鸋鴂也。」

【四】集解徐廣曰：「訓，一作『誚』。」索隱按：尚書作「誚」。誚，讓也。此作「訓」，字誤耳，義無所通。徐氏合定其本，何須云一作「誚」也！

成王七年二月乙未，王朝步自周，至豐，【一】使太保召公先之雒相土。【二】其三月，周公往營成周雒邑，【三】卜居焉，曰吉，遂國之。

【一】集解馬融曰：「周，鎬京也。豐，文王廟所在。朝者，舉事上朝，將即土中易都，大事，故告文王、武王廟。」鄭玄曰：「步，行也，堂下謂之步。豐、鎬異邑，而言步者，告武王廟即行，出廟入廟，不以爲遠，爲父恭也。」索隱豐，文王所作邑。後武王都鎬，於豐立文王廟。按：豐在鄠縣東，臨豐水，東去鎬二十五里也。

【二】集解鄭玄曰：「相，視也。」

【三】集解公羊傳曰：「成周者何？東周也。」何休曰：「名爲成周者，周道始成，王所都也。」

成王長，能聽政。於是周公乃還政於成王，成王臨朝。周公之代成王治，南面倍依以朝諸侯。【一】及七年後，還政成王，北面就臣位，匔匔如畏然。【二】

【一】集解禮記曰：「周公朝諸侯于明堂之位，天子負斧依，南向而立。」鄭玄曰：「周公攝王位，以明堂之禮儀朝諸侯也。不於宗廟，避王也。天子，周公也。負之言倍也。斧依，爲斧文屏風於户牖之閒，周公於前立也。」

【二】集解徐廣曰：「匔匔，謹敬貌也。見三蒼，音窮窮。一本作『夔夔』也。」

初，成王少時，病，周公乃自揃其蚤沈之河，以祝於神曰：「王少未有識，奸神命者乃旦也。」亦藏其策於府。成王病有瘳。及成王用事，人或譖周公，周公奔楚。【一】成王發府，見周公禱書，乃泣，反周公。

【一】索隱經典無文，其事或別有所出。而譙周云「秦既燔書，時人欲言金縢之事，失其本末，乃云『成王少時病，周公禱河欲代王死，藏祝策于府。成王用事，人讒周公，周公奔楚。成王發府見策，乃迎周公』」，又與蒙恬傳同，事或然也。

周公歸，恐成王壯，治有所淫佚，乃作多士，作毋逸。毋逸稱：「爲人父母，爲業至長久，子孫驕奢忘之，以亡其家，爲人子可不慎乎！故昔在殷王中宗，嚴恭敬畏天命，自度【一】治民，震懼不敢荒寧，【二】故中宗饗國七十五年。其在高宗，【三】久勞于外，爲與小人，【四】作其即位，乃有亮闇，三年不言，【五】言乃讙，【六】不敢荒寧，密靖殷國，【七】至于小大無怨，【八】故高宗饗國五十五年。【九】其在祖甲，【一〇】不義惟王，久爲小人【一一】于外，知小人之依，能保施小民，不侮鰥寡，【一二】故祖甲饗國三十三年。」【一三】多士稱曰：「自湯至于帝乙，無不率祀明德，帝無不配天者。【一四】在今後嗣王紂，誕淫厥佚，不顧天及民之從也。【一五】其民皆可誅。」周多士【三】。「文王日中昃不暇食，饗國五十年。」作此以誡成王。

【一】集解孔安國曰：「用法度也。」

【二】集解馬融曰：「知民之勞苦，不敢荒廢自安也。」

【三】正義武丁也。

【四】集解孔安國曰：「父小乙使之久居人閒，勞是稼穡，與小人出入同事也。」馬融曰：「武丁爲太子時，其父小乙使行役，有所勞役於外，與小人從事，知小人艱難勞苦也。」鄭玄曰：「爲父小乙將師役於外也。」

【五】集解孔安國曰：「武丁起其即王位，則小乙死，乃有信嘿，三年不言，言孝行著也。」鄭玄曰：「楣謂之梁，闇謂廬也。」

【六】集解鄭玄曰：「讙，喜悅也。言乃喜悅，則民臣望其言久矣〔四〕。」

【七】集解馬融曰：「密，安也。」

【八】集解孔安國曰：「小大之政，民無怨者。言無非也。」

【九】集解尚書云五十九年。

【一〇】集解孔安國、王肅曰：「祖甲，湯孫太甲也。」馬融、鄭玄曰：「祖甲，武丁子帝甲也。」索隱孔安國以爲湯孫太甲，馬融、鄭玄以爲武丁子帝甲。按：紀年太甲唯得十二年，此云祖甲享國三十三年，知祖甲是帝甲明矣。

【一一】集解孔安國曰：「爲王不義，久爲小人之行，伊尹放之桐宮。」馬融曰：「祖甲有兄祖庚，而祖甲賢，武丁欲立之，祖甲以王廢長立少不義，逃亡民閒，故曰『不義惟王，久爲小人』也。武丁死，祖庚立。祖庚死，祖甲立。」

【一二】集解孔安國曰：「小人之所依，依仁政也，故能安順於衆民，不敢侮慢惸獨也。」

【一三】集解王肅曰：「先中宗後祖甲，先盛德後有過也。」

【一四】集解孔安國曰：「無敢失天道者，故無不配天也。」

【一五】集解徐廣曰：「一作『敬之』也。」駰案：馬融曰「紂大淫樂其逸，無所能顧念於天施顯道於民而敬之也」。

成王在豐，天下已安，周之官政未次序，於是周公作周官，官别其宜。作立政，【一】以便百姓。百姓說。

【一】集解孔安國曰：「周公既致政成王，恐其怠忽，故以君臣立政爲戒也。」

周公在豐，病，將没，曰：「必葬我成周，【一】以明吾不敢離成王。」周公既卒，成王亦讓，葬周公於畢，【二】從文王，以明予小子不敢臣周公也。

【一】集解徐廣曰：「衛世家云管叔欲襲成周，然則或說尚書者不以成周爲洛陽乎？諸侯年表敍曰『齊、晉、楚、秦，其在成周，微之甚也』。」

【二】正義括地志云：「周公墓在雍州咸陽北十三里畢原上。」

周公卒後，秋未穫，暴風雷雨，〔五〕禾盡偃，大木盡拔。周國大恐。成王與大夫朝服以開金縢書，【一】王乃得周公所自以爲功代武王之説。【二】二公及王乃問史、百執事，【三】史、百執事曰：「信有，昔周公命我勿敢言。」成王執書以泣，【四】曰：「自今後其無繆卜乎！【五】昔周公勤勞王家，惟予幼人弗及知。今天動威以彰周公之德，惟朕小子其迎，我國家禮亦宜之。」【六】王出郊，天乃雨，反風，禾盡起。【七】二公命國人，凡大木所偃，盡起而築之。【八】歲則大孰。於是成王乃命魯得郊【九】祭文王。【一〇】魯有天子禮樂者，以褒周公之德也。

【一】索隱據尚書，武王崩後有此雷風之異。今此言周公卒後更有暴風之變，始開金縢之書，當不然也。蓋由史遷不見古文尚書，故説乖誤。

【二】集解徐廣曰：「一作『簡』。」駰案：孔安國曰「所藏請命策書本也」。

【三】集解孔安國曰：「二公倡王啓之，故先見書也。史、百執事，皆從周公請命者。」鄭玄曰：「問者，問審然否也。」

【四】集解鄭玄曰：「泣者，傷周公忠孝如是而無知之者。」

【五】集解孔安國曰：「本欲敬卜吉凶，今天意可知，故止。」

【六】集解王肅曰：「亦宜褒有德也。」正義孔安國云：「周公以成王未寤，故留東未還。成王改過自新，遣使者逆之，亦國家禮有德之宜也。」王、孔二説非也。按：言成王以開金縢之書，知天風雷以彰周公之德，故成王亦設郊天之禮以迎，我國家先祖配食之禮亦當宜之，故成王出郊，天乃雨反風也。

【七】集解孔安國曰：「郊，以玉幣謝天也。天即反風起禾，明郊之是也。」馬融曰：「反風，風還反也。」

【八】集解徐廣曰：「築，拾也。」駰案：馬融曰「禾爲木所偃者，起其木，拾其下禾，乃無所失亡也」。

【九】集解禮記曰：「魯君祀帝于郊，配以后稷，天子之禮。」

【一〇】集解禮記曰：「諸侯不得祖天子。」鄭玄曰：「魯以周公之故，立文王之廟也。」

周公卒，子伯禽固已前受封，是爲魯公。【一】魯公伯禽之初受封之魯，三年而後報政周公。周公曰：「何遲也？」伯禽曰：「變其俗，革其禮，喪三年然後除之，故遲。」太公亦封於齊，五月而報政周公。周公曰：「何疾也？」曰：「吾簡其君臣禮，從其俗爲也。」及後聞伯禽報政遲，乃歎曰：「嗚呼，魯後世其北面事齊矣！夫政不簡不易，民不有近；平易近民，民必歸之。」【二】

【一】索隱周公元子就封於魯，次子留相王室，代爲周公。其餘食小國者六人，凡、蔣、邢、茅、胙、祭也。

【二】集解徐廣曰：「一本云『政不簡不行，不行不樂，不樂則不平易；平易近民，民必歸之』。又一本云『夫民不簡不易，有近乎簡易，民必歸之』。」索隱言爲政簡易者，民必附近之。近謂親近也。

伯禽即位之後，有管、蔡等反也，淮夷、徐戎亦並興反。【一】於是伯禽率師伐之於肸，作肸誓，【二】曰：「陳爾甲胄，無敢不善。無敢傷牿。【三】馬牛其風，臣妾逋逃，【四】勿敢越逐，敬【五】復之。【六】無敢寇攘，踰牆垣。【七】魯人三郊三隧，【八】峙爾芻茭、糗糧、楨榦，【九】無敢不逮。我甲戌築而征徐戎，【一〇】無敢不及，有大刑。」【一一】作此肸誓，遂平徐戎，定魯。

【一】集解孔安國曰：「淮浦之夷，徐州之戎，並起爲寇。」

【二】集解徐廣曰：「肸，一作『鮮』，一作『獮』。」駰案：尚書作「粊」。孔安國曰「魯東郊之地名也」。索隱尚書作「費誓」。徐廣云一作「鮮」，一作「獮」。按：尚書大傳見作「鮮誓」，鮮誓即肸誓，古今字異，義亦變也。鮮，獮也。言於肸地誓衆，因行獮田之禮，以取鮮獸而祭，故字或作「鮮」，或作「獮」。孔安國云「費，魯東郊地名」，即魯卿季氏之費邑地也。

【三】正義古毒反。牿，牛馬牢也。令臣無傷其牢，恐牛馬逸。

【四】集解鄭玄曰：「風，走逸。臣妾，廝役之屬也。」

【五】集解徐廣曰：「一作『振』。」

【六】集解孔安國曰：「勿敢弃越壘伍而求逐也。衆人有得佚馬牛、逃臣妾，皆敬還。」

【七】集解鄭玄曰：「寇，劫取也。因其失亡曰『攘』。」

【八】集解王肅曰：「邑外曰郊，郊外曰隧。不言四者，東郊留守，故言三也。」

【九】集解孔安國曰：「皆當儲峙汝糧，使足食，多積芻茭，供軍牛馬。」馬融曰：「楨、榦皆築具，楨在前，榦在兩旁。」正義糗，去九反。楨音貞。

【一〇】集解孔安國曰：「甲戌日當築攻敵壘距堙之屬。」

【一一】集解馬融曰：「大刑，死刑。」

魯公伯禽卒，【一】子考公酋立。【二】考公四年卒，立弟熙，【三】是謂煬公。煬公築茅闕門。【四】六年卒〔六〕，子幽公宰立。【五】幽公十四年，幽公弟濆殺幽公而自立，是爲魏公。【六】魏公五十年卒，子厲公擢立。【七】厲公三十七年卒，魯人立其弟具，是爲獻公。獻公三十二年卒，【八】子真公濞立。【九】

【一】集解徐廣曰：「皇甫謐云伯禽以成王元年封，四十六年，康王十六年卒。」

【二】索隱系本作「就」，鄒誕本作「遒」。

【三】索隱一作「怡」。考公弟。

【四】集解徐廣曰：「一作『第』，又作『夷』。世本曰『煬公徙魯』，宋忠曰『今魯國』。」

【五】索隱系本名圉。

【六】集解徐廣曰：「世本作『微公』。」索隱系本「濆」作「弗」，音沸。「魏」作「微」。且古書多用「魏」字作「微」，則太史公意亦不殊也。

【七】索隱系本作「翟」，音持角反。

【八】集解徐廣曰：「劉歆云五十年。皇甫謐云三十六年。」

【九】索隱真音慎，本亦多作「慎公」。按：衞亦有真侯，可通也。濞，系本作「摯」，或作「鼻」，音匹位反。鄒誕本作「慎公嚊」。

真公十四年，周厲王無道，出奔彘，共和行政。二十九年，周宣王即位。

三十年，真公卒，弟敖立，是爲武公。

武公九年春，武公與長子括、少子戲【一】西朝周宣王。宣王愛戲，欲立戲爲魯太子。周之樊仲山父諫宣王曰：「廢長立少，不順；不順，必犯王命；犯王命，必誅之：故出令不可不順也。令之不行，政之不立；【二】行而不順，民將弃上。【三】夫下事上，少事長，所以爲順。今天子建諸侯，立其少，是教民逆也。【四】若魯從之，諸侯效之，王命將有所壅；【五】若弗從而誅之，是自誅王命也。【六】誅之亦失，不誅亦失，【七】王其圖之。」宣王弗聽，卒立戲爲魯太子。夏，武公歸而卒，【八】戲立，是爲懿公。

【一】正義許義反，又音許宜反，後同。

【二】集解韋昭曰：「令不行，則政不立。」

【三】集解韋昭曰：「使長事少，故民將弃上。」

【四】集解唐固曰：「言不教之順而教之逆。」

【五】集解韋昭曰：「言先王立長之命將壅塞不行也。」

【六】集解韋昭曰：「先王之命立長，今魯亦立長，若誅之，是自誅王命。」

【七】集解韋昭曰：「誅之，誅王命；不誅，則王命廢。」

【八】集解徐廣曰：「劉歆云立二年。」

懿公九年，懿公兄括之子伯御【一】與魯人攻弒懿公，而立伯御爲君。伯御即位十一年，周宣王伐魯，殺其君伯御，而問魯公子能道順諸侯者，【二】以爲魯後。樊穆仲曰：【三】「魯懿公弟稱，【四】肅恭明神，敬事耆老；賦事行刑，必問於遺訓而咨於固實；【五】不干所問，不犯所咨【七】。」宣王曰：「然，能訓治其民矣。」乃立稱於夷宮，【六】是爲孝公。自是後，諸侯多畔王命。

【一】正義御，我嫁反。下同。

【二】集解徐廣曰：「順，一作『訓』。」正義道音導。順音訓。

【三】集解韋昭曰：「穆仲，仲山父之謚也。猶魯叔孫穆子謂之穆叔也。」

【四】正義尺證反。

【五】集解徐廣曰：「固，一作『故』。」韋昭曰：「故實，故事之是者。」

【六】集解韋昭曰：「夷宫者，宣王祖父夷王之廟。古者爵命必於祖廟。」

孝公二十五年，諸侯畔周，犬戎殺幽王。秦始列爲諸侯。

二十七年，孝公卒，子弗湟立，【一】是爲惠公。

【一】集解徐廣曰：「表云弗生也。」索隱系本作「弗皇」。年表作「弗生」。

惠公三十年，晉人弒其君昭侯。四十五年，晉人又弒其君孝侯。

四十六年，惠公卒，長庶子息【一】攝當國，行君事，是爲隱公。初，惠公適夫人無子，【二】公賤妾聲子生子息。息長，爲娶於宋。宋女至而好，惠公奪而自妻之。【三】生子允。【四】登宋女爲夫人，以允爲太子。及惠公卒，爲允少故，魯人共令息攝政，不言即位。

【一】索隱隱公也。系本隱公名息姑。

【二】正義適音的。

【三】索隱左傳宋武公生仲子，仲子手中有「爲魯夫人」文，故歸魯，生桓公。今此云惠公奪息婦而自妻。又經傳不言惠公無道，左傳文見分明，不知太史公何據而爲此說。譙周亦深不信然。

【四】集解徐廣曰：「一作『軌』。」索隱系本亦作「軌」也。

隱公五年，觀漁於棠。【一】八年，與鄭易天子之太山之邑祊及許田，君子譏之。【二】

【一】集解賈逵曰：「棠，魯地。陳漁而觀之。」杜預曰：「高平方與縣北有武棠亭，魯侯觀漁臺也。」

【二】集解穀梁傳曰：「祊者，鄭伯之所受命於天子而祭泰山之邑也。許田乃魯之朝宿之邑。天子在上，諸侯不得以地相與。」

十一年冬，公子揮諂謂隱公曰：「百姓便君，君其遂立。吾請爲君殺子允，君以我爲相。」【一】隱公曰：「有先君命。吾爲允少，故攝代。今允長矣，吾方營菟裘之地而老焉，」【二】以授子允政。」揮懼子允聞而反誅之，乃反譖隱公於子允曰：「隱公欲遂立，去子，子其圖之。請爲子殺隱公。」子允許諾。十一月，隱公祭鍾巫，【三】齊于社圃，【四】館于蔿氏。【五】揮使人弒隱公于蔿氏，而立子允爲君，是爲桓公。

【一】集解左傳曰：「羽父請殺桓公，將以求太宰也。」

【二】集解服虔曰：「菟裘，魯邑也。營菟裘以作宮室，欲居之以終老也。」杜預曰：「菟裘在泰山梁父縣南。」

【三】集解賈逵曰：「鍾巫，祭名也。」

【四】集解杜預曰：「社圃，園名。」

【五】集解服虔曰：「館，舍也。蔿氏，魯大夫。」

桓公元年，鄭以璧易天子之許田。【一】二年，以宋之賂鼎入於太廟，君子譏之。【二】

【一】集解麋信曰：「鄭以祊不足當許田，故復加璧。」

【二】集解穀梁傳曰：「桓公内殺其君，外成人之亂，受賂而退，以事其祖，非禮也。」公羊傳曰：「周公廟曰太廟。」

三年，使揮迎婦于齊，爲夫人。六年，夫人生子，與桓公同日，故名曰同。同長，爲太子。

十六年，會于曹，伐鄭，入厲公。

十八年春，公將有行，【一】遂與夫人如齊。申繻諫止，【二】公不聽，遂如齊。齊襄公通桓公夫人。公怒夫人，夫人以告齊侯。夏四月丙子，齊襄公饗公，【三】公醉，使公子彭生抱魯桓公，因命彭生摺其脅，公死于車。魯人告于齊曰：「寡君畏君之威，不敢寧居，來脩好禮。禮成而不反，無所歸咎，請得彭生以除醜於諸侯。」齊人殺彭生以説魯。立太子同，是爲莊公。莊公母夫人因留齊，不敢歸魯。

【一】集解杜預曰：「始議行事也。」

【二】集解賈逵曰：「申繻，魯大夫。」

【三】集解服虔曰：「爲公設享讌之禮。」

莊公五年冬，伐衛，内衛惠公。

八年，齊公子糾來奔。九年，魯欲内子糾於齊，後桓公，桓公發兵擊魯，魯急，殺子糾。召忽死。齊告魯生致管仲。魯人施伯曰：【一】「齊欲得管仲，非殺之也，將用之，用之則爲魯患。不如殺，以其屍【二】與之。」莊公不聽，遂囚管仲與齊。齊人相管仲。

【一】正義世本云：「施伯，魯惠公孫。」

【二】索隱本亦作「死」字也。

十三年，魯莊公與曹沫會齊桓公於柯，曹沫劫齊桓公，求魯侵地，已盟而釋桓公。桓公欲背約，管仲諫，卒歸魯侵地。十五年，齊桓公始霸。二十三年，莊公如齊觀社。【一】

【一】集解韋昭曰：「齊因祀社，蒐軍實以示軍容，公往觀之。」

三十二年。初，莊公築臺臨黨氏，〔一〕見孟女，〔二〕説而愛之，許立爲夫人，割臂以盟。〔三〕孟女生子斑。斑長，説梁氏女，〔四〕往觀。圉人犖自牆外與梁氏女戲。〔五〕斑怒，鞭犖。莊公聞之，曰：「犖有力焉，遂殺之，是未可鞭而置也。」斑未得殺。會莊公有疾。莊公有三弟，長曰慶父，次曰叔牙，次曰季友。莊公取齊女爲夫人曰哀姜。哀姜無子。哀姜娣〔六〕曰叔姜，生子開。莊公無適嗣，愛孟女，欲立其子斑。莊公病，而問嗣於弟叔牙。叔牙曰：「一繼一及，魯之常也。〔七〕慶父在，可爲嗣，君何憂？」莊公患叔牙欲立慶父，退而問季友。季友曰：「請以死立斑也。」莊公曰：「曩者叔牙欲立慶父，柰何？」季友以莊公命命牙待於鍼巫氏，〔八〕使鍼季劫飲叔牙以鴆，〔九〕曰：「飲此，則有後奉祀；不然，死且無後。」牙遂飲鴆而死，魯立其子爲叔孫氏。〔一〇〕八月癸亥，莊公卒，季友竟立子斑爲君，如莊公命。侍喪，舍于黨氏。〔一一〕

〔一〕集解賈逵曰：「黨氏，魯大夫，任姓。」

〔二〕集解賈逵曰：「黨氏之女。」索隱即左傳云孟任。黨氏二女〔八〕。孟，長也；任，字也，非姓耳。

〔三〕集解服虔曰：「割其臂以與公盟。」

〔四〕集解杜預曰：「梁氏，魯大夫也。」

【五】集解服虔曰：「圉人，掌養馬者，犖其名也。」正義犖，力角反。

【六】正義田戾反。

【七】集解何休曰：「父死子繼，兄死弟及。」

【八】集解杜預曰：「鍼巫氏，魯大夫也。」

【九】集解服虔曰：「鴆鳥，一曰運日鳥。」

【一〇】集解杜預曰：「不以罪誅，故得立後，世繼其禄也。」

【一一】正義未至公宫，止於舅氏。

先時慶父與哀姜私通，欲立哀姜娣子開。及莊公卒而季友立斑，十月己未，慶父使圉人犖殺魯公子斑於黨氏。季友犇陳。【一】慶父竟立莊公子開，是爲湣公。【二】

【一】集解服虔曰：「季友内知慶父之情，力不能誅，故避其難出奔。」

【二】索隱系本名啓，今此作「開」，避漢景帝諱耳。春秋作「閔公」也。

湣公二年，慶父與哀姜通益甚。哀姜與慶父謀殺湣公而立慶父。慶父使卜齮襲殺湣公於武闈。【一】季友聞之，自陳與湣公弟申如邾，請魯求内之。魯人欲誅慶父。慶父恐，奔莒。於是季友奉子申入，立之，是爲釐公。【二】釐公亦莊公少子。哀姜恐，奔邾。季友以賂如莒求慶父，慶父歸，使人殺慶父，慶父請奔，弗聽，乃使大夫奚斯行，哭而往。慶父聞奚斯音，乃自殺。齊桓公聞哀姜與慶父亂以危魯，乃召之邾而殺之，以其屍歸，戮之魯。魯釐公請而葬之。

【一】集解賈逵曰：「卜齮，魯大夫也。宮中之門謂之闈。」正義齮，魚綺反。闈音韋。

【二】索隱湣公弟，名申，成季相之，魯國以理，於是魯人爲僖公作魯頌。

季友母陳女，故亡在陳，陳故佐送季友及子申。季友之將生也，父魯桓公使人卜之，曰：「男也，其名曰『友』，閒于兩社，爲公室輔。【一】季友亡，則魯不昌。」及生，有文在掌曰「友」，遂以名之，號爲成季。其後爲季氏，慶父後爲孟氏也。

【一】集解賈逵曰：「兩社，周社、亳社也。兩社之閒，朝廷執政之臣所在。」

釐公元年，以汶陽鄪封季友。【一】季友爲相。

【一】集解賈逵曰：「汶陽、鄪，魯二邑。」杜預曰：「汶陽，汶水北地也。汶水出泰山萊蕪縣。」索隱「鄪」或作「費」，同音祕。按：費在汶水之北，則「汶陽」非邑。賈言二邑，非也。地理志東海費縣，班固云「魯季氏邑」。蓋尚書費誓即其地。

九年，晉里克殺其君奚齊、卓子。【一】齊桓公率釐公討晉亂，至高梁【二】而還，立晉惠公。十七年，齊桓公卒。二十四年，晉文公即位。

【一】集解徐廣曰：「卓，一作『悼』。」

【二】索隱晉地，在平陽縣西北〔九〕。

三十三年，釐公卒，子興立，是爲文公。

文公元年，楚太子商臣弒其父成王，代立。三年，文公朝晉襄公。

十一年十月甲午，魯敗翟于鹹，【一】獲長翟喬如，富父終甥舂其喉以戈，殺之，【二】埋其首於子駒之門，【三】以命宣伯。【四】

【一】集解服虔曰：「魯地也。」

【二】集解服虔曰：「富父終甥，魯大夫也。舂猶衝。」

【三】集解賈逵曰：「子駒，魯郭門名。」

【四】集解服虔曰：「宣伯，叔孫得臣子喬如也。得臣獲喬如以名其子，使後世旌識其功。」

初，宋武公之世，鄋瞞伐宋，【一】司徒皇父帥師禦之，以敗翟于長丘，【二】獲長翟緣斯。【三】晉之滅路，【四】獲喬如弟棼如。齊惠公二年，鄋瞞伐齊，齊王子城父獲其弟榮如，埋其首於北門。【五】衞人獲其季弟簡如。【六】鄋瞞由是遂亡。【七】

【一】集解服虔曰：「武公，周平王時，在春秋前二十五年。鄋瞞，長翟國名。」正義鄋作「廋」

音，所劉反。瞞，莫寒反。

【二】集解杜預曰：宋地名。

【三】集解賈逵曰：「喬如之祖。」

【四】集解在魯宣公十五年。

【五】集解按年表，齊惠公二年，魯宣公之二年。

【六】集解服虔曰：「獲與喬如同時。」

【七】集解杜預曰：「長翟之種絶。」

十五年，季文子使於晉。

十八年二月，文公卒。文公有二妃：長妃齊女爲哀姜，【一】生子惡及視；次妃敬嬴，嬖愛，生子俀。【二】俀私事襄仲，【三】襄仲欲立之，叔仲曰不可。【四】襄仲請齊惠公，惠公新立，欲親魯，許之。冬十月，襄仲殺子惡及視而立俀，是爲宣公。哀姜歸齊，哭而過市，曰：「天乎！襄仲爲不道，殺適【五】立庶！」市人皆哭，魯人謂之「哀姜」。魯由此公室卑，三桓彊。【六】

【一】索隱此「哀」非謚，蓋以哭而過市，國人哀之，謂之「哀姜」，故生稱「哀」，與上桓夫人別也。

【二】集解徐廣曰：「一作『倭』。」索隱倭音人唯反，一作「俀」，音同。

〔三〕集解服虔曰：「襄仲，公子遂。」

〔四〕集解服虔曰：「叔仲惠伯。」

〔五〕正義音的。

〔六〕集解服虔曰：「三桓，魯桓公之族仲孫、叔孫、季孫。」

宣公俀十二年，楚莊王彊，圍鄭。鄭伯降，復國之。十八年，宣公卒，子成公黑肱立，〔一〕是爲成公。季文子曰：「使我殺適立庶失大援者，襄仲。」〔二〕襄仲立宣公，公孫歸父有寵。〔三〕宣公欲去三桓，與晉謀伐三桓。會宣公卒，季文子怨之，歸父奔齊。

〔一〕集解徐廣曰：「肱，一作『股』。」

〔二〕集解服虔曰：「援，助也。仲殺適立庶，國政無常，鄰國非之，是失大援助也。」杜預曰：「襄仲立宣公，南通於楚既不固，又不能堅事齊、晉，故云失大援。」

〔三〕集解服虔曰：「歸父，襄仲之子。」

成公二年春，齊伐取我隆。〔一〕夏，公與晉郤克敗齊頃公於鞌，齊復歸我侵地。四年，成公如晉，晉景公不敬魯。魯欲背晉合於楚，或諫，乃不〔一〇〕。十年，成公如晉。晉景公

卒，因留成公送葬，魯諱之。【二】十五年，始與吳王壽夢會鍾離。【三】

【一】集解左傳作「龍」。杜預曰：「魯邑，在泰山博縣西南。」

【二】索隱經不書其葬，唯言「公如晉」，是諱之。

【三】正義括地志云：「鍾離國故城在濠州鍾離縣東五里〔一〕。」

十六年，宣伯告晉，欲誅季文子。【一】文子有義，晉人弗許。

【一】集解服虔曰：「宣伯，叔孫僑如。」

十八年，成公卒，子午立，是爲襄公。是時襄公三歲也。

襄公元年，晉立悼公。往年冬，晉欒書弒其君厲公。四年，襄公朝晉。

五年，季文子卒。家無衣帛之妾，廏無食粟之馬，府無金玉，以相三君。【一】君子曰：「季文子廉忠矣。」

【一】索隱宣公、成公、襄公。

九年，與晉伐鄭。晉悼公冠襄公於衛，【一】季武子從，相行禮。

【一】集解左傳曰：「冠于成公之廟，假鐘磬焉，禮也。」

十一年，三桓氏分爲三軍。【一】

【一】集解韋昭曰：「周禮，天子六軍，諸侯大國三軍。魯，伯禽之封，舊有三軍，其後削弱，二軍而已。季武子欲專公室，故益中軍，以爲三軍，三家各征其一。」索隱征謂起徒役也。武子爲三軍，故一卿主一軍之征賦也。

十二年，朝晉。十六年，晉平公即位。二十一年，朝晉平公。

二十二年，孔丘生。【一】

【一】正義生在周靈王二十一年，魯襄二十二年，晉平七年，吳諸樊十年。

二十五年，齊崔杼弑其君莊公，立其弟景公。

二十九年，吳延陵季子使魯，問周樂，盡知其意，魯人敬焉。

三十一年六月，襄公卒。其九月，太子卒。【一】魯人立齊歸之子裯爲君，【二】是爲昭公。

【一】集解左傳曰：「毀也。」索隱左傳云胡女敬歸之子子野，立三月卒。

【二】集解徐廣曰：「裯，一作『袑』。」服虔曰：「胡，歸姓之國也。齊，謚也。」索隱系本作「稠」。又徐廣云一作「袑」，音紹也。

昭公年十九，猶有童心。【一】穆叔不欲立，【二】曰：「太子死，有母弟可立，不即立長。【三】年鈞擇賢，義鈞則卜之。【四】今禂非適嗣，且又居喪意不在戚而有喜色，若果立，必爲季氏憂。」季武子弗聽，卒立之。比及葬，三易衰。【五】君子曰是不終也。

【一】集解服虔曰：「言無成人之志，而有童子之心。」

【二】索隱魯大夫叔孫豹也，宣伯喬如之弟。

【三】集解服虔曰：「無母弟，則立庶子之長。」

【四】集解杜預曰：「先人事，後卜筮。義鈞，謂賢等。」

【五】集解杜預曰：「言其嬉戲無度。」

昭公三年，朝晉【一】，至河，晉平公謝還之，魯恥焉。四年，楚靈王會諸侯於申，昭公稱病不往。七年，季武子卒。八年，楚靈王就章華臺，召昭公。昭公往賀，【二】賜昭公寶器；已而悔，復詐取之。【三】十二年，朝晉至河，晉平公謝還之。十三年，楚公子弃疾弒其君靈王，代立。十五年，朝晉。晉留之葬晉昭公，魯恥之。二十年，齊景公與晏子狩竟，因入魯問禮。【三】二十一年，朝晉至河，晉謝還之。

【一】集解春秋云：「七年三月，公如楚。」

【二】集解左傳曰：「好以大屈。」服虔曰：「大屈，寶金，可以爲劍。一曰大屈，弓名。魯連書曰『楚子享魯侯于章華，與之大曲之弓，既而悔之』。大屈，殆所謂大曲之弓。」

【三】索隱 齊系家亦然。左傳無其事。

二十五年春，鸜鵒來巢。【一】師己曰：「文成之世童謡曰【二】『鸜鵒來巢，公在乾侯。鸜鵒入處，公在外野』。」

【一】集解 周禮曰：「鸜鵒不踰濟。」公羊傳曰：「非中國之禽也，宜穴而巢。」穀梁傳曰：「來者，來中國也。」

【二】集解 賈逵曰：「師己，魯大夫也。文成，魯文公、成公。」

季氏與郈氏【一】鬬雞，【二】季氏芥雞羽，【三】郈氏金距。【四】季平子怒而侵郈氏，【五】郈昭伯亦怒平子。【六】臧昭伯之弟會【七】僞讒臧氏，匿季氏，臧昭伯囚季氏人。季平子怒，囚臧氏老。【八】臧、郈氏以難告昭公。昭公九月戊戌伐季氏，遂入。平子登臺請曰：「君以讒不察臣罪，誅之，請遷沂上。」弗許。【九】請囚於鄪，弗許。【一〇】請以五乘亡，弗許。【一一】子家駒【一二】曰：「君其許之。政自季氏久矣，爲徒者衆，衆將合謀。」弗聽。郈氏曰：「必殺之。」叔孫氏之臣戾【一三】謂其衆曰：「無季氏與有，孰利？」皆曰：「無季氏是無叔孫氏。」戾曰：「然，救季氏！」遂敗公師。孟懿子【一四】聞叔孫氏勝，亦殺郈昭伯。郈昭伯爲公使，故孟氏得之。三家共伐公，公遂奔。己亥，公至于齊。齊景公曰：「請致千社待君。」子家曰：「弃周公之業而臣於齊，可乎？」乃止。子家曰：「齊景公無信，不如早之晉。」弗從。叔孫見公還，見平子，平子頓首。初欲迎昭公，孟孫、季孫後悔，乃止。

【一】集解徐廣曰：「郈，一本作『厚』。世本亦然。」

【二】集解杜預曰：「季平子、郈昭伯二家相近，故鬬雞。」

【三】集解服虔曰：「擣芥子播其雞羽，可以坌郈氏雞目。」杜預曰：「或云以膠沙播之爲介雞。」

【四】集解服虔曰：「以金錔距。」

【五】集解服虔曰：「怒其不下己也，侵郈氏之宮地以自益。」

【六】索隱按系本，昭伯名惡，魯孝公之後，稱厚氏也。

【七】集解賈逵曰：「昭伯，臧孫賜也。」　索隱系本臧會，臧頃伯也，宣叔許之孫，與昭伯賜爲從父昆弟也。

【八】集解服虔曰：「老，臧氏家之大臣。」

【九】集解杜預曰：「魯城南自有沂水，平子欲出城待罪也。大沂水出蓋縣南，入泗水。」

【一〇】集解服虔曰：「鄪，季氏邑。」

【一一】集解服虔曰：「言五乘，自省約以出。」

【一二】索隱魯大夫仲孫氏之族，名駒，謚懿伯也。

【一三】集解左傳曰鬷戾。

【一四】集解賈逵曰：「懿子，仲孫何忌。」

二十六年春，齊伐魯，取鄆【一】而居昭公焉。夏，齊景公將内公，令無受魯賂。申豐、汝賈【二】許齊臣高齕、子將【三】粟五千庾。【四】子將言於齊侯曰：「羣臣不能事魯君，有異焉。【五】宋元公爲魯如晉，求内之，道卒。【六】叔孫昭子【七】求内其君，無病而死。不知天弃魯乎？抑魯君有罪于鬼神也？願君且待。」齊景公從之。

【一】集解賈逵曰：「魯邑。」

【二】集解賈逵曰：「申豐、汝賈，魯大夫。」

【三】索隱一本「子將」上有「貨」字。子將即梁丘據也。齕，音紇，子將家臣也。左傳「子將」作「子猶」。

【四】集解賈逵曰：「十六斗爲庾。五千庾，八萬斗。」

【五】集解服虔曰：「異猶怪也。」

【六】集解春秋曰：「宋公佐卒于曲棘。」

【七】索隱名婼，即穆叔子。

二十八年，昭公如晉，求入。季平子私於晉六卿，六卿受季氏賂，諫晉君，晉君乃止，居昭公乾侯。【一】二十九年，昭公如鄆。齊景公使人賜昭公書，自謂「主君」。【二】昭公恥之，怒而去乾侯。三十一年，晉欲内昭公，召季平子。平子布衣跣行，【三】因六卿謝罪。六卿爲言曰：「晉欲内昭公，衆不從。」晉人止。三十二年，昭公卒於乾侯。魯人共立昭公弟宋爲君，是爲定公。

【一】集解杜預曰：「乾侯在魏郡斥丘縣，晉竟内邑。」

【二】集解服虔曰：「大夫稱『主』。比公於大夫，故稱『主君』。」

【三】集解王肅曰：「示憂戚。」

定公立，趙簡子問史墨【一】曰：「季氏亡乎？」史墨對曰：「不亡。季友有大功於魯，受鄪爲上卿，至于文子、武子，世增其業。魯文公卒，東門遂【二】殺適立庶，魯君於是失國政。政在季氏，於今四君矣。民不知君，何以得國！是以爲君慎器與名，不可以假人。」【三】

【一】集解服虔曰：「史墨，晉史蔡墨。」

【二】集解服虔曰：「東門遂，襄仲也。居東門，故稱東門遂。」索隱系本作「述」，鄒誕本作「秫」。又系本遂產子家歸父及昭子子嬰也。

【三】集解杜預曰：「器，車服；名，爵號。」

定公五年，季平子卒。陽虎私怒，囚季桓子，與盟，乃捨之。七年，齊伐我，取鄆，以爲魯陽虎邑以從政。八年，陽虎欲盡殺三桓適，而更立其所善庶子以代之。載季桓子將殺之，桓子詐而得脱。三桓共攻陽虎，陽虎居陽關。【一】九年，魯伐陽虎，陽虎奔齊，已而奔晉趙氏。【二】

【一】集解服虔曰：「陽關，魯邑。」

【二】正義左傳云：「仲尼曰：『趙氏其世有亂乎？』」杜預云：「受亂人故。」

十年，定公與齊景公會於夾谷，孔子行相事。齊欲襲魯君，孔子以禮歷階，誅齊淫樂，齊侯懼，乃止，歸魯侵地而謝過。十二年，使仲由毁三桓城，【一】收其甲兵。孟氏不肯墮城，【二】伐之，不克而止。季桓子受齊女樂，孔子去。【三】

【一】集解服虔曰：「仲由，子路。」

【二】集解杜預曰：「墮，毁。」

【三】集解孔安國曰：「桓子使定公受齊女樂，君臣相與觀之，廢朝禮三日。」

十五年，定公卒，子將立，是爲哀公。【一】

【一】索隱系本「將」作「蔣」也。

哀公五年，齊景公卒。六年，齊田乞弒其君孺子。

七年，吴王夫差彊，伐齊，至繒，徵百牢於魯。季康子使子貢説吴王及太宰嚭，以禮詘之。吴王曰：「我文身，不足責禮。」乃止。

八年，吴爲鄒伐魯，至城下，盟而去。齊伐我，取三邑。十年，伐齊南邊。十一年，齊伐魯。季氏用冉有有功，思孔子，孔子自衛歸魯。

十四年，齊田常弒其君簡公於俆州。孔子請伐之，哀公不聽。十五年，使子服景伯，子貢爲介，適齊，齊歸我侵地。田常初相，欲親諸侯。

十六年，孔子卒。

二十二年，越王句踐滅吴王夫差。

二十七年春，季康子卒。夏，哀公患三桓，將欲因諸侯以劫之，三桓亦患公作難，故君臣多閒。【一】公游于陵阪，【二】遇孟武伯於街，【三】曰：「請問余及死乎？」【四】對曰：「不知也。」公欲以越伐三桓。八月，哀公如陘氏。【五】三桓攻公，公奔于衛，去如鄒，遂如越。國人迎哀公復歸，卒于有山氏。【六】子寧立，是爲悼公。

【一】集解賈逵曰：「閒，隙也。」

【二】集解服虔曰：「陵阪，地名。」

【三】索隱有本作「衞」者，非也。左傳「於孟氏之衢」。

【四】集解杜預曰：「問己可得以壽死不？」

【五】集解杜預曰：「陘氏即有山氏。」

【六】集解徐廣曰：「皇甫謐云哀公元甲辰，終庚午。」

悼公之時，三桓勝，魯如小侯，卑於三桓之家。

十三年，三晉滅智伯，分其地有之。

三十七年，悼公卒，【一】子嘉立，是爲元公。元公二十一年卒，【二】子顯立，是爲穆公。【三】穆公三十三年卒，【四】子奮立，是爲共公。共公二十二年卒，【五】子屯立，是爲康公。【六】康公九年卒，【七】子匽立，是爲景公。【八】景公二十九年卒，【九】子叔立，是爲平公。【一〇】是時六國皆稱王。

【一】集解徐廣曰：「一本云悼公即位三十年，乃於秦惠王卒，楚懷王死年合。又自悼公以下盡與劉歆曆譜合，而反違年表，未詳何故。皇甫謐云悼公四十年，元辛未，終庚戌。」

【二】集解徐廣曰：「皇甫謐云元辛亥，終辛未。」

【三】索隱系本「顯」作「不衍」。

【四】集解徐廣曰：「皇甫謐云元壬申，終甲辰。」

【五】集解徐廣曰：「皇甫謐云元乙巳，終丙寅。」

【六】索隱屯音竹倫反。

【七】集解徐廣曰：「皇甫謐云元丁卯，終乙亥。」

【八】索隱匽音偃。

【九】集解徐廣曰：「皇甫謐云元丙子，終甲辰。」

【一〇】索隱系本「叔」作「旅」。

平公十二年，秦惠王卒。二十年，平公卒〔一三〕，【一】子賈立，是爲文公。【二】文公七年，楚懷王死于秦〔一四〕。二十三年，文公卒，【三】子讎立，是爲頃公。

【一】集解徐廣曰：「皇甫謐云元乙巳，終甲子。」

【二】索隱系本作「滑公」。鄒誕本亦同，仍云「系家或作『文公』」。

【三】集解徐廣曰：「皇甫謐云元乙丑，終丁亥。」

頃公二年，秦拔楚之郢，【一】楚頃王東徙于陳。十九年，楚伐我，取徐州。【二】二十四

年，楚考烈王伐滅魯。頃公亡，遷於下邑，【三】爲家人，魯絶祀。頃公卒于柯。【四】

【一】集解徐廣曰：「年表云文公十八年，秦拔郢，楚走陳〔一五〕。」

【二】集解徐廣曰：「徐州在魯東，今薛縣。」索隱按：説文：𨙸，邾之下邑，在魯東。又郡國志曰「魯國薛縣，六國時曰徐州」。又紀年云「梁惠王三十一年，下邳遷于薛〔一六〕，故名曰徐州」。則「徐」與「𨙸」並音舒也。

【三】集解徐廣曰：「下，一作『卞』。」索隱下邑謂國外之小邑。或有本作「卞邑」，然魯有卞邑，所以惑也。

【四】集解徐廣曰：「皇甫謐云元戊子，終辛亥。」索隱按：春秋「齊伐魯柯而盟」，杜預云柯，齊邑，今濟北東阿也。

魯起周公，至頃公，凡三十四世。

太史公曰：余聞孔子稱曰「甚矣魯道之衰也！洙泗之閒齗齗如也」。【一】觀慶父及叔牙閔公之際，何其亂也？隱桓之事；襄仲殺適立庶；三家北面爲臣，親攻昭公，昭公以奔。至其揖讓之禮則從矣，而行事何其戾也？

【一】集解徐廣曰：「漢書地理志云『魯濱洙泗之閒，其民涉渡，幼者扶老者而代其任。俗既薄，長者不自安〔一七〕，與幼者相讓，故曰齗齗如也』。齗，魚斤反，東州語也。蓋幼者患苦長者，長者忿愧自守，故齗齗爭辭，所以爲道衰也。」【索隱】齗音魚斤反，讀如論語「誾誾如也」。言魯道雖微，而洙泗之閒尚誾誾如也。鄒誕生亦音銀。又作「齗齗」，如尚書讀，則齗齗是專一之義。徐廣又引地理志音五艱反，云齗齗是鬪爭之貌。故繁欽遂行賦云「涉洙泗而飲馬兮，恥少長之齗齗」是也。今按：下文云「至于揖讓之禮則從矣」，魯尚有揖讓之風，如論語音誾爲得之也。

【索隱述贊】武王既没，成王幼孤。周公攝政，負扆據圖。及還臣列，北面匑如。元子封魯，少昊之墟。夾輔王室，系職不渝。降及孝公，穆仲致譽。隱能讓國，春秋之初。丘明執簡，褒貶備書。

校勘記

〔一〕我其以璧與圭歸　「其以」，原作「以其」，據景祐本、殿本乙。按：尚書金縢亦作「其以」。

〔二〕史爲策書祝詞也　「詞」，原作「祠」，據景祐本、紹興本、殿本改。按：尚書金縢孔安國傳作「辭」。

〔三〕周多士　張文虎札記卷四：「上文『無逸稱』云云，乃檃栝無逸文，此『多士稱曰』云云，亦是檃栝多士文。此至『其民皆可誅』當在上文『作多士』句下，而『周多士』三字宜依志疑衍。」按：本書卷四周本紀：「（文王）禮下賢者，日中不暇食以待士，士以此多歸之。」

〔四〕民臣　原作「臣民」，據景祐本、紹興本、耿本、黄本、柯本、凌本乙。　按：禮記檀弓下「言乃讙」鄭玄注作「民臣」。

〔五〕暴風雷雨　梁玉繩志疑卷一八：「王孝廉曰：書作『雷電以風』，故下文云『天乃雨』。今先雜入『雨』字，與下不相應。」王引之經義述聞卷三：「史記魯世家曰：『秋未穫，暴風雷雨。』論衡順鼓篇曰：『周成王之時，天下雷雨，偃禾拔木。』又感類篇曰：『金縢曰秋大孰，未穫，天大雷雨以風。』今本『雷雨』作『雷電』，乃後人據古文改之，下文『雷雨』字凡數十見，又曰『雷爲天怒，雨爲恩施』，使天爲周公怒，徒當雷不當雨。今雷、雨俱至，天怒且喜乎？則上文本作『雷雨』非作『雷電』明矣，今改正。豳風伐柯箋曰：『成王既得雷雨大風之變，欲迎周公。』漢書梅福傳注引尚書大傳曰：『周公死，天乃雷雨以風。』又儒林傳注引大傳曰：『周公死，成王欲葬之於成周，天乃雷雨以風。』後漢書周舉傳注引洪範五行傳曰：『周公死，成王不圖大禮，故天大雷雨。』又張奂傳注引大傳曰：『周公薨，成王欲葬之於成周，天乃雷雨以風。』據諸書所述，則古文之『天大雷電以風』，今文作『雷雨』明矣。又案：論衡感類篇曰：『開匱得書，見公之功，覺悟泣過，決以天子禮葬公。出郊觀變，天止雨，反風。』琴操説周金縢曰：『成王聞周公死，以公禮葬之，天乃大暴風疾雨，成王懼，取所讒公者而誅之，天乃反風，霽雨。』據此，則古文之『天乃雨』，今文當作『天乃霽』，雨止爲霽，故論衡以『止雨』代之也。蓋古文言『天大雷電』而不言『雨』，故下文曰『天乃雨』。今文既言『天大雷雨』，則下文不得言『天乃雨』矣。魯世家言『暴風雷雨』是用今文也，而下文又曰『天乃雨』顯與上文不合，蓋亦作『天乃霽』，而後人據古文改之也。」清華簡金縢敘此作「天疾風以雷」。

〔六〕六年卒　錢大昕考異卷四：「漢書律曆志煬公即位六十年，此脱『十』字。」張文虎札記卷四：「漢志本以爲煬公在位六十年，與世家異。其説以煬公二十四年正月丙申朔旦冬至爲蔀首，自此盡煬公年，加幽公十四年，微公二十五年，合七十六年，其明年正月乙亥朔旦冬至，又爲蔀首。」

〔七〕不犯所咨　「咨」，原作「知」。王念孫雜志史記第二：「『知』，當爲『咨』，聲之誤也。所問、所咨，皆承上文而言。周語正作『所咨』。」今據改。

〔八〕黨氏二女　「二」，疑當作「之」，或爲衍文。

〔九〕在平陽縣西北　耿本、黄本、彭本、柯本、凌本、殿本無「西北」二字。按：本書卷三二齊太公世家「至高梁」集解引杜預注作「西南」，左傳僖公九年「及高梁而還」杜預注同。

〔一〇〕乃不　會注本作「乃止」，與左傳成公四年合。

〔一一〕在濠州鍾離縣東五里　「東」，本書卷五七絳侯周勃世家「共食鍾離」正義引括地志作「東北」。

〔一二〕昭公三年朝晉　梁玉繩志疑卷一八：「『三』乃『二』之譌，表在二年。」按：春秋經昭公如晉在二年，左傳同。

〔一三〕二十年平公卒　「二十年」，原作「二十二年」。梁玉繩志疑卷一八：「下『二』字衍，平在位二十年也。」按：集解引皇甫謐云平公「元乙巳，終甲子」，在位之年當爲二十。本書卷一五六國年表魯平公元年當楚懷王十五年，即位應在前一年，其卒在楚頃襄王三年，在位首尾二十年。今據改。

〔一四〕文公七年楚懷王死于秦　梁玉繩志疑卷一八：「事在文公元年，誤作『七年』。」按：楚懷王之死及歸葬，本書卷五秦本紀在秦昭襄王十一年，卷四〇楚世家在楚頃襄王三年，卷一五六國年表楚懷王卒亦在楚頃襄王三年，據年表，皆在魯文公元年之前一年。

〔一五〕楚走陳　「楚」下疑脱「王」字。按：本書卷一五六國年表云「王亡走陳」，卷四四魏世家云「（昭王）十八年，秦拔郢，楚王徙陳」，卷七三白起王翦列傳云「楚王亡去郢，東走徙陳」。

〔一六〕梁惠王三十一年下邳遷于薛　「三十一年」，本書卷七五孟嘗君列傳「會徐州而相王也」正義引紀年作「三十年」，通鑑卷二周紀二顯王三十五年胡三省注引正義同。

〔一七〕長者不自安　「者」，景祐本、紹興本、耿本、黄本、彭本、柯本、凌本、殿本作「老」，漢書卷二八下地理志下同。

史記卷三十四

燕召公世家第四

召公奭，與周同姓，姓姬氏。〔一〕周武王之滅紂，封召公於北燕。〔二〕

〔一〕集解譙周曰：「周之支族，食邑於召，謂之召公。」索隱召者，畿内菜地。奭始食於召，故曰召公。或説者以爲文王受命，取岐周故墟周、召地分爵二公，故詩有周、召二南，言皆在岐山之陽，故言南也。後武王封之北燕，在今幽州薊縣故城是也。亦以元子就封，而次子留周室代爲召公。至宣王時，召穆公虎其後也。

〔二〕集解世本曰：「居北燕。」宋忠曰：「有南燕，故云北燕。」

其在成王時，召公爲三公：自陝以西，召公主之；自陝以東，周公主之。〔一〕成王既幼，周公攝政，當國踐祚，召公疑之，作君奭。〔二〕君奭不説周公。〔三〕周公乃稱「湯時有伊尹，假于皇天；〔四〕在太戊，時則有若伊陟、臣扈，假于上帝，巫咸治王家；〔五〕在祖乙，時則有若巫賢；【六】在武丁，時則有若甘般；【七】率維茲有陳，保乂有殷」。【八】於是召公乃說。

【一】集解何休曰：「陝者，蓋今弘農陝縣是也。」

【二】集解孔安國曰：「尊之曰君，陳古以告之，故以名篇。」

【三】集解馬融曰：「召公以周公既攝政致太平，功配文、武，不宜復列在臣位，故不說，以爲周公苟貪寵也。」

【四】集解孔安國曰：「伊摯佐湯，功至大天，謂致太平也。」鄭玄曰：「皇天，北極天帝也〔一〕。」

【五】集解孔安國曰：「伊陟、臣扈率伊尹之職，使其君不隕祖業，故至天之功不隕。巫咸治王家，言其不及二臣。」馬融曰：「道至于上帝，謂奉天時也。」鄭玄曰：「上帝，太微中其所統也。」

【六】集解孔安國曰：「時賢臣有如此巫賢也。賢，咸子；巫，氏也。」

【七】集解孔安國曰：「高宗即位，甘般佐之。後有傅說。」

【八】集解徐廣曰：「一無此九字。」駰案：王肅曰「循此數臣，有陳列之功，安治有殷也」。

召公之治西方，甚得兆民和。召公巡行鄉邑，有棠樹，【一】決獄政事其下，自侯伯至庶人各得其所，無失職者。召公卒，而民人思召公之政，懷棠樹不敢伐，哥詠之，作甘棠之詩。

【一】正義今之棠梨樹也。括地志云：「召伯廟在洛州壽安縣西北五里。召伯聽訟甘棠之下，周人思之，不伐其樹，後人懷其德，因立廟，有棠在九曲城東阜上。」

自召公已下九世至惠侯。【一】燕惠侯當周厲王奔彘、共和之時。

【一】索隱並國史先失也。又自惠侯已下皆無名，亦不言屬，惟昭王父子有名，蓋在戰國時旁見他說耳。燕四十二代有二惠侯，二釐侯，二宣侯，三桓侯，二文侯，蓋國史微失本謚，故重耳。

惠侯卒，子釐侯立。【一】是歲，周宣王初即位。釐侯二十一年，鄭桓公初封於鄭。三十六年，釐侯卒，子頃侯立。

【一】正義釐音僖。

頃侯二十年，周幽王淫亂，爲犬戎所弒。秦始列爲諸侯。

二十四年，頃侯卒，子哀侯立。哀侯二年卒，子鄭侯立。【一】鄭侯三十六年卒，子繆侯立。

【一】索隱按：謚法無「鄭」，「鄭」或是名。

繆侯七年，而魯隱公元年也。十八年卒，子宣侯立。【一】宣侯十三年卒，子桓侯立〔二〕。【二】桓侯七年卒，【三】子莊公立〔三〕。

【一】索隱譙周曰：「系本謂燕自宣侯已上皆父子相傳無及，故系家桓侯已下並不言屬，以其難明故也。」按：今系本無燕代系，宋忠依太史公書以補其闕，尋徐廣作音尚引系本，蓋近代始散佚耳。

【二】集解徐廣曰：「古史考曰世家自宣侯已下不說其屬，以其難明故也。」

【三】集解世本曰：「桓侯徙臨易。」宋忠曰：「今河閒易縣是也。」

莊公十二年，齊桓公始霸。十六年，與宋、衞共伐周惠王，惠王出奔温，立惠王弟穨爲周王。【一】十七年，鄭執燕仲父而內惠王于周。二十七年，山戎來侵我，齊桓公救燕，遂北伐山戎而還。燕君送齊桓公出境〔四〕，桓公因割燕所至地予燕〔五〕，【二】使燕共貢天子，如成周時職；使燕復修召公之法。三十三年卒，子襄公立〔六〕。

【一】集解譙周曰：「按春秋傳，燕與子穨逐周惠王者，乃南燕姞姓也。世家以爲北燕，失之。」索隱譙周云據左氏燕與衞伐周惠王乃是南燕姞姓，而系家以爲北燕伯，故著史考云「此燕是姞姓」。今檢左氏莊十九年「衞師、燕師伐周」，二十年傳云「執燕仲父」，三十年「齊伐山戎」，傳曰「謀山戎，以其病燕故也」。據傳文及此記，元是北燕不疑。杜君妄説仲父是南燕伯，爲伐周故。且燕、衞俱是姬姓，故有伐周納王之事；若是姞燕與衞伐周，則鄭何以獨伐燕而不伐衞乎？

【三】正義予音與。括地志云：「燕留故城在滄州長蘆縣東北十七里，即齊桓公分溝割燕君所至地與燕，因築此城，故名燕留。」

襄公二十六年，晉文公爲踐土之會，稱伯。三十一年，秦師敗于殽。三十七年，秦穆公卒。四十年，襄公卒，桓公立。

桓公十六年卒，【一】宣公立。宣公十五年卒，昭公立。昭公十三年卒，武公立。是歲晉滅三郤大夫。

【一】索隱譙周云系家襄伯生宣伯，無桓公。今檢史記，並有桓公，立十六年，又宋忠據此史補系家亦有桓公，是允南所見本異，則是燕有三桓公也。

武公十九年卒，文公立。文公六年卒，懿公立。懿公元年，齊崔杼弒其君莊公。四年卒，子惠公立。

惠公元年，齊高止來奔。六年，惠公多寵姬，公欲去諸大夫而立寵姬宋，大夫共誅姬宋，【一】惠公懼，奔齊。四年，齊高偃如晉，請共伐燕，入其君。晉平公許，與齊伐燕，入惠公。惠公至燕而死。【二】燕立悼公。

【一】索隱宋，其名也，或作「宗」。劉氏云「其父兄爲執政，故諸大夫共滅之」。

【三】索隱春秋昭三年「北燕伯款奔齊」，至六年，又云「齊伐北燕」，一與此文合。左傳無納款之文，而云將納簡公，晏子曰燕君不入矣，齊遂受賂而還。事與此乖，而又以款爲簡公。簡公去惠公已五代，則與春秋經傳不相協，未可强言也。

悼公七年卒，共公立。共公五年卒，平公立。晉公室卑，六卿始彊大。平公十八年，吴王闔閭破楚，入郢。十九年卒，簡公立。簡公十二年卒，獻公立。【一】晉趙鞅圍范、中行於朝歌。獻公十二年，齊田常弑其君簡公。十四年，孔子卒。二十八年，獻公卒，孝公立。

【一】索隱王劭按紀年，簡公後次孝公，無獻公。然紀年之書多是僞謬，聊記異耳。

孝公十二年，韓、魏、趙滅知伯，分其地，【一】三晉彊。

【一】索隱按紀年，智伯滅在成公二年也。

十五年，孝公卒，成公立。成公十六年卒，【一】湣公立。湣公三十一年卒，釐公立。【二】是歲，三晉列爲諸侯。【三】

【一】索隱按紀年，成公名載。

【二】索隱年表作「釐侯莊」。徐廣云一無「莊」字。按：燕失年紀及其君名，表言「莊」者，衍字也。

【三】索隱按紀年作「文公二十四年卒，簡公立，十三年而三晉命邑爲諸侯」，與此不同。

釐公三十年，伐敗齊于林營。【一】釐公卒，【二】桓公立。桓公十一年卒，文公立。【三】是歲，秦獻公卒。秦益彊。

【一】索隱林營，地名。一云林，地名，於林地立營，故曰林營也。

【二】索隱紀年作「簡公四十五年卒」，妄也。按：上簡公生獻公，則此當是釐，但紀年又誤耳。

【三】索隱系本已上文公爲閔公，則「湣」與「閔」同，而上懿公之父謚文公。

文公十九年，齊威王卒。二十八年，蘇秦始來見，說文公。文公予車馬金帛以至趙，趙肅侯用之。因約六國，爲從長。【一】秦惠王以其女爲燕太子婦。

【一】正義從，足從反。長，丁丈反。

二十九年，文公卒，太子立，是爲易王。

易王初立，齊宣王因燕喪伐我，取十城；蘇秦說齊，使復歸燕十城。十年，燕君爲王。【一】蘇秦與燕文公夫人私通，懼誅，乃說王使齊爲反閒，欲以亂齊。【二】易王立十二年卒，子燕噲立。

【一】索隱君即易王也。言君初以十年即稱王也。上言易王者，易，謚也，後追書謚耳。

【二】集解孫子兵法曰：「反閒者，因敵閒而用之者也。凡軍之所欲擊，城之所欲攻，人之所欲殺，必先知其守將、左右謁者、門者、舍人之姓名，令吾閒必索敵閒之來閒我者，因而利導舍之，故反閒可得用也。」正義使音所吏反。閒音紀莧反。

燕噲既立，齊人殺蘇秦。蘇秦之在燕，與其相子之爲婚，而蘇代與子之交。及蘇秦死，而齊宣王復用蘇代。燕噲三年，與楚、三晉攻秦，不勝而還。子之相燕，貴重，主斷。蘇代爲齊使於燕，【一】燕王問曰：「齊王奚如？」對曰：「必不霸。」燕王曰：「何也？」對曰：「不信其臣。」蘇代欲以激燕王以尊子之也。於是燕王大信子之。子之因遺蘇代百金，【二】而聽其所使。

【一】索隱按：戰國策曰「子之使蘇代侍質子於齊，齊使代報燕」是也。

【二】正義瓚云：「秦以一溢爲一金。」孟康云：「二十四兩曰溢〔七〕。」

鹿毛壽【一】謂燕王：「不如以國讓相子之。人之謂堯賢者，以其讓天下於許由，許由不受，有讓天下之名而實不失天下。今王以國讓於子之，子之必不敢受，是王與堯同行也。」燕王因屬國於子之，子之大重。【二】或曰：「禹薦益，已【三】而以啓人爲吏。【四】及老，而以啓人爲不足任乎天下，傳之於益。已而啓與交黨攻益，奪之。天下謂禹名傳天下於益，已而實令啓自取之。今王言屬國於子之，而吏無非太子人者，【五】是名屬子之而實太子用事也。」王因收印自三百石吏已上而效之子之。【六】子之南面行王事，而噲老不聽政，顧爲臣，【七】國事皆決於子之。

【一】集解徐廣曰：「一作『厝毛』。」又曰：「甘陵縣本名厝。」索隱春秋後語亦作「厝毛壽」，又韓子作「潘壽」。

【二】索隱大重謂尊貴也。

【三】索隱按：以「已」配「益」，則「益已」是伯益，而經傳無其文，未知所由。或曰已，語終辭。

【四】索隱人猶臣也。謂以啓臣爲益吏。

【五】索隱此「人」亦訓臣也。

【六】索隱鄭玄云：「效，呈也。以印呈與子之。」

【七】索隱顧猶反也。言噲反爲子之臣也。有本作「願」者，非。

三年，國大亂，百姓恫恐。【一】將軍市被【二】與太子平謀，將攻子之。諸將謂齊湣王曰：「因而赴之，破燕必矣。」齊王因令人謂燕太子平曰：「寡人聞太子之義，將廢私而立公，飭君臣之義，【三】明父子之位。寡人之國小，不足以爲先後。【四】雖然，則唯太子所以令之。」太子因要黨聚衆，將軍市被圍公宮，攻子之，不克。將軍市被及百姓反攻太子平，將軍市被死，以徇。因搆難數月，死者數萬，衆人恫恐，百姓離志。孟軻謂齊王曰：「今伐燕，此文、武之時，不可失也。」【五】王因令章子【六】將五都之兵，【七】以因北地之衆以

伐燕。【八】士卒不戰，城門不閉，燕君噲死，齊大勝。燕子之亡【九】二年，而燕人共立太子平，是爲燕昭王。【一〇】

【一】索隱恫音通，痛也。恐，懼也。

【二】正義人姓名。

【三】正義飭音敕。

【四】正義先後並去聲。

【五】索隱謂如武王成文王之業伐紂之時，然此語與孟子不同也。

【六】集解章子，齊人，見孟子。索隱按：孟子云「章子，齊人」。

【七】索隱五都即齊也。按：臨淄是五都之一也。

【八】索隱北地即齊之北邊也。

【九】集解徐廣曰：「年表云『君噲及太子、相子之皆死』。」駰案：汲冢紀年曰「齊人禽子之而醢其身也」。

【一〇】集解徐廣曰：「噲立七年而死，其九年燕人共立太子平。」索隱按：上文太子平謀攻子之，而年表又云「君噲及太子、相子之皆死」，紀年又云子之殺公子平，今此文云「立太子平，是爲燕昭王」，則年表、紀年爲謬也。而趙系家云武靈王聞燕亂，召公子職於韓，立以爲燕王，使樂池送之，裴駰亦以此系家無趙送公子職之事，當是遥立職而送之，事竟不就，則昭王名平，非職明矣。進退參詳，是年表既誤，而紀年因之而妄説耳。

燕昭王於破燕之後即位，卑身厚幣以招賢者。謂郭隗曰：「齊因孤之國亂而襲破燕，孤極知燕小力少，不足以報。然誠得賢士以共國，以雪先王之恥，孤之願也。先生視可者，得身事之。」郭隗曰：「王必欲致士，先從隗始。況賢於隗者，豈遠千里哉！」於是昭王爲隗改築宫而師事之。樂毅自魏往，鄒衍自齊往，劇辛自趙往，士争趨燕。燕王弔死問孤，與百姓同甘苦。

二十八年，燕國殷富，士卒樂軼輕戰，於是遂以樂毅爲上將軍，與秦、楚、三晉合謀以伐齊。齊兵敗，湣王出亡於外。燕兵獨追北，入至臨淄，盡取齊寶，燒其宫室宗廟。齊城之不下者，獨唯聊、莒、即墨，【一】其餘皆屬燕，六歲。

【一】索隱按：餘篇及戰國策並無「聊」字。

昭王三十三年卒，子惠王立。

惠王爲太子時，與樂毅有隙；及即位，疑毅，使騎劫代將。樂毅亡走趙。齊田單以即墨擊敗燕軍，騎劫死，燕兵引歸，齊悉復得其故城。湣王死于莒，乃立其子爲襄王。

惠王七年卒。【一】韓、魏、楚共伐燕。燕武成王立。

【一】索隱按：趙系家惠文王二十八年，燕相成安君公孫操弑其王，樂資以爲即惠王也。徐廣按年表，是年燕武成王元年，武成即惠王子，則惠王爲成安君弑明矣。此不言者，燕遠，諱不告，或太史公之説疏也。

武成王七年，齊田單伐我，拔中陽。十三年，秦敗趙於長平四十餘萬。十四年，武成王卒，子孝王立。

孝王元年，秦圍邯鄲者解去。三年卒，子今王喜立。【一】

【一】索隱今王猶今上也。有作「令」者，非也，按謚法無「令」也。

今王喜四年，秦昭王卒。燕王命相栗腹約歡趙，以五百金爲趙王酒。還報燕王曰：「趙王壯者皆死長平，其孤未壯，可伐也。」王召昌國君樂閒問之。對曰：「趙四戰之國，【一】其民習兵，不可伐。」王曰：「吾以五而伐一。」【二】對曰：「不可。」燕王怒，羣臣皆以爲可。卒起二軍，車二千乘，栗腹將而攻鄗，【三】卿秦攻代。【四】唯獨大夫將渠【五】謂燕王曰：「與人通關約交，以五百金飲人之王，使者報而反攻之，不祥，兵無成功。」燕王不聽，自將偏軍隨之。將渠引燕王綬止之曰：「王必無自往，往無成功。」王蹵之以足。將渠泣曰：「臣非以自爲，爲王也！」燕軍至宋子，【六】趙使廉頗將，擊破栗腹於鄗。破卿秦樂乘於代。樂閒奔趙。廉頗逐之五百餘里，圍其國。燕人請和，趙人不許，必令將渠處和。燕相將渠以處和。【七】趙聽將渠，解燕圍。

【一】正義趙東鄰燕，西接秦境，南錯韓、魏，北連胡、貊，故言「四戰」。

【二】索隱謂以五人而伐一人。

【三】集解徐廣曰：「在常山，今曰高邑。」索隱鄗氏音火各反。一音昊。

【四】索隱戰國策曰「廉頗以二十萬遇栗腹於鄗，樂乘以五萬遇慶秦於代【八】，燕人大敗」，不同也。正義今代州也。戰國策云「廉頗以二十萬遇栗腹於鄗，樂乘以五萬遇慶秦於代，燕人大敗」，與此不同也。

【五】索隱人名姓也。一云上「卿秦」及此「將渠」者：卿、將，皆官也；秦、渠，名也。國史變文而書，遂失姓也。戰國策云「爰秦」，爰是姓也，卿是其官耳。

【六】集解徐廣曰：「屬鉅鹿。」

【七】集解以將渠爲相。索隱謂欲令將渠處之使和也。

六年，秦滅東周【九】，置三川郡。七年，秦拔趙榆次三十七城，秦置大原郡。九年，秦王政初即位。十年，趙使廉頗將攻繁陽，【一】拔之。趙孝成王卒，悼襄王立。使樂乘代廉頗，廉頗不聽，攻樂乘，樂乘走，廉頗奔大梁。十二年，趙使李牧攻燕，拔武遂、【二】方城。【三】劇辛故居趙，與龐煖善，【四】已而亡走燕。燕見趙數困于秦，而廉頗去，令龐煖將也，欲因趙斃攻之。問劇辛，辛曰：「龐煖易與耳。」燕使劇辛將擊趙，趙使龐煖擊之，取燕軍二萬，殺劇辛。秦拔魏二十城，置東郡。十九年，秦拔趙之鄴【五】九城。趙悼襄王卒。二十三年，太子丹質於秦，亡歸燕。二十五年，秦虜滅韓王安，置潁川郡。二十七年，秦虜趙王遷，滅趙。趙公子嘉自立爲代王。

【一】集解徐廣曰：「屬魏郡。」

【二】集解徐廣曰：「屬河間。」

【三】集解徐廣曰：「屬涿，有督亢亭。」

【四】索隱煖音況遠反。

【五】正義即相州鄴縣也。

燕見秦且滅六國，秦兵臨易水，【一】禍且至燕。太子丹陰養壯士二十人，使荆軻獻督亢地圖於秦，【二】因襲刺秦王。秦王覺，殺軻，使將軍王翦擊燕。二十九年，秦攻拔我薊，燕王亡，徙居遼東，斬丹以獻秦。三十年，秦滅魏。

【一】集解徐廣曰：「出涿郡故安也。」

【二】索隱徐廣云：「涿有督亢亭。」地理志屬廣陽。然督亢之田在燕東，甚良沃，欲獻秦，故畫其圖而獻焉。

三十三年，秦拔遼東，虜燕王喜，卒滅燕。是歲，秦將王賁【一】亦虜代王嘉。

【一】正義 賁音奔。王翦子。

太史公曰：召公奭可謂仁矣！甘棠且思之，況其人乎？燕外迫蠻貉〔一〇〕，內措齊、晉，【二】崎嶇彊國之閒，最爲弱小，幾滅者數矣。然社稷血食者八九百歲，於姬姓獨後亡，豈非召公之烈邪！

【二】索隱 措，交雜也。又作「錯」，劉氏云爭陌反。

【索隱述贊】召伯作相，分陝而治。人惠其德，甘棠是思。莊送霸主，惠羅寵姬。文公從趙，蘇秦騁辭。易王初立，齊宣我欺。燕噲無道，禪位子之。昭王待士，思報臨菑。督亢不就，卒見芟夷。

校勘記

〔一〕北極天帝　「天帝」，殿本作「大帝」。按：周禮春官大宗伯「以禋祀祀昊天上帝」賈公彥疏：「故尚書君奭云：『公曰：君奭，我聞在昔成湯既受命，時則有若伊尹，格于皇天。』鄭注云：

「皇天，北極大帝。』」

〔二〕子桓侯立　張文虎札記卷四：「毛本無『子』字。」按：敦煌本無「子」字。

〔三〕子莊公立　敦煌本無「子」字。

〔四〕送齊桓公出境　敦煌本作「送桓公出境」。

〔五〕桓公因割燕所至地予燕　本書卷三二齊太公世家敍此，上「燕」字作「燕君」，疑此脱「君」字。

〔六〕子襄公立　敦煌本無「子」字。

〔七〕二十四兩曰溢　「四」字疑衍。按：本書卷三〇平準書：「黄金以溢名。」集解引孟康：「二十兩爲溢。」漢書卷二四下食貨志下顏師古注引孟康同。

〔八〕遇慶秦於代　「慶秦」，原作「爰秦」，據耿本、黄本、柯本、凌本、殿本及正義改。按：戰國策燕策三亦作「慶秦」。正文作「卿秦」，「卿」、「慶」古通用。

〔九〕秦滅東周　「東」下原有「西」字。梁玉繩志疑卷一九：「『西』字衍。」按：本書卷五秦本紀：「（莊襄王元年）東周君與諸侯謀秦，秦使相國呂不韋誅之，盡入其國。」卷一五六國年表秦莊襄王元年「呂不韋相。取東周」。卷七八春申君列傳：「春申君相十四年，秦莊襄王立，以呂不韋爲相，封爲文信侯。取東周。」今據删。

〔一〇〕燕外迫蠻貉　「外」，原作「北」。王念孫雜志史記第三：「『北』當爲『外』，字之誤也。『外迫』、『内措』相對爲文。措者，迫也。」今據改。

史記卷三十五

管蔡世家第五

管叔鮮、〔一〕蔡叔度者，周文王子而武王弟也。武王同母兄弟十人。母曰太姒，〔二〕文王正妃也。其長子曰伯邑考，次曰武王發，次曰管叔鮮，次曰周公旦，次曰蔡叔度，次曰曹叔振鐸，次曰成叔武，〔三〕次曰霍叔處，〔四〕次曰康叔封，〔五〕次曰冄季載。〔六〕冄季載最少。同母昆弟十人，〔七〕唯發、旦賢，左右輔文王，〔八〕故文王舍伯邑考而以發爲太子。及文王崩而發立，是爲武王。伯邑考既已前卒矣。

〔一〕正義音仙。括地志云：「鄭州管城縣，今州外城即管國城也，是叔鮮所封國也。」

〔二〕正義國語云：「杞、繒二國，姒姓，夏禹之後，太姒之家。太姒，文王之妃，武王之母。」列女傳云：「太姒者，武王之母，禹後姒氏之女也。在郃之陽，在渭之涘。仁而明道，文王嘉之，親迎于渭，造舟爲梁。及入，太姒思媚太姜、太任，旦夕勤勞，以進婦道。太姒號曰文母。文王理外，文母治內。太姒生十男，教誨自少及長，未嘗見邪僻之事。」言常以正道持之也。

【三】正義括地志云：「在濮州雷澤縣東南九十一里，漢郕陽縣。古郕伯姬姓之國，其後遷於成之陽。」

【四】正義處，昌汝反。括地志云：「晉州霍邑縣，本漢彘縣也。鄭玄注周禮云『霍山在彘』，本春秋時霍伯國地。」

【五】索隱孔安國曰：「康，畿內國名。」地闕。叔，字也。封，叔名。

【六】索隱冄，國也。載，名也。季，字也。冄，或作「那」。按：國語曰「冄由鄭姬」。賈逵曰「文王子聃季之國」也。莊十八年「楚武王克權，遷於那處」。杜預云「那處，楚地。南郡編縣有那口城」。聃與那皆音奴甘反。正義冄音奴甘反。或作「那」，音同。冄，國名也。季載，人名也。伯邑考最長，所以加「伯」。諸中子咸言「叔」，以載最少，故言季載。

【七】集解徐廣曰：「文王之子爲侯者十有六國。」

【八】正義左右並去聲。

武王已克殷紂，平天下，封功臣昆弟。於是封叔鮮於管，【一】封叔度於蔡：【二】二人相紂子武庚祿父，治殷遺民。封叔旦於魯而相周，爲周公。封叔振鐸於曹，封叔武於成，【三】封叔處於霍。【四】康叔封、冄季載皆少，未得封。

【一】集解杜預曰：管在滎陽京縣東北。
【二】集解世本曰：「居上蔡。」
【三】索隱按：春秋隱五年「衞師入郕」。杜預曰「東平剛父縣有郕鄉」。後漢郡國志以爲成本國。又地理志廩丘縣南有成故城。應劭云「武王封弟季載於成」，是古之成邑，應仲遠誤云季載封耳。
【四】索隱春秋閔元年晉滅霍。地理志河東彘縣，霍太山在東北【一】，是霍叔之所封。

武王既崩，成王少，周公旦專王室。管叔、蔡叔疑周公之爲不利於成王，乃挾武庚以作亂。周公旦承成王命伐誅武庚，殺管叔，而放蔡叔，遷之，與車十乘【二】，徒七十人從。而分殷餘民爲二：其一封微子啓於宋，以續殷祀；其一封康叔爲衞君，是爲衞康叔。封季載於冄。冄季、康叔皆有馴行，【一】於是周公舉康叔爲周司寇，冄季爲周司空，【二】以佐成王治，皆有令名於天下。

【一】索隱如字，音巡。馴，善也。
【二】索隱事見定四年左傳。

蔡叔度既遷而死。其子曰胡，胡乃改行，率德馴善。周公聞之，而舉胡以爲魯卿士，【一】魯國治。於是周公言於成王，復封胡於蔡，【二】以奉蔡叔之祀，是爲蔡仲。餘五叔皆就國，【三】無爲天子吏者。

【一】索隱按：尚書云「蔡仲克庸祗德，周公以爲卿士，叔卒，乃命諸王，封之蔡〔三〕」，元無仕魯之文。又伯禽居魯乃是七年致政之後，此言乃說居攝政之初，未知史遷何憑而有斯言也。

【二】集解宋忠曰：「胡徙居新蔡。」

【三】索隱管叔、蔡叔、成叔、曹叔、霍叔。

蔡仲卒，子蔡伯荒立。蔡伯荒卒，子宮侯立。宮侯卒，子厲侯立。厲侯卒，子武侯立。武侯之時，周厲王失國，奔彘，共和行政，諸侯多叛周。

武侯卒，子夷侯立。夷侯十一年，周宣王即位。二十八年，夷侯卒，子釐侯所事立。

釐侯三十九年，周幽王爲犬戎所殺，周室卑而東徙。秦始得列爲諸侯。【一】

【一】正義周幽王爲犬戎所殺，平王東徙洛邑，秦襄公以兵救，因送平王至洛，故平王封襄公。

四十八年，釐侯卒，子共侯興立。共侯二年卒，子戴侯立。戴侯十年卒，子宣侯措父立。

宣侯二十八年，魯隱公初立。三十五年，宣侯卒，子桓侯封人立。桓侯三年，魯弒其君隱公。二十年，桓侯卒，弟哀侯獻舞立。

哀侯十一年，初，哀侯娶陳，息侯亦娶陳。【一】息夫人將歸，過蔡，蔡侯不敬。息侯怒，請楚文王：「來伐我，我求救於蔡，蔡必來，楚因擊之，可以有功。」楚文王從之，虜蔡哀侯以歸。哀侯留九歲，死於楚。凡立二十年卒。蔡人立其子肸，是爲繆侯。

【一】集解杜預曰：「息國，汝南新息縣。」

繆侯以其女弟爲齊桓公夫人。十八年，齊桓公與蔡女戲船中，夫人蕩舟，桓公止之，不止，公怒，歸蔡女，而不絕也。蔡侯怒，嫁其弟。【一】齊桓公怒，伐蔡；蔡潰，遂虜繆侯，南至楚邵陵。已而諸侯爲蔡謝齊，齊侯歸蔡侯。二十九年，繆侯卒，子莊侯甲午立。

【一】索隱弟，女弟，即蕩舟之姬。

莊侯三年，齊桓公卒。十四年，晉文公敗楚於城濮。二十年，楚太子商臣弑其父成王代立。二十五年，秦穆公卒。三十三年，楚莊王即位。三十四年，莊侯卒，子文侯申立。

文侯十四年，楚莊王伐陳，殺夏徵舒。十五年，楚圍鄭，鄭降楚，楚復醳之。【一】二十年，文侯卒，子景侯固立。

【一】正義醳音釋。

景侯元年，楚莊王卒。四十九年〔四〕，景侯爲太子般娶婦於楚，而景侯通焉。太子弒景侯而自立，是爲靈侯。

靈侯二年，楚公子圍弒其王郟敖而自立，爲靈王。〔一〕九年，陳司徒招〔二〕弒其君哀公。楚使公子弃疾滅陳而有之。十二年，楚靈王以靈侯弒其父，誘蔡靈侯于申，〔三〕伏甲飲之，醉而殺之，刑其士卒七十人。令公子弃疾圍蔡。十一月，滅蔡，使弃疾爲蔡公。〔四〕

〔一〕正義郟，紀洽反。敖，五高反。

〔二〕索隱或作「昭」，或作「韶」〔五〕，並時遥反。

〔三〕正義故申城在鄧州。

〔四〕正義蔡之大夫也。

楚滅蔡三歲，楚公子弃疾弒其君靈王代立，爲平王。平王乃求蔡景侯少子廬，立之，是爲平侯。〔一〕是年，楚亦復立陳。楚平王初立，欲親諸侯，故復立陳、蔡後。〔二〕

〔一〕集解宋忠曰：「平侯徙下蔡。」索隱今系本無者，近脱耳。

〔二〕集解世本曰：「平侯者，靈侯般之孫，太子友之子。」

平侯九年卒，靈侯般之孫東國攻平侯子而自立，是爲悼侯。悼侯父曰隱太子友。隱太子友者，靈侯之太子，平侯立而殺隱太子，故平侯卒而隱太子之子東國攻平侯子而代立，是爲悼侯。悼侯三年卒，弟昭侯申立。

昭侯十年，朝楚昭王，持美裘二，獻其一於昭王而自衣其一。楚相子常欲之，不與。子常讒蔡侯，留之楚三年。蔡侯知之，乃獻其裘於子常；子常受之，乃言歸蔡侯。蔡侯歸而之晉，請與晉伐楚。

十三年春，與衞靈公會邵陵。蔡侯私於周萇弘以求長於衞；【一】衞使史鰌言康叔之功德，乃長衞。夏，爲晉滅沈，【二】楚怒，攻蔡。蔡昭侯使其子爲質於吴，【三】以共伐楚。冬，與吴王闔閭遂破楚入郢。蔡怨子常，子常恐，奔鄭。十四年，吴去而楚昭王復國。十六年，楚令尹爲其民泣以謀蔡，蔡昭侯懼。二十六年，孔子如蔡。楚昭王伐蔡，蔡恐，告急於吴。吴爲蔡遠，約遷以自近，易以相救；昭侯私許，不與大夫計。吴人來救蔡，因遷蔡于州來。【四】二十八年，昭侯將朝于吴，大夫恐其復遷，乃令賊利殺昭侯；【五】已而誅賊利以解過，而立昭侯子朔，是爲成侯。【六】

【一】集解服虔曰：「載書使蔡在衞上。」

【二】集解杜預曰：「汝南平輿縣北有沈亭。」

【三】正義質音致。

【四】索隱 州來在淮南下蔡縣。

【五】索隱 案：利，賊名也。

【六】集解 徐廣曰：「或作『景』。」

成侯四年，宋滅曹。十年，齊田常弒其君簡公。十三年，楚滅陳。十九年，成侯卒，子聲侯產立。聲侯十五年卒，子元侯立。元侯六年卒，子侯齊立。侯齊四年，楚惠王滅蔡，蔡侯齊亡，蔡遂絶祀。後陳滅三十三年。【一】

【一】索隱 魯哀十七年楚滅陳，其楚滅蔡絶其祀，又在滅陳之後三十三年，即在春秋後二十三年。

伯邑考，其後不知所封。武王發，其後爲周，有本紀言。管叔鮮作亂誅死，無後。周公旦，其後爲魯，有世家言。蔡叔度，其後爲蔡，有世家言。曹叔振鐸，其後爲曹，有世家言。【二】成叔武，其後世無所見。霍叔處，其後晉獻公時滅霍。康叔封，其後爲衞，有世家言。冄季載，其後世無所見。

【二】索隱 曹亦姬姓之國，而文之昭，春秋之時頗稱彊國，傳數十代而後亡，豈可附管、蔡亡國之末而没其篇第？自合析爲一篇〔六〕。

太史公曰：管蔡作亂，無足載者。然周武王崩，成王少，天下既疑，賴同母之弟成叔、冄季之屬十人爲輔拂，是以諸侯卒宗周，故附之世家言。

曹叔振鐸者，【一】周武王弟也。武王已克殷紂，封叔振鐸於曹。【二】

【一】索隱 按：上文「叔振鐸，其後爲曹，有系家言」，則曹亦合題系家，今附管蔡之末而不出題者，蓋以曹微小而少事迹，因附管蔡之末，不別題篇爾。且又管叔雖無後，仍是蔡、曹之兄，故題管、蔡而略曹也。

【二】集解 宋忠曰：濟陰定陶縣。

叔振鐸卒，子太伯脾立。太伯卒，子仲君平立。仲君平卒，子宮伯侯立。宮伯侯卒，子孝伯雲立。孝伯雲卒，子夷伯喜立。

夷伯二十三年，周厲王奔于彘。

三十年卒，弟幽伯彊立。幽伯九年，弟蘇殺幽伯代立，是爲戴伯。戴伯元年，周宣王已立三歲。三十年，戴伯卒，子惠伯兕立。【一】

【一】集解 孫檢曰：「兕音徐子反。曹惠伯或名雉，或名弟，或復名弟兕也。」索隱 按：年表作「惠公伯雉」，注引孫檢，未詳何代，或云齊人，亦恐其人不注史記。今以王儉七志、阮孝緒七録並無，又不知是裴駰所録否〔七〕？

惠伯二十五年，周幽王爲犬戎所殺，因東徙，益卑，諸侯畔之。秦始列爲諸侯。

三十六年，惠伯卒，子石甫立，其弟武殺之代立，是爲繆公。繆公三年卒，子桓公終生立。【一】

【一】集解孫檢云：「一作『終湦』。湦音生。」

桓公三十五年，魯隱公立。四十五年，魯弒其君隱公。四十六年，宋華父督弒其君殤公及孔父。五十五年，桓公卒，子莊公夕姑【一】立。

【一】索隱上音亦。即射姑也。同音亦。

莊公二十三年，齊桓公始霸。

三十一年，莊公卒，子釐公夷立。釐公九年卒，子昭公班立。昭公六年，齊桓公敗蔡，遂至楚召陵。九年，昭公卒，子共公襄立。

共公十六年，初，晉公子重耳其亡過曹，曹君無禮，欲觀其駢脅。【一】釐負羈【二】諫，不聽，私善於重耳。二十一年，晉文公重耳伐曹，虜共公以歸，令軍毋入釐負羈之宗族閭。

或說晉文公曰：「昔齊桓公會諸侯，復異姓；今君囚曹君，滅同姓，何以令於諸侯？」晉乃復歸共公。

【一】集解韋昭曰：「駢者，并幹也。」正義駢，白邊反。脅，許業反。

【二】正義釐音僖。曹大夫。

二十五年，晉文公卒。三十五年，共公卒，子文公壽立。文公二十三年卒，子宣公彊立。【一】宣公十七年卒，弟成公負芻立。

【一】索隱按左傳，宣公名廬。

成公三年，晉厲公伐曹，虜成公以歸，已復釋之。【一】五年，晉欒書、中行偃使程滑弒其君厲公。二十三年，成公卒，子武公勝立。武公二十六年，楚公子弃疾弒其君靈王代立。二十七年，武公卒，子平公須立【八】。平公四年卒，子悼公午立。是歲，宋、衞、陳、鄭皆火。

【一】索隱按：左傳成十五年，晉厲公執負芻，歸于京師。晉立宣公弟子臧，子臧曰「聖達節，次守節，下失節。爲君，非吾節也」。遂逃，奔宋。曹人請于晉。晉人謂子臧「反國，吾歸而君」。子臧反，晉於是歸負芻。

悼公八年，宋景公立。九年，悼公朝于宋，宋囚之。曹立其弟野，是爲聲公。悼公死於宋，歸葬。

聲公五年，平公弟通弒聲公代立，是爲隱公。【一】隱公四年，聲公弟露弒隱公代立，是爲靖公。靖公四年卒，子伯陽立。

【一】索隱 按：譙周云春秋無其事。今檢系本及春秋，悼伯卒，弟露立，謚靖公，實無聲公、隱公，蓋是彼文自疏也。

伯陽三年，國人有夢衆君子立于社宮，【一】謀欲亡曹；曹叔振鐸止之，請待公孫彊，許之。旦，求之曹，無此人。夢者戒其子曰：「我亡，爾聞公孫彊爲政，必去曹，無離曹禍。」【二】及伯陽即位，好田弋之事。六年，曹野人公孫彊亦好田弋，獲白鴈而獻之，且言田弋之説，因訪政事。伯陽大説之，有寵，使爲司城以聽政。夢者之子乃亡去。

【一】集解 賈逵曰：「社宮，社也。」鄭衆曰：「社宮，中有室屋者。」

【二】索隱 離即罹。罹，被也。

公孫彊言霸説於曹伯。十四年，曹伯從之，乃背晉干宋。【一】宋景公伐之，晉人不救。十五年，宋滅曹，執曹伯陽及公孫彊以歸而殺之。曹遂絶其祀。

【一】集解 賈逵曰：「以小加大。」索隱 干謂犯也。言曹因弃晉而犯宋，遂致滅也。裴氏引賈逵注云「以小加大」者〔九〕，加，陵也，小即曹也，大謂晉及宋也。

太史公曰：〔一〕余尋曹共公之不用僖負羈，乃乘軒者三百人，〔二〕知唯德之不建。及振鐸之夢，豈不欲引曹之祀者哉？如公孫彊不脩厥政，叔鐸之祀忽諸。〔三〕

〔一〕索隱 檢諸本或無此論。

〔二〕正義 晉世家云：「晉師入曹，數之以其不用僖負羈言，而美女乘軒三百人也〔一〇〕。」

〔三〕正義 至如公孫彊不脩霸道之政，而伯陽之子立，叔鐸猶尚饗祭祀，豈合忽絶之哉。

【索隱述贊】武王之弟，管、蔡及霍。周公居相，流言是作。狼跋致艱，鴟鴞討惡。胡能改行，克復其爵。獻舞執楚，遇息禮薄。穆侯虜齊，蕩舟乖謔。曹共輕晉，負羈先覺。伯陽夢社，祚傾振鐸。

校勘記

〔一〕霍太山在東北　「北」字疑衍。按：本書卷二夏本紀「至於嶽陽」索隱引地理志無「北」字，與漢書卷二八上地理志上合。

〔二〕與車十乘　張文虎札記卷四：「御覽百五十九引作『七』，與晚出古文微子之命合。」按：左傳定公四年：「王於是乎殺管叔而蔡蔡叔，以車七乘，徒七十人。」

〔三〕封之蔡　「封」，耿本、黄本、彭本、柯本、凌本、殿本、會注本作「邦」，與尚書蔡仲之命合。按：説文口部：「國，邦也。从口，从或。」段玉裁注：「戈部曰：『或，邦也。』古或、國同用，邦、封同用。」

〔四〕四十九年　原作「三十九年」。按：本書卷一四十二諸侯年表蔡景侯四十九年爲太子所殺。今據改。

〔五〕或作昭或作韶　耿本、黄本、彭本、柯本、凌本、殿本作「招或作苕又作昭」。按：本書卷三六陳杞世家「乃殺陳使者」索隱：「即司徒招也。一作『苕』也。」

〔六〕此條索隱原無，據耿本、黄本、彭本、索隱本、柯本、凌本、殿本補。

〔七〕又不知是裴駰所録否　耿本、黄本、彭本、柯本、殿本作「不知裴駰何所從録」。

〔八〕子平公須立　「須」，原作「頃」，據敦煌本改。按：春秋經昭公十八年：「春王三月，曹伯須卒。」本書卷一四十二諸侯年表平公名「須」。

〔九〕裴氏引賈逵注云以小加大者　索隱本作「注以小加大」。

〔一〇〕而美女乘軒三百人也　本書卷三九晉世家「軒」下有「者」字。按：左傳僖公二十八年：「入曹。數之，以其不用僖負羈而乘軒者三百人也。」

史記卷三十六

陳杞世家第六

陳胡公滿者，虞帝舜之後也。昔舜爲庶人時，堯妻之二女，居于嬀汭，其後因爲氏姓，姓嬀氏。舜已崩，傳禹天下，而舜子商均爲封國。【一】夏后之時，或失或續。【二】至于周武王克殷紂，乃復求舜後，【三】得嬀滿，封之於陳，【四】以奉帝舜祀，是爲胡公。

【一】索隱按：商均所封虞，即今之梁國虞城是也。

【二】索隱按：夏代猶封虞思、虞遂是也。

【三】索隱遏父爲周陶正。遏父，遂之後。陶正，官名。生滿【一】。

【四】索隱左傳曰：「武王以元女太姬配虞胡公，而封之陳，以備三恪。」

胡公卒，子申公犀侯立。申公卒，弟相公皋羊立。相公卒，立申公子突，是爲孝公。孝公卒，子慎公圉戎立。慎公當周厲王時。慎公卒，子幽公寧立。

幽公十二年，周厲王奔于彘。

二十三年，幽公卒，子釐公孝立。釐公六年，周宣王即位。三十六年，釐公卒，子武公靈立。武公十五年卒，子夷公說立。是歲，周幽王即位。夷公三年卒，弟平公燮立。【一】平公七年，周幽王爲犬戎所殺，周東徙。秦始列爲諸侯。

【一】正義燮，先牒反。

二十三年，平公卒，子文公圉立。

文公元年，取蔡女，生子佗。【一】十年，文公卒，長子桓公鮑立。

【一】正義徒何反。

桓公二十三年，魯隱公初立。二十六年，衞殺其君州吁。三十三年，魯弑其君隱公。

三十八年正月甲戌己丑，桓公鮑卒。【一】桓公弟佗，其母蔡女，故蔡人爲佗殺五父及桓公太子免而立佗，【二】是爲厲公。桓公病而亂作，國人分散，故再赴。【三】

【一】索隱陳亂，故再赴其日。正義甲戌、己丑凡十六日。

【二】集解譙周曰：「春秋傳謂佗即五父，世家與傳違。」索隱譙周曰「春秋傳謂他即五父，與此違」者，此以他爲厲公，太子免弟躍爲利公，而左傳以厲公名躍。他立未踰年，無謚，故「蔡人殺陳他」。又莊二十二年傳云「陳厲公，蔡出也，故蔡人殺五父而立之」。則他與五父俱爲蔡人所殺，其事不異，是一人明矣。史記既以他爲厲公，遂以躍爲利公。尋厲利聲相近，遂誤以他爲厲公，五父爲別人，是太史公錯耳。班固又以厲公躍爲桓公弟，又誤〔二〕。

【三】集解徐廣曰：「班氏云厲公躍者，桓公之弟也。」

厲公二年，生子敬仲完。周太史過陳，陳厲公使以周易筮之，卦得觀之否：【一】「是爲觀國之光，利用賓于王。【二】此其代陳有國乎？不在此，其在異國？【三】非此其身，在其子孫。【四】若在異國，必姜姓。【五】姜姓，太嶽之後。【六】物莫能兩大，陳衰，此其昌乎？」【七】

【一】集解賈逵曰：「坤下巽上，觀。坤下乾上，否。觀爻在六四，變而之否。」

【二】集解杜預曰：「此周易觀卦六四爻辭也。易之爲書，六爻皆有變象，又有互體，聖人隨其義而論之。」

【三】正義六四變，內卦爲中國，外卦爲異國。

【四】正義內卦爲身，外卦爲子孫。變在外，故知在子孫也。

【五】正義六四變，此爻是辛未，觀上體巽，未爲羊，巽爲女，女乘羊，故爲姜。姜，齊姓，故知在齊。

【六】集解杜預曰：「姜姓之先爲堯四嶽。」

【七】正義周敬王四十一年，楚惠王殺陳湣公。齊簡公，周敬王三十九年被田常殺之。

厲公取蔡女，蔡女與蔡人亂，厲公數如蔡淫。七年，厲公所殺桓公太子免之三弟，長曰躍，中曰林，少曰杵臼，共令蔡人誘厲公以好女，與蔡人共殺厲公【一】而立躍，是爲利公。利公者，桓公子也。利公立五月卒，立中弟林，是爲莊公。莊公七年卒，少弟杵臼立，是爲宣公。

【一】集解公羊傳曰：「淫于蔡，蔡人殺之。」

宣公三年，楚武王卒，楚始彊。十七年，周惠王娶陳女爲后。

二十一年，宣公後有嬖姬生子款，欲立之，乃殺其太子禦寇。禦寇素愛厲公子完，完懼禍及己，乃奔齊。齊桓公欲使陳完爲卿，完曰：「羈旅之臣，【一】幸得免負檐，君之惠也，不敢當高位。」桓公使爲工正。【二】齊懿仲欲妻陳敬仲，卜之，占曰：「是謂鳳皇于飛，和鳴鏘鏘。【三】有嬀之後，將育于姜。【四】五世其昌，並于正卿。【五】八世之後，莫之與京。」【六】

【一】集解賈逵曰：「羈，寄；旅，客也。」

【二】正義周禮云冬官爲考工，主作器械。

【三】集解杜預曰：「雄曰鳳，雌曰皇。雄雌俱飛，相和而鳴，鏘鏘然也。猶敬仲夫妻有聲譽【三】。」

【四】集解杜預曰：「嬀，陳姓。姜，齊姓。」

【五】集解服虔曰：「言完後五世與卿並列。」

【六】集解賈逵曰：「京，大也。」正義按：陳敬仲八代孫，田常之子襄子磐也。而杜以常爲八代者，以桓子無宇生武子開，與鳌子乞皆相繼事齊，故以常爲八代。

三十七年，齊桓公伐蔡，蔡敗；南侵楚，至召陵，還過陳。陳大夫轅濤塗惡其過陳，詐齊令出東道。東道惡，桓公怒，執陳轅濤塗。是歲，晉獻公殺其太子申生。

四十五年，宣公卒，子款立，是爲穆公。穆公五年，齊桓公卒。十六年，晉文公敗楚師于城濮。是歲，穆公卒，子共公朔立。共公六年，楚太子商臣弒其父成王代立，是爲穆王。十一年，秦穆公卒。十八年，共公卒，子靈公平國立。

靈公元年，【一】楚莊王即位。六年，楚伐陳。十年，陳及楚平。

【一】正義謚法云：「亂而不損曰靈。」

十四年，靈公與其大夫孔寧、儀行父皆通於夏姬，【二】衷其衣以戲於朝。【三】泄冶諫曰：「君臣淫亂，民何效焉？」靈公以告二子，二子請殺泄冶，公弗禁，遂殺泄冶。【三】十五年，靈公與二子飲於夏氏。公戲二子曰：「徵舒似汝。」二子曰：「亦似公。」【四】徵舒怒。靈公罷酒出，徵舒伏弩廄門射殺靈公。【五】孔寧、儀行父皆奔楚，靈公太子午奔晉。徵舒自立爲陳侯。徵舒，故陳大夫也。夏姬，御叔之妻，舒之母也。

【一】正義列女傳云：「陳女夏姬者，陳大夫夏徵舒之母，御叔之妻也，三爲王后，七爲夫人，公侯爭之，莫不迷惑失意。」杜預云：「夏姬，鄭穆公女，陳大夫御叔之妻。」左傳云：「殺御叔，弒靈侯，戮夏南，出孔、儀，喪陳國。」

【二】集解左傳曰：「衷其衵服。」穀梁傳曰：「或衣其衣，或中其襦。」

【三】集解春秋曰：「陳殺其大夫泄冶。」

【四】集解杜預曰：「靈公即位十五年，徵舒已爲卿，年大，無嫌是公子也。蓋以夏姬淫放，故謂其子多似以爲戲也〔四〕。」

【五】集解左傳曰：「公出自其廄〔五〕。」

成公元年冬，楚莊王爲夏徵舒殺靈公，率諸侯伐陳。謂陳曰：「無驚，吾誅徵舒而已。」已誅徵舒，因縣陳而有之，羣臣畢賀。申叔時使於齊來還，獨不賀。【一】莊王問其故，對曰：「鄙語有之，牽牛徑人田，田主奪之牛。徑則有罪矣，奪之牛，不亦甚乎？今王以徵舒爲賊弒君，故徵兵諸侯，以義伐之，已而取之，以利其地，則後何以令於天下！是以不賀。」莊王曰：「善。」乃迎陳靈公太子午於晉而立之，復君陳如故，是爲成公。孔子讀史記至楚復陳，曰：「賢哉楚莊王！輕千乘之國而重一言。」【二】

【一】集解賈逵曰：「叔時，楚大夫。」

【二】索隱謂申叔時之語。正義家語云：「孔子讀史記至楚復陳，喟然曰：『賢哉楚莊王！輕千乘之國而重一言之信。非申叔時之忠，弗能建其義；非楚莊王之賢，不能受其訓也。』」

八年，〔六〕楚莊王卒。二十九年，陳倍楚盟。三十年，楚共王伐陳。是歲，成公卒，子哀公弱立。楚以陳喪，罷兵去。

哀公三年，楚圍陳，復釋之。二十八年，楚公子圍弒其君郟敖自立，爲靈王。

三十四年，初，哀公娶鄭，長姬生悼太子師，少姬生偃。【一】二嬖妾，長妾生留，少妾生勝。留有寵哀公，哀公屬之其弟司徒招。哀公病，三月，招殺悼太子，立留爲太子。哀公怒，欲誅招，招發兵圍守哀公，哀公自經殺。【二】招卒立留爲陳君。四月，陳使使赴楚。楚靈王聞陳亂，乃殺陳使者，【三】使公子弃疾發兵伐陳，陳君留奔鄭。九月，楚圍陳。十一月，滅陳。使弃疾爲陳公。

【一】索隱按：昭八年經云「陳侯之弟招殺陳世子偃師」。左傳「陳哀公元妃鄭姬生悼太子偃師」。今此云兩姬，又分偃師爲二人，亦恐此非。

【二】集解徐廣曰：「三十五年時。」

【三】索隱即司徒招也。一作「苕」也。

招之殺悼太子也，太子之子名吳，出奔晉。晉平公問太史趙曰：「陳遂亡乎？」對曰：「陳，顓頊之族。【一】陳氏得政於齊，乃卒亡。【二】自幕至于瞽瞍，無違命。【三】舜重之以明德。至於遂，【四】世世守之。及胡公，周賜之姓，【五】使祀虞帝。且盛德之後，必百世祀。虞之世未也，其在齊乎？」

【一】集解服虔曰：「陳祖虞舜，舜出顓頊，故爲顓頊之族。」

【二】集解賈逵曰：「物莫能兩盛。」

【三】集解賈逵曰：「幕，舜後虞思也。至于瞽瞍，無聞違天命以廢絶者。」鄭衆曰：「幕，舜之先也。」駰案國語，賈義爲長。索隱按：賈逵以幕爲虞思，非也。左傳言『自幕至瞽瞍』，知幕在瞽瞍之前，必非虞思明矣。

【四】集解杜預曰：「遂，舜後。蓋殷之興，存舜之後而封遂，言舜德乃至於遂也。」索隱重音持用反。按：杜預以爲舜有明德，乃至遂有國，義亦然也。且文云「自幕至瞽瞍，無違命，舜重之以明德」，是言舜有明德爲天子也。又云殷封遂〔七〕，代守之，亦舜德也。按：系本云「陳，舜後」。宋忠云「虞思之後，箕伯、直柄中衰，殷湯封遂於陳以祀舜〔八〕」。

【五】集解杜預曰：「胡公滿，遂之後也。事周武王，賜姓曰嬀，封之陳。」

楚靈王滅陳五歲，楚公子弃疾弒靈王代立，是爲平王。平王初立，欲得和諸侯，乃求故陳悼太子師之子吳，立爲陳侯，是爲惠公。惠公立，探續哀公卒時年而爲元，空籍五歲矣。【一】

【一】索隱 惠公探取哀公死楚陳滅之後年爲元年〔九〕，故今空籍五歲矣。一云籍，借也，謂借失國之後年爲五年。

十年，陳火。十五年，吳王僚使公子光伐陳，取胡、沈而去。【一】二十八年，吳王闔閭與子胥敗楚入郢。是年，惠公卒，子懷公柳立。

【一】索隱 系本云「胡，歸姓；沈，姬姓」。沈國在汝南平輿，胡亦在汝南。

懷公元年，吳破楚，在郢，召陳侯。陳侯欲往，大夫曰：「吳新得意；楚王雖亡，與陳有故，不可倍。」懷公乃以疾謝吳。四年，吳復召懷公。懷公恐，如吳。吳怒其前不往，留之，因卒吳。陳乃立懷公之子越，是爲湣公。【一】

【一】索隱 按左傳，湣公名周，是史官記不同。

湣公六年，孔子適陳。吳王夫差伐陳，取三邑而去。十三年，吳復來伐陳，陳告急楚，楚昭王來救，軍於城父，吳師去。是年，楚昭王卒於城父。時孔子在陳。【一】十五年，宋滅曹。十六年，吳王夫差伐齊，敗之艾陵，使人召陳侯。陳侯恐，如吳。楚伐陳。二十一年，齊田常弒其君簡公。二十三年，楚之白公勝殺令尹子西、子綦，襲惠王。葉公攻敗白公，白公自殺。

【一】索隱 按：孔子以魯定公十四年適陳，當陳湣公之六年，上文說是。此十三年，孔子仍在陳，凡經八年，何其久也？

二十四年，楚惠王復國，以兵北伐，殺陳湣公，遂滅陳而有之。是歲，孔子卒。

杞東樓公者，夏后禹之後苗裔也。【一】殷時或封或絕。周武王克殷紂，求禹之後，得東樓公，封之於杞，【二】以奉夏后氏祀。

【一】索隱 杞，國名也；東樓公，號謚也。不名者，史先失耳。宋忠曰「杞，今陳留雍丘縣」。故地理志云雍丘縣，「故杞國，周武王封禹後爲東樓公」是也。蓋周封杞而居雍丘，至春秋時杞已遷東國，故左氏隱四年傳云「莒人伐杞，取牟婁」。牟婁者，東邑也【一〇】。僖十四年傳云杞遷緣陵。地理志北海有營陵，淳于公之縣。臣瓚云即春秋緣陵，淳于公所都之邑。又州，國名，杞後改國曰州而稱淳于公【一一】，故春秋桓五年經云「州公如曹」，傳曰「淳于公如曹」是也。然杞後代又稱子者，以微小，又僻居東夷，故襄二十九年經稱「杞子來盟」，傳曰「書曰子，賤之」是也。

【二】集解宋忠曰：「杞，今陳留雍丘縣也。」

東樓公生西樓公，西樓公生題公，題公生謀【一】娶公。【二】謀娶公當周厲王時。謀娶公生武公。武公立四十七年卒，子靖公立。靖公二十三年卒，子共公立。共公八年卒，子德公立。【三】德公十八年卒，弟桓公姑容立。【四】桓公十七年卒，子孝公匄【五】立。孝公十七年卒，弟文公益姑立。文公十四年卒，弟平公鬱【六】立。平公十八年卒，子悼公成立。悼公十二年卒，子隱公乞立。七月，隱公弟遂弑隱公自立【一】，是爲釐公。釐公十九年卒，子湣公維立。湣公十五年，楚惠王滅陳。十六年，湣公弟閼路弑湣公代立，是爲哀公。【七】哀公立十年卒，湣公子敕立【二】，【八】是爲出公。出公十二年卒，子簡公春立。立一年，楚惠王之四十四年，滅杞。杞後陳亡三十四年。

【一】集解徐廣曰：「謀，一作『謨』。」索隱注一作「諜」，音牒。

【二】索隱娶音子臾反。

【三】集解徐廣曰：「世本曰惠公。」索隱系本及譙周並作「惠公」，又云惠公生成公及桓公，是此系家脱成公一代，故云「弟桓公姑容立」【四】，非也。且成公又見春秋經傳，故左傳莊二十五年云杞成公娶魯女，有婚姻之好。至僖二十二年卒，始赴而書，左傳云成公也，未同盟，故不書名。是杞有成公，必當如譙周所説。

【四】集解徐廣曰：「世本曰惠公立十八年，生成公及桓公；成公立十八年；桓公立十七年。」

【五】索隱音蓋。匄，名。

【六】索隱一作「郁釐」，譙周云名郁來，蓋「鬱」「郁」、「釐」「來」並聲相近，遂不同耳。

【七】索隱閼音遏。哀公殺兄湣公而立，謚哀。譙周云謚懿也。

【八】集解徐廣曰：「軟，一作『遫』〔一五〕。」

杞小微，其事不足稱述。

舜之後，周武王封之陳，至楚惠王滅之，有世家言。禹之後，周武王封之杞，楚惠王滅之，有世家言。契之後爲殷，殷有本紀言。殷破，周封其後於宋，齊湣王滅之，有世家言。后稷之後爲周，秦昭王滅之，有本紀言。皋陶之後，或封英、六，【一】楚穆王滅之，無譜。伯夷之後，至周武王復封於齊，曰太公望，陳氏滅之，有世家言。伯翳之後，至周平王時封爲秦，項羽滅之，有本紀言。【二】垂、益、夔、龍，其後不知所封，不見也。右十一人者，皆唐虞之際名有功德臣也；其五人之後皆至帝王，【三】餘乃爲顯諸侯。滕、薛、騶，夏、殷、周之閒

封也，小，不足齒列，弗論也。【四】

【一】索隱蓼、六，本或作英、六，皆通。然蓼、六皆咎繇之後也。據系本，二國皆偃姓，故春秋文五年左傳云「楚人滅六，臧文仲聞六與蓼滅，曰『皋陶、庭堅，不祀忽諸』」。杜預曰「蓼與六皆咎繇後」。地理志云「六，故國，皋陶後，偃姓，爲楚所滅」。又僖十七年「齊人、徐人伐英氏」。杜預又曰「英、六皆皋陶後，國名」。是有英、蓼，實未能詳。或者英後改號曰蓼也。

【二】索隱秦祖伯翳，解者以翳益，則一人，今言十一人，敍伯翳而又別言垂、益，則是二人也。且按舜本紀敍十人，無翳而有彭祖，彭祖亦墳典不載，未知太史公意如何，恐多是誤。然據秦本紀敍翳之功，云「佐舜馴調鳥獸」〔一六〕，與舜典命益作虞，「若予上下草木鳥獸」文同，則爲一人必矣，今未詳其所由也。

【三】索隱舜、禹身爲帝王，其稷、契及翳則後代皆爲帝王也。

【四】索隱滕不知本封，蓋軒轅氏子有滕姓，是其祖也。後周封文王子錯叔繡於滕，故宋忠云「今沛國公丘是滕國也」。薛，奚仲之後，任姓，蓋夏、殷所封，故春秋有滕侯、薛侯。郲，曹姓之國，陸終氏之子會人之後。郲國，今魯國騶縣是也。然三國微小，春秋時亦預會盟，蓋史缺無可敍列也。又許文叔，太岳之胤，二郲，曹姓之君，並通好諸侯，同盟大國，不宜全沒其事，亦可敍其本末，補許郲世家〔一七〕。

周武王時，侯伯尚千餘人。及幽、厲之後，諸侯力政相并〔一八〕。江、黃、【一】胡、沈之屬，不可勝數，故弗采著于傳云〔一九〕。

【一】索隱按系本，江、黄二國並嬴姓。又地理志江國在汝南安陽縣。

太史公曰：舜之德可謂至矣！禪位於夏，而後世血食者歷三代。及楚滅陳，而田常得政於齊，卒爲建國，百世不絶，苗裔兹兹，有土者不乏焉。至禹，於周則杞，微甚，不足數也。楚惠王滅杞，其後越王句踐興。

【索隱述贊】盛德之祀，必及百世。舜、禹餘烈，陳、杞是繼。嬀滿受封，東樓纂系。閼路篡逆，夏姬淫嬖。二國衰微，或興或替〔二〇〕。前并後虜，皆亡楚惠。句踐勃興，田和吞噬。蟬聯血食，豈其苗裔？

校勘記

〔一〕遏父爲周陶正遏父遂之後陶正官名生滿　耿本、黄本、彭本、柯本、凌本、殿本作「按左傳虞遏父爲周陶正以服事武王杜注遏父舜之後陶正官名是生滿者也」。

〔二〕譙周曰春秋傳謂他即五父與此違者此以他爲厲公太子免弟躍爲利公而左傳以厲公名躍他立

未踰年無謚故蔡人殺陳他又莊二十二年傳云陳厲公蔡出也故蔡人殺五父而立之則他與五父俱爲蔡人所殺其事不異是一人明矣史記既以他爲厲公遂以躍爲利公尋厲利聲相近遂誤以他爲厲公五父爲别人是太史公錯耳班固又以厲公躍爲桓公弟又誤」耿本、黄本、彭本、柯本、凌本、殿本作「譙周云世家與春秋傳違者，按左傳桓公五年文公子他殺桓公太子免而代立，經六年蔡人殺陳他立桓公子躍，爲厲公，而左傳以厲公名躍，他立未踰年，故無謚。又莊二十二年傳云陳厲公，蔡出也，故蔡人殺五父而立之。則他與五父俱爲蔡人所殺，其事不異，是一人明矣。史記既以他爲厲公，遂以躍爲利公。尋厲、利聲相近，遂誤以他爲厲公，五父爲别人，是太史公錯耳。而班固又以厲公爲桓公弟，又誤也」。

〔三〕猶敬仲夫妻有聲譽　左傳莊公二十二年杜預注「夫妻」下有「相隨適齊」四字。

〔四〕故謂其子多似　「多」，左傳宣公十年杜預注作「爲」。

〔五〕公出自其廄　疑文有脱誤。按：左傳宣公十年作「公出自其廄射而殺之」。

〔六〕八年　原作「二十八年」。張文虎札記卷四：「仁和杭氏史記疏證云表在八年，『二十』字衍。」按：楚莊王之卒，左傳在宣公十八年，本書卷四周本紀在定王十六年，卷三五管蔡世家在蔡景侯元年，卷三九晉世家在景公九年，皆與年表合。今據改。

〔七〕又云殷封遂　「又」，原作「乃」，據索隱本改。

〔八〕祀舜　耿本、黄本、彭本、柯本、凌本、殿本作「爲舜後是也」。

〔九〕惠公探取哀公死楚陳滅之後年爲元年　「陳滅」，疑當作「滅陳」。

〔一〇〕牟婁者東邑也　「者」，原作「曹」，據耿本、黄本、彭本、柯本、凌本、殿本改。按：牟婁爲杞邑，後屬莒，非曹邑。

〔一一〕改國曰州　「國」，耿本、黄本、彭本、柯本、凌本、殿本作「國號」。

〔一二〕隱公弟遂　梁玉繩志疑卷一九：「春秋哀八年僖公名過，孔疏引世家同，則『遂』字是今本之譌。」

〔一三〕湣公子敕立　「敕」，原作「敉」，據景祐本、紹興本、黄本、彭本、柯本、凌本、殿本、會注本改。

〔一四〕故云弟桓公姑容立　「故」，耿本、黄本、彭本、柯本、凌本、殿本作「下」。

〔一五〕敕一作遬　「敕」，原作「敉」，據景祐本、紹興本、黄本、彭本、凌本、殿本、會注本改。「遬」，原作「邀」，據會注本改，耿本、黄本、彭本、柯本、凌本、殿本作「速」。「遬」、「速」皆「敕」之後起字。

〔一六〕騶調　本書卷五秦本紀作「調騶」，詩秦風譜孔穎達疏引秦本紀同。

〔一七〕又許文叔太岳之胤二邾曹姓之君並通好諸侯同盟大國不宜全沒其事亦可敍其本末補許邾世家　此四十字原無，據耿本、黄本、彭本、索隱本、柯本、凌本、殿本補。

〔一八〕諸侯力政相并　「政」，原作「攻」。水澤利忠校補：「『攻』，南化、楓、三、楓、梅、蜀『政』。」今據改。按：本書卷五秦本紀：「周室微，諸侯力政，爭相併。」

〔一九〕故弗采著于傳云　「云」，原作「上」。殿本史記考證以爲「上」當是「云」字之訛。按：本書卷一一七司馬相如列傳云「相如他所著，若遺平陵侯書、與五公子相難、草木書篇不采，采其尤著公卿者云」，文例相類。今據改。

〔二〇〕或興或替　「興」，黄本、彭本、柯本、凌本、殿本作「淪」。

史記卷三十七

衛康叔世家第七

衛康叔，【一】名封，周武王同母少弟也。其次尚有冄季，冄季最少。

【一】索隱康，畿内國名。宋忠曰：「康叔從康徙封衛，衛即殷墟定昌之地。畿内之康，不知所在。」

武王已克殷紂，復以殷餘民封紂子武庚禄父，比諸侯，以奉其先祀勿絶。爲武庚未集，【一】恐其有賊心，武王乃令其弟管叔、蔡叔傅相武庚禄父，以和其民。武王既崩，成王少。周公旦代成王治，當國。管叔、蔡叔疑周公，乃與武庚禄父作亂，欲攻成周。【二】周公旦以成王命興師伐殷，殺武庚禄父、管叔，放蔡叔，以武庚殷餘民封康叔爲衛君，居河、淇閒故商墟。【三】

【一】索隱集猶和也。

【二】索隱成周，洛陽。其時周公相成王，營洛邑，猶居西周鎬京。管、蔡欲搆難，先攻成周，於是周公東居洛邑，伐管、蔡。

【三】索隱宋忠曰：「今定昌也。」

周公旦懼康叔齒少，乃申告康叔曰：「必求殷之賢人君子長者，問其先殷所以興，所以亡，而務愛民。」告以紂所以亡者以淫於酒，酒之失，婦人是用，故紂之亂自此始。爲梓材，【一】示君子可法則。故謂之康誥、酒誥、梓材以命之。康叔之國，既以此命，能和集其民，民大説。

【一】正義若梓人爲材，君子觀爲法則也。梓，匠人也。

成王長，用事，舉康叔爲周司寇，賜衞寶祭器，【一】以章有德。

【一】集解左傳曰：「分康叔以大路、大旂、少帛、綪茷、旃旌、大呂。」賈逵曰：「大路，金路也【一】。少帛，雜帛也。綪茷，大赤也。通帛爲旃，析羽爲旌。大呂，鍾名。」鄭衆曰：「綪茷，旆名也。」

康叔卒，子康伯代立。【一】康伯卒，子考伯立。考伯卒【二】，子嗣伯立。嗣伯卒，子㢟【二】伯立。【三】㢟伯卒，子靖伯立。靖伯卒，子貞伯立。【四】貞伯卒，子頃侯立。

【一】索隱系本康伯名髡。宋忠曰：「即王孫牟也，事周康王爲大夫。」按：左傳所稱王孫牟父是也。「牟」「髡」聲相近，故不同耳。譙周古史考無康伯，而云子牟伯立，蓋以不宜父子俱謚康，故因其名云牟伯也。

【二】集解史記音隱曰：「音捷。」

【三】索隱系本作「摰伯」。

【四】索隱系本作「箕伯」。

頃侯厚賂周夷王，夷王命衞爲侯。【一】頃侯立十二年卒，子釐侯立。

【一】索隱按：康誥稱命爾侯于東土，又云「孟侯，朕其弟，小子封」，則康叔初封已爲侯也。比子康伯即稱伯者，謂方伯之伯耳，非至子即降爵爲伯也。故孔安國曰「孟，長也。五侯之長，謂方伯」。方伯，州牧也，故五代孫祖恒爲方伯耳。至頃侯德衰，不監諸侯，乃從本爵而稱侯，非是至子即削爵，及頃侯賂夷王而稱侯也。

釐侯十三年，周厲王出犇于彘，共和行政焉。二十八年，周宣王立。

四十二年，釐侯卒，太子共伯餘立爲君。共伯弟和有寵於釐侯，多予之賂；和以其賂賂士，以襲攻共伯於墓上，共伯入釐侯羨【一】自殺。衞人因葬之釐侯旁，謚曰共伯，而立和爲衞侯，是爲武公。【二】

【一】索隱音延。延，墓道。又音以戰反。恭伯名餘也。

【二】索隱和殺恭伯代立，此説蓋非也。按：季札美康叔、武公之德。又國語稱武公年九十五矣，猶箴誡於國，恭恪于朝，倚几有誦〔三〕，至于没身，謂之叡聖。又詩著衛世子恭伯蚤卒，不云被殺。若武公殺兄而立，豈可以爲訓而形之于國史乎？蓋太史公採雜説而爲此記耳。

武公即位，修康叔之政，百姓和集。四十二年，犬戎殺周幽王，武公將兵往佐周平戎，甚有功，周平王命武公爲公。五十五年，卒，子莊公揚立。

莊公五年，取齊女爲夫人，好而無子。又取陳女爲夫人，生子，蚤死。陳女女弟亦幸於莊公，而生子完。【一】完母死，莊公令夫人齊女子之，【二】立爲太子。莊公有寵妾，生子州吁。十八年，州吁長，好兵，莊公使將。石碏諫莊公曰：【三】「庶子好兵，使將，亂自此起。」不聽。二十三年，莊公卒，太子完立，是爲桓公。

【一】索隱女弟，戴嬀也。子桓公完爲州吁所殺，戴嬀歸陳，詩燕燕于飛之篇是。

【二】索隱子之，謂養之爲子也。齊女即莊姜也。詩碩人篇美之是也〔四〕。

【三】集解賈逵曰：「石碏，衛上卿。」

桓公二年，弟州吁驕奢，桓公絀之，州吁出犇。十三年，鄭伯弟段攻其兄，不勝，亡，而州吁求與之友。十六年，州吁收聚衛亡人以襲殺桓公，州吁自立爲衛君。爲鄭伯弟段欲伐鄭，請宋、陳、蔡與俱，三國皆許州吁。州吁新立，好兵，弑桓公，衛人皆不愛。石碏乃因桓公母家於陳，詳爲善州吁。至鄭郊，石碏與陳侯共謀，使右宰醜進食，因殺州吁于濮，【一】而迎桓公弟晉於邢而立之，【二】是爲宣公。

【一】集解服虔曰：「右宰醜，衞大夫。濮，陳地。」索隱賈逵曰：「濮，陳地。」按：濮水首受河，又受汴，汴亦受河，東北至離狐分爲二，俱東北至鉅野入濟。則濮在曹衞之閒，賈言陳地，非也。若據地理志陳留封丘縣濮水受泲，當言陳留水也。

【二】集解賈逵曰：「邢，周公之胤，姬姓國。」

宣公七年，魯弑其君隱公。九年，宋督弑其君殤公及孔父。十年，晉曲沃莊伯弑其君哀侯。

十八年。初，宣公愛夫人夷姜，夷姜生子伋，以爲太子，而令右公子傅之。右公子爲太子取齊女，未入室，而宣公見所欲爲太子婦者好，説而自取之，更爲太子取他女。宣公得齊女，生子壽、子朔，令左公子傅之。【一】太子伋母死，宣公正夫人與朔共讒惡太子伋。宣公自以其奪太子妻也，心惡太子，欲廢之。及聞其惡，大怒，乃使太子伋於齊而令盜遮界上殺之，【二】與太子白旄，而告界盜見持白旄者殺之。且行，子朔之兄壽，太子異母弟也，知朔之惡太子而君欲殺之，乃謂太子曰：「界盜見太子白旄，即殺太子，太子可毋行。」

太子曰：「逆父命求生，不可。」遂行。壽見太子不止，乃盜其白旄而先馳至界。界盜見其驗，即殺之。壽已死，而太子伋又至，謂盜曰：「所當殺乃我也。」盜并殺太子伋，以報宣公。宣公乃以子朔爲太子。十九年，宣公卒，太子朔立，是爲惠公。

【二】集解杜預曰：「左右媵之子，因以爲號。」

【三】正義左傳云衞宣公使太子伋之齊，「使盜待諸莘，將殺之」。杜預云「莘，衞地」。

左右公子不平朔之立也，惠公四年，左右公子怨惠公之讒殺前太子伋而代立，乃作亂，攻惠公，立太子伋之弟黔牟爲君，惠公犇齊。

衞君黔牟立八年，齊襄公率諸侯奉王命共伐衞，納衞惠公，誅左右公子。衞君黔牟犇于周，惠公復立。惠公立三年出亡，亡八年復入，與前通年凡十三年矣。

二十五年，惠公怨周之容舍黔牟，與燕伐周。周惠王犇温，衞、燕立惠王弟穨爲王。二十九年，鄭復納惠王。三十一年，惠公卒，子懿公赤立。

懿公即位，好鶴，【一】淫樂奢侈。九年，翟伐衞，衞懿公欲發兵，兵或畔。大臣言曰：「君好鶴，鶴可令擊翟。」翟於是遂入，殺懿公。

【一】正義括地志云：「故鶴城在滑州匡城縣西南十五里。左傳云『衞懿公好鶴，鶴有乘軒者【五】。狄伐衞，公欲戰，國人受甲者皆曰「使鶴，鶴實有禄位，余焉能戰」！』俗傳懿公養鶴於此城，因名也。」

懿公之立也，百姓大臣皆不服。自懿公父惠公朔之讒殺太子伋代立至於懿公，常欲敗之，卒滅惠公之後而更立黔牟之弟昭伯頑之子申爲君，是爲戴公。

戴公申元年卒。齊桓公以衛數亂，乃率諸侯伐翟，爲衛築楚丘，【一】立戴公弟燬爲衛君，【二】是爲文公。文公以亂故犇齊，齊人入之。

【一】正義括地志云：「城武縣有楚丘亭。」

【二】集解賈誼書曰：「衛侯朝於周，周行人問其名，答曰：『衛侯辟疆。』周行人還之，曰：『啓疆、辟疆，天子之號，諸侯弗得用。』衛侯更其名曰燬，然後受之。」正義燬音毁。

初，翟殺懿公也，衛人憐之，思復立宣公前死太子伋之後，伋子又死，而代伋死者子壽又無子。太子伋同母弟二人：其一曰黔牟，黔牟嘗代惠公爲君，八年復去；其二曰昭伯。昭伯、黔牟皆已前死，故立昭伯子申爲戴公。戴公卒，復立其弟燬爲文公。

文公初立，輕賦平罪，【一】身自勞，與百姓同苦，以收衛民。

【一】索隱輕賦稅，平斷刑也。平，或作「卒」。卒謂士卒也。罪字連下讀，蓋亦一家之義耳。

十六年，晉公子重耳過，無禮。十七年，齊桓公卒。二十五年，文公卒，子成公鄭立。

成公三年，晉欲假道於衞救宋，成公不許。晉更從南河度，【一】救宋。徵師於衞，衞大夫欲許，成公不肯。大夫元咺攻成公，成公出犇。【二】晉文公重耳伐衞，分其地予宋，討前過無禮及不救宋患也。衞成公遂出犇陳。【三】二歲，如周求入，與晉文公會。晉使人鴆衞成公，成公私於周主鴆，令薄，得不死。【四】已而周爲請晉文公，卒入之衞，而誅元咺，衞君瑕出犇。【五】七年，晉文公卒。十二年，成公朝晉襄公。十四年，秦穆公卒。二十六年，齊邴歜弒其君懿公。【六】三十五年，成公卒，【七】子穆公遬立。【八】

【一】集解服虔曰：「南河，濟南之東南流河也。」杜預曰：「從汲郡南度，出衞南。」

【二】索隱犇楚。正義咺，況遠反。

【三】索隱按：左傳「衞侯聞楚師敗，懼，出奔楚，遂適陳」是。

【四】索隱按：私謂賂之也。

【五】索隱是元咺所立者，成公入而殺之，故僖三十年經云「衞殺其大夫元咺及公子瑕」。此言「奔」，非也。

【六】索隱邴歜與左氏同，而齊系家作「邴戎」者，蓋邴歜掌御戎車，故號邴戎。邴音丙。歜亦作「鄙」。

【七】集解世本曰：「成公徙濮陽。」宋忠曰：「濮陽，帝丘，地名。」

【八】正義遬音速。

穆公二年，楚莊王伐陳，殺夏徵舒。三年，楚莊王圍鄭，鄭降，復釋之。十一年，孫良夫救魯伐齊，復得侵地。穆公卒，子定公臧立。定公十二年卒，子獻公衎立。

獻公十三年，公令師曹教宮妾鼓琴，【一】妾不善，曹笞之。妾以幸惡曹於公，公亦笞曹三百。十八年，獻公戒孫文子、甯惠子食，皆往。日旰不召，【二】而去射鴻於囿。二子從之，【三】公不釋射服與之言。【四】二子怒，如宿。【五】孫文子子數侍公飲，【六】使師曹歌巧言之卒章。【七】師曹又怒公之嘗笞三百，乃歌之，欲以怒孫文子，報衛獻公。文子語蘧伯玉，伯玉曰：「臣不知也。」【八】遂攻，出獻公。獻公犇齊，齊置衛獻公於聚邑。孫文子、甯惠子共立定公弟秋【九】爲衛君，是爲殤公。

【一】集解賈逵曰：「師曹，樂人。」

【二】集解服虔曰：「孫文子，林父也。甯惠子，甯殖也。敕戒二子，欲共晏食，皆服朝衣待命。旰，晏也。」

【三】集解服虔曰：「從公於囿。」

【四】集解左傳曰：「不釋皮冠。」

【五】集解服虔曰：「孫文子邑也。」　索隱左傳作「戚」，此亦音戚也。

【六】集解左傳曰文子子即孫蒯也。

【七】集解杜預曰：「巧言，詩小雅也。其卒章曰：『彼何人斯？居河之麋。無拳無勇，職爲亂階。』公欲以譬文子居河上而爲亂。」

【八】集解賈逵曰：「伯玉，衞大夫。」

【九】集解徐廣曰：「班氏云獻公弟焱。」　索隱左傳作「剽」，古今人表作「焱」，蓋音相亂，字易改耳。音方遥反，又匹妙反。

殤公秋立，封孫文子林父於宿。十二年，甯喜與孫林父爭寵相惡，殤公使甯喜攻孫林父。林父犇晉，復求入故衞獻公。獻公在齊，齊景公聞之，與衞獻公如晉求入。晉爲伐衞，誘與盟。衞殤公會晉平公，平公執殤公與甯喜而復入衞獻公。獻公亡在外十二年而入。

獻公後元年，誅甯喜。

三年，吴延陵季子使過衞，見蘧伯玉、史鰌，曰：「衞多君子，其國無故。」過宿，孫林父爲擊磬，曰：「不樂，音大悲，使衞亂乃此矣。」是年，獻公卒，子襄公惡立。

襄公六年，楚靈王會諸侯，襄公稱病不往。

九年，襄公卒。初，襄公有賤妾，幸之，有身，夢有人謂曰：「我康叔也，令若子必有衞，名而子曰『元』。」妾怪之，問孔成子。【一】成子曰：「康叔者，衞祖也。」及生子，男也，以告襄公。襄公曰：「天所置也。」名之曰元。襄公夫人無子，於是乃立元爲嗣，是爲靈公。

【一】集解服虔曰：「衞卿孔烝鉏。」

靈公五年，朝晉昭公。六年，楚公子弃疾弒靈王自立，爲平王。十一年，火。

三十八年，孔子來，禄之如魯。後有隙，孔子去。後復來。

三十九年，太子蒯聵與靈公夫人南子有惡，【一】欲殺南子。蒯聵與其徒戲陽遬謀，朝，使殺夫人。【二】戲陽後悔，不果。蒯聵數目之，夫人覺之，懼，呼曰：【三】「太子欲殺我！」靈公怒，太子蒯聵犇宋，已而之晉趙氏。

【一】集解賈逵曰：「南子，宋女。」

【二】集解賈逵曰：「戲陽遬，太子家臣。」正義戲音羲。

【三】正義呼，火故反。

四十二年春，靈公游于郊，令子郢僕。【一】郢，靈公少子也，字子南。靈公怨太子出犇，謂郢曰：「我將立若爲後。」郢對曰：「郢不足以辱社稷，君更圖之。」【二】夏，靈公卒，夫人命子郢爲太子，曰：「此靈公命也。」郢曰：「亡人太子蒯聵之子輒在也，不敢當。」於是衞乃以輒爲君，是爲出公。

【一】集解賈逵曰：「僕，御也。」

【二】集解服虔曰：「郢自謂己無德，不足立以污辱社稷。」

六月乙酉，趙簡子欲入蒯聵，乃令陽虎詐命衞十餘人衰絰歸，【一】簡子送蒯聵。衞人聞之，發兵擊蒯聵。蒯聵不得入，入宿而保，衞人亦罷兵。

【一】集解服虔曰：「衰絰，爲若從衞來迎太子也。」

出公輒四年，齊田乞弑其君孺子。八年，齊鮑子弑其君悼公。

孔子自陳入衞。九年，孔文子問兵於仲尼，仲尼不對。其後魯迎仲尼，仲尼反魯。

十二年。初，孔圉文子取太子蒯聵之姊，生悝。孔氏之豎渾良夫美好，孔文子卒，良夫通於悝母。太子在宿，悝母使良夫於太子。太子與良夫言曰：「苟能入我國，報子以乘軒，免子三死，毋所與。」【一】與之盟，許以悝母爲妻。閏月，良夫與太子入，舍孔氏之外圃。〔二〕昏，二人蒙衣而乘，〔三〕宦者羅御，如孔氏。孔氏之老欒甯問之，〔四〕稱姻妾以告。〔五〕遂入，適伯姬氏。〔六〕既食，悝母杖戈而先，〔七〕太子與五人介，輿猳從之。〔八〕伯姬劫悝於廁，彊盟之，遂劫以登臺。〔九〕欒甯將飲酒，炙未熟，聞亂，使告仲由。〔一〇〕召護駕乘車，〔一一〕行爵食炙，〔一二〕奉出公輒犇魯。〔一三〕

〔一〕集解杜預曰：「軒，大夫車也。三死，死罪三。」正義杜預云：「三罪，紫衣、袒裘、帶劍也。」紫衣，君服也。熱，故偏袒，不敬也。衞侯求令名者與之食焉，太子請使良夫，良夫紫衣狐裘，不釋劍而食，太子使牽退，數之罪而殺之。

〔二〕集解服虔曰：「圃，園。」

〔三〕集解服虔曰：「二人謂良夫、太子。蒙衣，爲婦人之服，以巾蒙其頭而共乘也。」

〔四〕集解服虔曰：「家臣稱老。問其姓名。」

〔五〕集解賈逵曰：「婚姻家妾也。」

〔六〕集解服虔曰：「入孔氏家，適伯姬所居。」

〔七〕集解服虔曰：「先至孔悝所。」

〔八〕集解賈逵曰：「介，被甲也。輿猳豚，欲以盟〔六〕。」

〔九〕集解服虔曰：「於衞臺上召衞羣臣。」

【一〇】集解服虔曰：「季路爲孔氏邑宰，故告之。」

【一一】集解服虔曰：「召護，衛大夫。駕乘車，不駕兵車也，言無距父之意。」

【一二】集解服虔曰：「欒甯使召季路，乃行爵食炙。」

【一三】集解服虔曰：「召護奉衛侯。」

仲由將入，遇子羔將出，【一】曰：「門已閉矣。」子路曰：「吾姑至矣。」【二】子羔曰：「不及，莫踐其難。」【三】子路曰：「食焉不辟其難。」【四】子羔遂出。子路入，及門，公孫敢闔門，曰：「毋入爲也！」【五】子路曰：「是公孫也？求利而逃其難。由不然，利其祿，必救其患。」有使者出，子路乃得入。曰：「太子焉用孔悝？雖殺之，必或繼之。」【六】且曰：「太子無勇。若燔臺，必舍孔叔。」太子聞之，懼，下石乞、盂黶敵子路，【七】以戈擊之，割纓。子路曰：「君子死，冠不免〔七〕。」【八】結纓而死。【九】孔子聞衛亂，曰：「嗟乎！柴也其來乎？由也其死矣。」孔悝竟立太子蒯聵，是爲莊公。

【一】集解賈逵曰：「子羔，衛大夫高柴，孔子弟子也。將出犇。」

【二】集解杜預曰：「且欲至門。」

【三】集解賈逵曰：「言家臣憂不及國，不得踐履其難。」鄭衆曰：「是時輒已出，不及事，不當踐其難。子羔言不及，以爲季路欲死國也。」

【四】集解服虔曰：「言食悝之禄，欲救悝之難，此明其不死國也。」

【五】集解服虔曰：「公孫敢，衛大夫。言輒已出，無爲復入。」

【六】集解王肅曰：「必有繼續其後攻太子。」

【七】集解服虔曰：「二子蒯聵之臣。敵，當也。」正義燔音煩。舍音捨。黶音乙減反。

【八】集解服虔曰：「不使冠在地〔八〕。」

【九】正義纓，冠綏也。

莊公蒯聵者，出公父也，居外，怨大夫莫迎立。元年即位，欲盡誅大臣，曰：「寡人居外久矣，子亦嘗聞之乎？」羣臣欲作亂，乃止。

二年，魯孔丘卒。

三年，莊公上城，見戎州。【一】曰：「戎虜何爲是？」戎州病之。十月，戎州告趙簡子，簡子圍衛。十一月，莊公出犇，【二】衛人立公子斑師爲衛君。【三】齊伐衛，虜斑師，更立公子起爲衛君。【四】

【一】集解賈逵曰：「戎州，戎人之邑。」索隱左傳曰「戎州人攻之」是也。隱二年「公會戎于潛」，杜預云「陳留濟陽縣東南有戎城」。濟陽與衛相近，故莊公登臺望見戎州。又七年云「戎伐凡伯于楚丘」，是戎近衛。

【二】索隱按：左傳，莊公本由晉趙氏納之，立而背晉，晉伐衞，衞人出莊公，立公子般師。晉師退，莊公復入，般師出奔。初，公登城，見戎州己氏之妻髮美，髡之，以爲夫人髢。又欲翦戎州，兼逐石圃，故石圃攻莊公。莊公懼，踰北牆折股，入己氏，己氏殺之。今系家不言莊公復入及死己氏，直云出奔，亦其疏也。又左傳云衞復立般師，齊伐衞，立公子起，執般師。明年，衞石圃逐其君起，起奔齊，出公輒復歸。是左氏詳而系家略也。

【三】集解左傳曰：斑師，襄公之孫。

【四】集解服虔曰：「起，靈公子。」

衞君起元年，衞石曼尃逐其君起，【一】起犇齊。衞出公輒自齊復歸立。初，出公立十二年亡，亡在外四年復入。出公後元年，賞從亡者。立二十一年卒，【二】出公季父黔攻出公子而自立，是爲悼公。

【一】索隱左傳作「石圃」，此作「尃」，音圃，又音徒和反。尃，或作「專」。諸本或無「曼」字。

【二】索隱按：出公初立十二年，亡在外四年，復入九年卒，是立二十一年。自即位至卒，凡經二十五年而卒于越。

悼公五年卒，【一】子敬公弗立。【二】敬公十九年卒，子昭公糾立。【三】是時三晉彊，衞

如小侯，屬之。【四】

【一】索隱按：紀年云「四年卒于越」。系本名虔。

【二】集解世本云敬公費也。索隱系本「弗」作「費」。

【三】索隱系本云敬公生㯳公舟，非也。

【四】正義屬趙也。

昭公六年，公子亹【一】弑之代立，是爲懷公。懷公十一年，公子穨弑懷公而代立，是爲慎公。慎公父，公子適；【二】適父，敬公也。慎公四十二年卒，子聲公訓立。【三】聲公十一年卒，子成侯遬【四】立。

【一】正義音尾。

【二】索隱音的。按：系本「適」作「虔」。虔，悼公也。

【三】索隱訓，亦作「馴」，同休運反。系本作「聖公馳」。

【四】索隱音速。系本作「不逝」。按：上穆公已名遬，不可成侯更名，則系本是。

成侯十一年，公孫鞅入秦。【一】十六年，衞更貶號曰侯。

【一】索隱按：秦本紀云孝公元年鞅入秦，又按年表，成侯與秦孝公同年，然則「十一年」當爲「元年」，字誤耳。

二十九年，成侯卒，子平侯立。平侯八年卒，子嗣君立。【一】

【一】索隱按：樂資據紀年，以嗣君即孝襄侯也。

嗣君五年，更貶號曰君，獨有濮陽。

四十二年卒，子懷君立。懷君三十一年，朝魏，魏囚殺懷君。魏更立嗣君弟，是爲元君。元君爲魏壻，故魏立之。【二】元君十四年，秦拔魏東地，【三】秦初置東郡，更徙衛野王縣，【三】而并濮陽爲東郡。二十五年，元君卒，子君角立。【四】

【一】集解徐廣曰：「班氏云元君者，懷君之弟。」

【二】索隱魏都大梁，濮陽、黎陽並是魏之東地，故立郡名東郡也。

【三】索隱按年表，元君十一年秦置東郡，十二年衛徙野王，與此不同也。

【四】集解年表云元君十一年秦置東郡，十二年徙野王，二十三年卒。

君角九年，秦并天下，立爲始皇帝。二十一年，二世廢君角爲庶人，衛絶祀。

太史公曰：余讀世家言，至於宣公之太子以婦見誅，弟壽爭死以相讓，此與晉太子申生不敢明驪姬之過同，俱惡傷父之志。然卒死亡，何其悲也！或父子相殺，兄弟相滅，亦獨何哉？

【索隱述贊】司寇受封，梓材有作。成錫厥器，夷加其爵。暨武能脩，從文始約。詩美歸燕，傳矜石碏。皮冠射鴻，乘軒使鶴。宣縱淫嬖，釁生伋、朔。蒯聵得罪，出公行惡。衞祚日衰，失於君角。

校勘記

〔一〕金路　原作「全路」，據景祐本、紹興本、耿本、黄本、彭本、柯本、凌本、殿本改。

〔二〕子考伯立考伯卒　兩「考伯」，殿本皆作「孝伯」。梁玉繩志疑卷二〇：「世表、人表作『孝伯』，詩疏引史亦作『孝』，則今本譌爲『考伯』也。」

〔三〕倚几有誦　耿本、黄本、彭本、柯本、凌本、殿本作「作抑自儆」。按：國語楚語上「於是乎作懿戒以自儆也」，韋昭注：「懿，詩大雅抑之篇也。『懿』，讀之曰『抑』」，毛詩序曰：『抑，衞武公刺厲王，亦以自儆也。』」

〔四〕美之　耿本、黄本、彭本、柯本、凌本、殿本作「閔之」。按：詩衞風碩人序：「碩人，閔莊姜也。莊公惑於嬖妾，使驕上僭。莊姜賢而不荅，終以無子，國人閔而憂之。」

〔五〕衛懿公好鶴鶴有乘軒者　「鶴」字原不重。左傳閔公二年重「鶴」字，今據補。

〔六〕欲以盟　此下原有「故也」二字，據景祐本、紹興本、耿本、黄本、柯本、凌本删。按：左傳哀公十五年「輿豭從之」杜預注：「輿豭豚，欲以盟。」

〔七〕割纓子路曰君子死冠不免　此十一字原無，據景祐本、紹興本、耿本、黄本、彭本、柯本、凌本、殿本補。

〔八〕此條集解原無，據景祐本、紹興本、耿本、黄本、彭本、柯本、凌本、殿本補。

史記卷三十八

宋微子世家第八

微子開者，〔一〕殷帝乙之首子而帝紂之庶兄也。〔二〕紂既立，不明，淫亂於政，微子數諫，紂不聽。及祖伊以周西伯昌之修德，滅阢國〔一〕，〔三〕懼禍至，以告紂。紂曰：「我生不有命在天乎？是何能爲！」於是微子度紂終不可諫，欲死之及去，未能自決，乃問於太師、少師〔四〕曰：「殷不有治政，不治四方。〔五〕我祖遂陳於上，〔六〕紂沈湎於酒，婦人是用，亂敗湯德於下。〔七〕殷既小大好草竊姦宄，〔八〕卿士師師非度，〔九〕皆有罪辜，乃無維獲，〔一〇〕小民乃並興，相爲敵讎。〔一一〕今殷其典喪！若涉水無津涯。〔一二〕殷遂喪，越至于今。」〔一三〕曰：「太師，少師，〔一四〕我其發出往？〔一五〕吾家保于喪？〔一六〕今女無故告〔一七〕予，顛躋，如之何其？」〔一八〕太師若曰：「王子，天篤下菑亡殷國，〔一九〕乃毋畏畏，不用老長。〔二〇〕今殷民乃陋淫神祇之祀。〔二一〕今誠得治國，國治身死不恨。爲死，終不得治，不如去。」

遂亡。

【一】集解孔安國曰：「微，畿內國名。子，爵也。爲紂卿士。」索隱按：尚書微子之命篇云「命微子啓代殷後」，今此名開者，避漢景帝諱也。

【二】索隱按：尚書亦以爲殷王元子而是紂之兄。按：呂氏春秋云生微子時母猶爲妾，及爲妃而生紂。故微子爲紂同母庶兄。

【三】集解徐廣曰：「阢音耆。」索隱阢音耆，耆即黎也。鄒誕本云「黿音黎」。孔安國云「黎在上黨東北，即今之黎亭是也」。

【四】集解孔安國曰：「太師，三公，箕子也。少師，孤卿，比干也。」

【五】集解孔安國曰：「言殷不有治政四方之事，將必亡也。」

【六】集解馬融曰：「我祖，湯也。」孔安國曰：「言湯遂其功，陳力於上世也。」

【七】集解馬融曰：「下，下世也。」

【八】集解孔安國曰：「草野盜竊，又爲姦宄於外內。」

【九】集解馬融曰：「非但小人學爲姦宄，卿士已下轉相師效，爲非法度。」

【一〇】集解鄭玄曰：「獲，得也。羣臣皆有是罪，其爵禄又無常得之者。言屢相攻奪。」

【一一】集解孔安國曰：「卿士既亂，而小民各起，共爲敵讎。言不和同。」

【一二】集解徐廣曰：「一作『涉水無舟航』〔一〕，言危也。」駰謂典，國典也。索隱尚書「典」作

「淪」，篆字變易，其義亦殊。裴駰曰「典，國典也」〔三〕。喪音息浪反。

【一三】集解馬融曰：「越，於也。於是至矣，於今到矣。」

【一四】集解馬融曰：「重呼告之。」

【一五】集解鄭玄曰：「發，起也。紂禍敗如此，我其起作出往也。」索隱往，尚書作「狂」，蓋亦今文尚書意異耳。

【一六】集解徐廣曰：「一云『於是家保』。」駰案：馬融曰「卿大夫稱家」。

【一七】集解王肅曰：「無意告我也，是微子求教誨也。」

【一八】集解馬融曰：「躋猶墜也。恐顛墜於非義，當如之何也。」鄭玄曰：「其，語助也。齊魯之閒聲如『姬』。記曰『何居』〔四〕。」

【一九】集解孔安國曰：「微子，帝乙子，故曰『王子』。天生紂爲亂，是下菑也。」鄭玄曰：「少師不答，志在必死。」正義菑音災。

【二〇】集解孔安國曰：「上不畏天菑，下不畏賢人，違戾耇老之長，不用其教。」

【二一】集解徐廣曰：「一云『今殷民侵神犧』，又一云『陋淫侵神祇』。」駰案：馬融曰「天曰神，地曰祇」。索隱陋淫，尚書作「攘竊」。劉氏云「陋淫猶輕穢也」。

箕子者，【一】紂親戚也。【二】紂始爲象箸，【三】箕子歎曰：「彼爲象箸，必爲玉桮；爲栝，則必思遠方珍怪之物而御之矣。輿馬宮室之漸自此始，不可振也。」紂爲淫泆，箕子諫，不聽。人或曰：「可以去矣。」箕子曰：「爲人臣諫不聽而去，是彰君之惡而自說於民，吾不忍爲也。」乃被髮詳狂而爲奴。遂隱而鼓琴以自悲，故傳之曰箕子操。【四】

【一】集解馬融曰：「箕，國名也。子，爵也。」

【二】索隱箕，國；子，爵也。司馬彪曰「箕子名胥餘」。馬融、王肅以箕子爲紂之諸父。服虔、杜預以爲紂之庶兄。杜預云「梁國蒙縣有箕子冢」。

【三】索隱箸音持略反。按：下云「爲象箸必爲玉杯」，杯箸事相近，周禮六尊有犧、象、著、壺、泰、山。著尊者，著地無足是也。劉氏音直慮反，則杯箸亦食用之物，亦並通。

【四】集解風俗通義曰：「其道閉塞憂愁而作者，命其曲曰操。操者，言遇菑遭害，困厄窮迫，雖怨恨失意，猶守禮義，不懼不懾，樂道而不改其操也。」

王子比干者，亦紂之親戚也。見箕子諫不聽而爲奴，則曰：「君有過而不以死爭，則百姓何辜！」乃直言諫紂。紂怒曰：「吾聞聖人之心有七竅，信有諸乎？」乃遂殺王子比干，刳視其心。

微子曰：「父子有骨肉，而臣主以義屬。故父有過，子三諫不聽，則隨而號之；人臣三諫不聽，則其義可以去矣。」於是太師、少師乃勸微子去，遂行〔五〕。【一】

【一】集解時比干已死，而云少師者，似誤。

周武王伐紂克殷，微子乃持其祭器造於軍門，肉袒面縛，【一】左牽羊，右把茅，膝行而前以告。於是武王乃釋微子，復其位如故。

【一】索隱肉袒者，袒而露肉也。面縛者，縛手于背而面向前也。劉氏云「面即背也」，義亦稍迂。

武王封紂子武庚祿父以續殷祀，使管叔、蔡叔傅相之。

武王既克殷，訪問箕子。

武王曰：「於乎！維天陰定下民，相和其居，【一】我不知其常倫所序。」【二】

【一】集解孔安國曰：「天不言而默定下民，助合其居，使有常生之資也。」

【二】集解孔安國曰：「言我不知天所以定民之常道理次序，問何由。」

箕子對曰：「在昔鯀陻鴻水，汨陳其五行，【一】帝乃震怒，不從鴻範九等，常倫所斁。【二】鯀則殛死，禹乃嗣興。【三】天乃錫禹鴻範九等，常倫所序。【四】

【一】集解孔安國曰：「陻，塞；汨，亂也。治水失道，是亂陳五行。」

【二】集解徐廣曰：「一作『釋』。」駰案：鄭玄曰「帝，天也。天以鯀如是，乃震動其威怒，不與天道大法九類，言王所問所由敗也」。

【三】集解鄭玄曰：「春秋傳曰『舜之誅也殛鯀，其舉也興禹』。」

【四】集解孔安國曰：「天與禹洛出書也。神龜負文而出，列於背，有數至于九，禹遂因而第之，以成九類。」

「初一曰五行；二曰五事；三曰八政；四曰五紀；五曰皇極；六曰三德；七曰稽疑；八曰庶徵；九曰嚮用五福，畏用六極。【一】

【一】集解馬融曰：「言天所以畏懼人用六極。」

「五行：一曰水，二曰火，三曰木，四曰金，五曰土。【一】水曰潤下，火曰炎上，【二】木曰曲直，【三】金曰從革，【四】土曰稼穡。【五】潤下作鹹，【六】炎上作苦，【七】曲直作酸，【八】從革作辛，【九】稼穡作甘。【一〇】

【一】集解鄭玄曰：「此數本諸陰陽所生之次也。」

【二】集解孔安國曰：「言其自然之常性也。」

【三】集解孔安國曰：「木可揉使曲直也。」

【四】集解馬融曰：「金之性從人，而更可銷鑠。」

【五】集解王肅曰：「種之曰稼，斂之曰穡。」

【六】集解孔安國曰：「水鹵所生。」

【七】集解孔安國曰：「焦氣之味。」

【八】集解孔安國曰：「木實之性。」

【九】集解孔安國曰：「金氣之味〔六〕。」

【一〇】集解孔安國曰：「甘味生於百穀。五行以下，箕子所陳。」

「五事：一曰貌，二曰言，三曰視，四曰聽，五曰思。貌曰恭，言曰從，【一】視曰明，聽曰聰，思曰睿。【二】恭作肅，從作治，【三】明作智，聽作謀，【四】睿作聖。【五】

【一】集解馬融曰：「發言當使可從。」

【二】集解馬融曰：「睿，通也。」

【三】集解馬融曰：「出令而從，所以爲治也。」

【四】集解孔安國曰：「所謀必成審也〔七〕。」馬融曰：「上聽則下進其謀。」

【五】集解孔安國曰：「於事無不通，謂之聖。」

「八政：一曰食，二曰貨，三曰祀，四曰司空，【一】五曰司徒，【二】六曰司寇，【三】七曰賓，【四】八曰師。【五】

【一】集解馬融曰：「司空，掌營城郭，主空土以居民。」

【二】集解孔安國曰：「主徒衆，教以禮義。」

【三】集解馬融曰：「主誅寇害。」

【四】集解鄭玄曰：「掌諸侯朝覲之官。」

【五】集解鄭玄曰：「掌軍旅之官。」

「五紀：一曰歲，二曰月，三曰日，四曰星辰，【一】五曰曆數。【二】

【一】集解馬融曰：「星，二十八宿。辰，日月之所會也。」鄭玄曰：「星，五星也。」

【二】集解孔安國曰：「曆數，節氣之度。以爲曆數，敬授民時。」

「皇極：皇建其有極，【一】斂時五福，用傅錫其庶民，【二】維時其庶民于女極，【三】錫女保極。【四】凡厥庶民，毋有淫朋，人毋有比德，維皇作極。【五】凡厥庶民，有猷有爲有守，女則念之。【六】不協于極，不離于咎，皇則受之。【七】而安而色，曰予所好德，女則錫之福。【八】時人斯其維皇之極。【九】毋侮鰥寡而畏高明。【一〇】人之有能有爲，使羞其行，而國其昌。【一一】凡厥正人，既富方穀。【一二】女不能使有好于而家，時人斯其辜。【一三】于其毋好，女雖錫之福，其作女用咎。【一四】毋偏毋頗，遵王之義。【一五】毋有作好，遵王之道。【一六】毋有作惡，遵王之路。毋偏毋黨，王道蕩蕩。【一七】毋黨毋偏，王道平平。【一八】毋反毋側，王道正直。【一九】會其有極，〔二〇〕歸其有極。〔二一〕曰王極之傅言，〔二二〕是夷是訓，于帝其順。〔二三〕凡厥庶民，極之傅言，〔二四〕是順是行，〔二五〕以近天子之光。〔二六〕曰天子作民父母，以爲天下王。〔二七〕

〔一〕集解孔安國曰：「太中之道，大立其有中，謂行九疇之義。」

〔二〕集解馬融曰：「當斂是五福之道，用布與衆民。」

〔三〕集解馬融曰：「以其能斂是五福，故衆民於汝取中正以歸心也。」

〔四〕集解鄭玄曰：「又賜女以守中之道。」

〔五〕集解孔安國曰：「民有善則無淫過朋黨之惡、比周之德，惟天下皆大爲中正也。」

〔六〕集解馬融曰：「凡其衆民有謀有爲，有所執守，當思念其行有所趣舍也。」

〔七〕集解孔安國曰：「凡民之行雖不合於中，而不罹於咎惡，皆可進用大法受之。」

〔八〕集解孔安國曰：「女當安女顏色，以謙下人。人曰我所好者德也，女則與之爵禄。」

〔九〕集解孔安國曰：「不合于中之人，女與之福，則是人此其惟大之中，言可勉進也。」

〔一〇〕集解馬融曰：「高明顯寵者，不枉法畏之。」

〔一一〕集解王肅曰：「使進其行，任之以政，則國爲之昌。」

〔一二〕集解孔安國曰：「正直之人，既當爵禄富之，又當以善道接之。」

〔一三〕集解孔安國曰：「不能使正人有好於國家，則是人斯其詐取罪而去也。」

【一四】集解鄭玄曰："無好於女家之人，雖錫之以爵禄，其動作爲女用惡。謂爲天子結怨於民。"

【一五】集解孔安國曰："偏，不平；頗，不正。言當循先王正義以治民。"

【一六】集解馬融曰："好，私好也。"

【一七】集解孔安國曰："言開辟也。"鄭玄曰："黨，朋黨。"

【一八】集解孔安國曰："言辨治也。"

【一九】集解馬融曰："反，反道也。側，傾側也。"

【二〇】集解鄭玄曰："謂君也當會聚有中之人以爲臣也。"

【二一】集解鄭玄曰："謂臣也當就有中之君而事之。"

【二二】集解馬融曰："王者當盡極行之，使臣下布陳其言。"

【二三】集解馬融曰："是大中而常行之，用是教訓天下，於天爲順也。"

【二四】集解馬融曰："亦盡極敷陳其言於上也。"

【二五】集解王肅曰："民納言於上而得中者，則順而行之。"

【二六】集解王肅曰："近猶益也。順行民言，所以益天子之光。"

【二七】集解王肅曰："政教務中，民善是用，所以爲民父母，而爲天下所歸往。"

"三德：一曰正直，【一】二曰剛克，三曰柔克。【二】平康正直，【三】彊不友剛克，【四】内友柔克，【五】沈漸剛克，【六】高明柔克。【七】維辟作福，維辟作威，維辟玉食。【八】臣無有作福作威玉食。臣有作福作威玉食，其害于而家，凶于而國，人用側頗辟，民用僭忒。【九】

【一】集解鄭玄曰：「中平之人。」

【二】集解鄭玄曰：「克，能也。剛而能柔，柔而能剛，寬猛相濟，以成治立功。」

【三】集解孔安國曰：「世平安，用正直治之。」

【四】集解孔安國曰：「友，順也。世彊禦不順，以剛能治之。」

【五】集解孔安國曰：「世和順，以柔能治之也。」索隱內，當爲「燮」。燮，和也。

【六】集解馬融曰：「沈，陰也。潛，伏也。陰伏之謀，謂賊臣亂子非一朝一夕之漸，君親無將，將而誅。」索隱尚書作「沈潛」，此作「漸」字，其義當依馬注。

【七】集解馬融曰：「高明君子，亦以德懷也。」

【八】集解馬融曰：「辟，君也。玉食，美食。不言王者，關諸侯也。」鄭玄曰：「作福，專爵賞也。作威，專刑罰也。玉食，備珍美也。」

【九】集解孔安國曰：「在位不端平，則下民僭差。」

「稽疑：擇建立卜筮人。【一】乃命卜筮，曰雨，曰濟，曰涕，【二】曰霧，【三】曰克，曰貞，曰悔，凡七。卜五，占之用二，衍貣。【四】立時人爲卜筮，【五】三人占則從二人之言。【六】女則有大疑，謀及女心，謀及卿士，謀及庶人，謀及卜筮。【七】女則從，龜從，筮從，卿士從，庶民從，是之謂大同，【八】而身其康彊，而子孫其逢，吉。【九】女則從，龜從，筮從，卿士逆，庶民逆，吉。卿士從，龜從，筮從，女則逆，庶民逆，吉。庶民從，龜從，筮從，女則逆，卿士逆，吉。【一〇】女則從，龜從，筮逆，卿士逆，庶民逆，作內吉，作外凶。【一一】龜筮共違于人，用靜吉，用作凶。【一二】

【一】集解孔安國曰：「龜曰卜，蓍曰筮。考正疑事，當選擇知卜筮人而建立之。」

【二】集解尚書作「圛」。索隱涕音亦，尚書作「圛」。孔安國云「氣駱驛亦連續〔八〕」。今此文作「涕」，是涕泣亦相連之狀也。

【三】集解徐廣曰：「一曰『洟』，曰『被』。」索隱霧音蒙，然「蒙」與「霧」亦通。徐廣所見本「涕」作「洟」，「蒙」作「被」，義通而字變。

【四】集解鄭玄曰：「卜五占之用，謂雨、濟、圛、霧、克也。二衍貣，謂貞、悔也。將立卜筮人，乃先命名兆卦而分別之。兆卦之名凡七，龜用五，易用二。審此道者，乃立之也。雨者，兆之體氣如雨然也。濟者，如雨止之雲氣在上者也。圛者，色澤而光明也。霧者，氣不釋，鬱冥冥也。克者，如祲氣之色相犯也。內卦曰貞，貞，正也。外卦曰悔，悔之言晦也，晦猶終也。卦象多變，故言『衍貣』也。」

【五】集解鄭玄曰：「立是能分別兆卦之名者，以爲卜筮人。」

【六】集解鄭玄曰：「從其多者。蓍龜之道幽微難明，慎之深。」

【七】集解孔安國曰：「先盡謀慮，然後卜筮以決之。」

【八】集解孔安國曰：「大同於吉。」

【九】集解孔安國曰：「動不違衆，故後世遇吉也。」

【一〇】集解鄭玄曰：「此三者皆從多，故爲吉。」

【一一】集解鄭玄曰：「此逆者多，以故舉事於境内則吉，境外則凶。」

【一二】集解孔安國曰：「安以守常則吉，動則凶。」鄭玄曰：「龜筮皆與人謀相違，人雖三從，猶不可以舉事。」

「庶徵：曰雨，曰陽，曰奥，曰寒，曰風。曰時【一】五者來備，各以其序，庶草繁廡。【二】一極備，凶。一極亡，凶。【三】曰休徵：【四】曰肅，時雨若；【五】曰治，時暘若；【六】曰知，時奥若；【七】曰謀，時寒若；【八】曰聖，時風若。【九】曰咎徵：【一〇】曰狂，常雨若；【一一】曰僭，常暘若；【一二】曰舒，常奥若；【一三】曰急，常寒若；【一四】曰霧，常風若。【一五】王眚維歲，【一六】卿士維月，【一七】師尹維日。【一八】歲月日時毋易，【一九】百穀用成，治用明，【二〇】畯民用章，家用平康。【二一】日月歲時既易，百穀用不成，治用昏不明，畯民用微，家用不寧。庶民維星，【二二】星有好風，星有好雨。【二三】日月之行，有冬有夏。【二四】月之從星，則以風雨。【二五】

【一】集解孔安國曰：「雨以潤物，陽以乾物，煖以長物，寒以成物，風以動物。五者各以時，所以爲衆驗。」

【二】集解孔安國曰：「言五者備至，各以次序，則衆草木繁廡滋豐也。」

【三】集解孔安國曰：「一者備極過甚則凶，一者極無不至亦凶，謂其不時失敍之謂也。」

【四】集解孔安國曰：「敍美行之驗。」

【五】集解孔安國曰：「君行敬，則時雨順之。」

【六】集解孔安國曰：「君政治，則時暘順之。」

【七】集解孔安國曰：「君昭哲，則時煖順之〔九〕。」

【八】集解孔安國曰：「君能謀，則時寒順之。」

【九】集解孔安國曰：「君能通理，則時風順之。」

【一〇】集解孔安國曰：「敍惡行之驗也。」

【一一】集解孔安國曰：「君行狂妄，則常雨順之。」

【一二】集解孔安國曰：「君行僭差，則常暘順之。」

【一三】集解孔安國曰：「君行逸豫〔一〇〕，則常煖順之。」索隱舒，依字讀。按：下有「曰急」也。

【一四】集解孔安國曰：「君行急，則常寒順之。」

【一五】集解孔安國曰：「君行霧闇，則常風順之。」

【一六】集解馬融曰：「言王者所眚職，如歲兼四時也。」

【一七】集解孔安國曰：「卿士各有所掌，如月之有別。」

【一八】集解孔安國曰：「衆正官之吏分治其職，如日之有歲月也。」

【一九】集解孔安國曰：「各順常。」

【二〇】集解孔安國曰：「歲月無易〔二〕，則百穀成；君臣無易，則正治明。」

【二一】集解孔安國曰：「賢臣顯用，國家平寧。」

【二二】集解孔安國曰：「星，民象，故衆民惟若星也。」

【二三】集解馬融曰：「箕星好風，畢星好雨。」

【二四】集解孔安國曰：「日月之行，冬夏各有常度。」

【二五】集解孔安國曰：「月經于箕則多風，離于畢則多雨。政教失常，以從民欲，亦所以亂。」

「五福：一曰壽，二曰富，三曰康寧，【一】四曰攸好德，【二】五曰考終命。【三】六極：一曰凶短折，【四】二曰疾，三曰憂，四曰貧，五曰惡，【五】六曰弱。【六】」

【一】集解鄭玄曰：「康寧，平安。」

【二】集解孔安國曰：「所好者德，福之道。」

【三】集解孔安國曰：「各成其短長之命以自終，不橫夭。」

【四】集解鄭玄曰：「未齔曰凶，未冠曰短，未婚曰折。」索隱未齔，未毁齒也。音楚悋反。

【五】集解孔安國曰：「惡，醜陋也。」

【六】集解鄭玄曰：「愚懦不壯毅曰弱。」

於是武王乃封箕子於朝鮮【一】而不臣也。

【一】索隱潮仙二音。地因水爲名也。

其後箕子朝周，過故殷虚，感宮室毁壞，生禾黍，箕子傷之，欲哭則不可，欲泣爲其近婦人，【一】乃作麥秀之詩以歌詠之。其詩曰：「麥秀漸漸兮，禾黍油油。【二】彼狡僮兮，不與我好兮！」所謂狡童者，紂也。殷民聞之，皆爲流涕。【三】

【一】索隱婦人之性多涕泣。

【二】索隱漸漸，麥芒之狀，音子廉反，又依字讀。油油者，禾黍之苗光悦貌。

【三】集解杜預曰：「梁國蒙縣有箕子冢。」

武王崩，成王少，周公旦代行政當國。管、蔡疑之，乃與武庚作亂，欲襲成王、周公。【一】周公既承成王命誅武庚，殺管叔，放蔡叔，乃命微子開代殷後，奉其先祀，作微子之命以申之，國于宋。【二】微子故能仁賢，乃代武庚，故殷之餘民甚戴愛之。

【一】集解徐廣曰：「一云『欲襲成周』。」

【二】集解世本曰：「宋更曰睢陽。」

微子開卒，立其弟衍，是爲微仲。【一】微仲卒，子宋公稽立。【二】宋公稽卒，子丁公申立。丁公申卒，子湣公共立。湣公共卒，弟煬公熙立。煬公即位，湣公子鮒祀弒煬公而自立，【三】曰「我當立」，是爲厲公。厲公卒，子釐公舉立。

【一】集解禮記曰：「微子舍其孫腯而立衍也。」鄭玄曰：「微子適子死，立其弟衍，殷禮也。」

索隱按：家語微子弟仲思名衍，一名泄，嗣微子爲宋公。雖遷爵易位，而班級不過其故，故以舊官爲稱。故二微雖爲宋公，猶稱微，至于稽乃稱宋公也。

【二】索隱譙周云：「未謚，故名之。」

【三】集解徐廣曰：「鮒，一作『魴』。」索隱徐云一本作「魴」，譙周亦作「魴祀」，據左氏，即湣公庶子也。弒煬公，欲立太子弗父何，何讓不受。

釐公十七年，周厲王出奔彘。

二十八年，釐公卒，子惠公覸立。【一】惠公四年，周宣王即位。三十年，惠公卒，子哀公立。哀公元年卒，子戴公立。

【一】集解呂忱曰：「覸音古莧反。」

戴公二十九年，周幽王爲犬戎所殺，秦始列爲諸侯。

三十四年，戴公卒，子武公司空立。武公生女爲魯惠公夫人，生魯桓公。十八年，武公卒，子宣公力立。

宣公有太子與夷。十九年，宣公病，讓其弟和，曰：「父死子繼，兄死弟及，天下通義也。我其立和。」和亦三讓而受之。宣公卒，弟和立，是爲穆公。

穆公九年，病，召大司馬孔父謂曰：「先君宣公舍太子與夷而立我，我不敢忘。我死，必立與夷也。」孔父曰：「羣臣皆願立公子馮。」穆公曰：「毋立馮，吾不可以負宣公。」於是穆公使馮出居于鄭。八月庚辰，穆公卒，兄宣公子與夷立，是爲殤公。君子聞之，曰：「宋宣公可謂知人矣，立其弟以成義，然卒其子復享之。」

殤公元年，衞公子州吁弒其君完自立，欲得諸侯，使告於宋曰：「馮在鄭，必爲亂，可與我伐之。」宋許之，與伐鄭，至東門而還。二年，鄭伐宋，以報東門之役。其後諸侯數來侵伐。

九年，大司馬孔父嘉妻好，出，道遇太宰華督，〔二〕督說，目而觀之。〔三〕督利孔父妻，乃使人宣言國中曰：「殤公即位十年耳，而十一戰，〔三〕民苦不堪，皆孔父爲之，我且殺孔父以寧民。」是歲，魯弒其君隱公。十年，華督攻殺孔父，取其妻。殤公怒，遂弒殤公，而迎穆公子馮於鄭而立之，是爲莊公。

〔一〕集解服虔曰：「戴公之孫。」

〔二〕集解服虔曰：「目者，極視精不轉也。」

〔三〕集解賈逵曰：「一戰，伐鄭，圍其東門；二戰，取其禾；三戰，取郲田；四戰，郲鄭伐宋，入其郛；五戰，伐鄭，圍長葛；六戰，鄭以王命伐宋；七戰，魯敗宋師于菅；八戰，宋、衞入鄭；九戰，伐戴；十戰，鄭入宋；十一戰，鄭伯以虢師大敗宋。」

莊公元年，華督爲相。九年，執鄭之祭仲，要以立突爲鄭君。祭仲許，竟立突。十九年，莊公卒，子湣公捷立。

湣公七年，齊桓公即位。九年，宋水，魯使臧文仲往弔水。〔一〕湣公自罪曰：「寡人以不能事鬼神，政不脩，故水。」臧文仲善此言。此言乃公子子魚教湣公也。

〔一〕集解賈逵曰：「問凶曰弔。」

十年夏，宋伐魯，戰於乘丘，〔一〕魯生虜宋南宫萬。〔二〕宋人請萬，萬歸宋。十一年秋，湣公與南宮萬獵，因博爭行，湣公怒，辱之，曰：「始吾敬若；今若，魯虜也。」萬有力，病此言，遂以局殺湣公于蒙澤。【三】大夫仇牧聞之，以兵造公門。萬搏牧，牧齒著門闔，死。【四】因殺太宰華督，乃更立公子游爲君。諸公子犇蕭，公子禦説犇亳。【五】萬弟南宮牛將兵圍亳。冬，蕭及宋之諸公子共擊殺南宮牛，弑宋新君游而立湣公弟禦説，是爲桓公。宋萬犇陳。宋人請以賂陳。陳人使婦人飲之醇酒，【六】以革裹之，歸宋。【七】宋人醢萬也。【八】

【一】集解徐廣曰：「乘，一作『滕』。」駰案：杜預曰「乘丘，魯地」。

【二】集解賈逵曰：「南宮，氏；萬，名。宋卿。」

【三】集解賈逵曰：「蒙澤，宋澤名也。」杜預曰：「宋地。梁國有蒙縣。」

【四】集解何休曰：「闔，門扇。」

【五】集解服虔曰：「蕭、亳，宋邑也。」杜預曰：「今沛國有蕭縣，蒙縣西北有亳城也。」

【六】集解服虔曰：「宋萬多力，勇不可執，故先使婦人誘而飲之酒，醉而縛之。」

【七】集解左傳曰：「以犀革裹之。」

【八】集解服虔曰：「醢，肉醬。」

桓公二年，諸侯伐宋，至郊而去。三年，齊桓公始霸。二十三年，迎衛公子燬於齊，立之，是爲衞文公。文公女弟爲桓公夫人。秦穆公即位。三十年，桓公病，太子茲甫讓其庶兄目夷爲嗣。桓公義太子意，竟不聽。三十一年春，桓公卒，太子茲甫立，是爲襄公。以其庶兄目夷爲相。未葬，而齊桓公會諸侯于葵丘，襄公往會。

襄公七年，宋地霣星如雨，與雨偕下；〔一〕六鶂退蜚，〔二〕風疾也。〔三〕

〔一〕集解左傳曰：「隕石于宋五，隕星也。」　索隱按：僖十六年左傳「霣石于宋五，霣星也。六鶂退飛過宋都」。是當宋襄公之時。訪内史叔興，曰「吉凶焉在」？對曰「君將得諸侯而不終」也。然莊七年傳又云「恒星不見，夜中星霣如雨，與雨偕也」。且與雨偕下，自在别年，不與霣石退鶂之事同。此史以霣石爲霣星，遂連恒星不見之時與雨偕爲文，故與左傳小不同也。

〔二〕集解公羊傳曰：「視之則六，察之則鶂，徐察之則退飛。」

〔三〕集解賈逵曰：「風起於遠，至宋都高而疾，故鶂逢風卻退。」

八年，齊桓公卒，宋欲爲盟會。十二年春，宋襄公爲鹿上之盟，〔一〕以求諸侯於楚，楚人許之。公子目夷諫曰：「小國爭盟，禍也。」不聽。秋，諸侯會宋公盟于盂。〔二〕目夷曰：「禍其在此乎？君欲已甚，何以堪之！」於是楚執宋襄公以伐宋。冬，會于亳，以釋宋公。子魚曰：「禍猶未也。」十三年夏，宋伐鄭。子魚曰：「禍在此矣。」秋，楚伐宋以救鄭。襄公將戰，子魚諫曰：「天之弃商久矣，不可。」冬，十一月，襄公與楚成王戰于泓。【三】楚人未濟，目夷曰：「彼衆我寡，及其未濟擊之。」公不聽。已濟未陳，又曰：「可擊。」公曰：「待其已陳。」陳成，宋人擊之。宋師大敗，襄公傷股。國人皆怨公。公曰：「君子不困人於阸，不鼓不成列。」【四】子魚曰：「兵以勝爲功，何常言與！【五】必如公言，即奴事之耳，又何戰爲？」

【一】集解杜預曰：「鹿上，宋地。汝陰有原鹿縣。」索隱按：汝陰原鹿，其地在楚，僖二十一年「宋人、楚人、齊人盟於鹿上」是也〔二〕。然襄公始求諸侯於楚，楚纔許之，計未合至女陰鹿上。今濟陰乘氏縣北有鹿城，蓋此地也。

【二】集解杜預曰：「盂，宋地。」

【三】集解穀梁傳曰：「戰于泓水之上。」

【四】集解何休曰：「軍法，以鼓戰，以金止，不鼓不戰也。不成列，未成陳。」

【五】集解徐廣曰：「一云『尚何言與』。」

楚成王已救鄭，鄭享之；去而取鄭二姬以歸。【一】叔瞻曰：「成王無禮，【二】其不没乎？爲禮卒於無別，有以知其不遂霸也。」

【一】索隱謂鄭夫人芈氏、姜氏之女。既是鄭女，故云「二姬」。

【三】正義謂取鄭二姬也。

是年，晉公子重耳過，宋襄公以傷於楚，欲得晉援，厚禮重耳以馬二十乘。【一】

【一】集解服虔曰：「八十四。」

十四年夏，襄公病傷於泓而竟卒，【一】子成公王臣立。

【一】索隱按：春秋戰于泓在僖二十三年〔三〕，重耳過宋及襄公卒在二十四年〔四〕。今此文以重耳過與傷泓共歲，故云「是年」。又重耳過與宋襄公卒共是一歲，則不合更云「十四年」。是進退俱不合於左氏，蓋太史公之疏耳。

成公元年，晉文公即位。三年，倍楚盟，親晉，以有德於文公也。四年，楚成王伐宋，宋告急於晉。五年，晉文公救宋，楚兵去。九年，晉文公卒。十一年，楚太子商臣弑其父成王代立。十六年，秦穆公卒。

十七年，成公卒。【一】成公弟禦殺太子及大司馬公孫固【二】而自立爲君。宋人共殺君禦而立成公少子杵臼，【三】是爲昭公。

【一】正義年表云：「公孫固殺成公。」

【二】正義世本云：「宋莊公孫名固，爲大司馬。」

【三】正義年表云：「宋昭元年。杵臼，襄公之子〔一五〕。」徐廣曰：「一云成公少子。」

昭公四年，宋敗長翟緣斯於長丘。【一】七年，楚莊王即位。

【一】集解魯世家云宋武公之世〔一六〕，獲緣斯於長丘。今云此時，未詳。索隱徐廣曰「魯系家云宋武公之代，獲緣斯於長丘，今云此時，未詳」者，春秋文公十一年，魯敗翟于鹹，獲長狄緣斯於長丘，齊系家「惠公二年，長翟來，王子城父攻殺之」，此並取左傳之説，載於諸國系家〔一七〕，今考其年歲亦頗相協。而魯系家云武公，此云昭公，蓋此「昭」當爲「武」，然前代雖已有武公，此杵臼當亦謚武也。若將不然，豈下五系公子特爲君，又合謚昭乎？

九年，昭公無道，國人不附。昭公弟鮑革【一】賢而下士。先，襄公夫人欲通於公子鮑，不可，【二】乃助之施於國，【三】因大夫華元爲右師。【四】昭公出獵，夫人王姬使衞伯攻殺昭公杵臼。弟鮑革立，是爲文公。

【一】集解徐廣曰：「一無『革』字。」

【二】集解服虔曰：「襄公夫人，周襄王之姊王姬也。不可，鮑不肯也。」

【三】正義施，貳是反。襄夫人助公子鮑布施恩惠於國人也。

【四】正義公子鮑因華元請，得爲右師。華元，戴公五代孫，華督之曾孫也。

文公元年，晉率諸侯伐宋，責以弒君。聞文公定立，乃去。二年，昭公子因文公母弟須與武、繆、戴、莊、桓之族爲亂，文公盡誅之，出武、繆之族。【一】

【一】集解 賈逵曰：「出，逐也。」

四年春，鄭命楚伐宋〔一八〕。宋使華元將，鄭敗宋，囚華元。華元之將戰，殺羊以食士，其御羊羹不及，【一】故怨，馳入鄭軍，故宋師敗，得囚華元。宋以兵車百乘文馬四百匹【二】贖華元。未盡入，華元亡歸宋。

【一】集解 左傳曰御羊斟也。

【二】集解 賈逵曰：「文，貍文也。」王肅曰：「文馬，畫馬也。」正義 按：文馬者，裝飾其馬。四百匹，用牽車百乘，遺鄭贖華元也。又云，文馬，赤鬣縞身，目如黄金。

十四年，楚莊王圍鄭。鄭伯降楚，楚復釋之。

十六年，楚使過宋，宋有前仇，執楚使。九月，楚莊王圍宋。十七年，楚以圍宋五月不解，宋城中急，無食，華元乃夜私見楚將子反。子反告莊王。王問：「城中何如？」曰：「析骨而炊，【一】易子而食。」莊王曰：「誠哉言！我軍亦有二日糧〔一九〕。」以信故，遂罷兵去。

【一】集解何休曰：「析破人骨也。」

二十二年，文公卒，子共公瑕立。始厚葬。君子譏華元不臣矣。

共公十年，〔一〇〕華元善楚將子重，又善晉將欒書，兩盟晉楚。十三年，共公卒。華元爲右師，魚石爲左師。司馬唐山攻殺太子肥，欲殺華元，華元犇晉，魚石止之，至河乃還，【一】誅唐山。乃立共公少子成，是爲平公。【二】

【一】集解皇覽曰：「華元冢在陳留小黄縣城北。」

【二】集解左傳曰魚石犇楚。

平公三年，楚共王拔宋之彭城，以封宋左師魚石。四年，諸侯共誅魚石，而歸彭城於宋。三十五年，楚公子圍弒其君自立，爲靈王。四十四年，平公卒，子元公佐立。

元公三年，楚公子弃疾弒靈王自立，爲平王。八年，宋火。十年，元公毋信，詐殺諸公子，大夫華、向氏作亂。楚平王太子建來犇，見諸華氏相攻亂，建去如鄭。十五年，元公爲魯昭公避季氏居外，爲之求入魯，行道卒，子景公頭曼【一】立。

【一】索隱音萬。

景公十六年，魯陽虎來犇，已復去。二十五年，孔子過宋，宋司馬桓魋惡之，欲殺孔子，孔子微服去。三十年，曹倍宋，又倍晉，宋伐曹，晉不救，遂滅曹有之。【一】三十六年，齊田常弑簡公。

【一】正義 宋景公滅曹在魯哀公八年，周敬王三十三年也。

三十七年，楚惠王滅陳。熒惑守心。心，宋之分野也。景公憂之。司星子韋曰：「可移於相。」景公曰：「相，吾之股肱。」曰：「可移於民。」景公曰：「君者待民。」曰：「可移於歲。」景公曰：「歲饑民困，吾誰爲君！」子韋曰：「天高聽卑。君有君人之言三，熒惑宜有動。」於是候之，果徙三度。

六十四年，景公卒。宋公子特【一】攻殺太子而自立〔二〕，是爲昭公。【二】昭公者，元公之曾庶孫也。昭公父公孫糾，糾父公子褍秦，【三】褍秦即元公少子也。景公殺昭公父糾，【四】故昭公怨，殺太子而自立。

【一】索隱 昭公也。左傳作「德」〔三〕。

【二】索隱 按左傳，景公無子，取元公庶曾孫公孫周之子德及啓畜于公宮。及景公卒，先立啓，後立德，是爲昭公。與此全乖，未知太史公據何而爲此說。

【三】集解 徐廣曰：「褍音端。」

【四】索隱左傳名周。

昭公四十七年卒，子悼公購由立。【一】悼公八年卒，【二】子休公田立。休公田二十三年卒，子辟公辟兵立。【三】辟公三年卒，子剔成立。【四】剔成四十一年，剔成弟偃攻襲剔成，剔成敗，奔齊，偃自立爲宋君。

【一】集解年表云四十九年【三】。索隱購音古候反。

【二】索隱按紀年爲十八年。

【三】集解徐廣曰：「一云『辟公兵』。」索隱按：紀年作「桓侯璧兵」，則璧兵謚桓也。又莊子云「桓侯行，未出城門，其前驅呼辟，蒙人止之，後爲狂也」。司馬彪云「呼辟，使人避道。蒙人以桓侯名辟，而前驅呼『辟』，故爲狂也」。

【四】集解年表云剔成君也【三四】。索隱王劭按：紀年云宋易城盱廢其君辟而自立也。

君偃十一年，自立爲王。【一】東敗齊，取五城；南敗楚，取地三百里；西敗魏軍，乃與齊、魏爲敵國。盛血以韋囊，縣而射之，命曰「射天」。淫於酒、婦人。羣臣諫者輒射之。於是諸侯皆曰「桀宋」。【二】「宋其復爲紂所爲，不可不誅」。告齊伐宋。王偃立四十七年，齊湣王與魏、楚伐宋，殺王偃，遂滅宋而三分其地。【三】

【一】索隱戰國策、呂氏春秋皆以偃謚曰康王也。

【二】索隱晉太康地記言其似桀也。

【三】集解年表云偃立四十三年。

太史公曰：孔子稱「微子去之，箕子爲之奴，比干諫而死，殷有三仁焉」。【一】春秋譏宋之亂自宣公廢太子而立弟，【二】國以不寧者十世。【三】襄公之時，修行仁義〔三五〕，欲爲盟主。其大夫正考父美之，故追道契、湯、高宗，殷所以興，作商頌。【四】襄公既敗於泓，而君子或以爲多，【五】傷中國闕禮義，褒之也，【六】宋襄之有禮讓也。

【一】集解何晏曰：「仁者愛人。三人行異而同稱仁者，何也？以其俱在憂亂寧民也。」夏侯玄曰：「微子，仁之窮也；箕子、比干，智之窮也。故或盡材而止，或盡心而留，皆其極也。致極，斯君子之事矣。是以三仁不同，而其歸一揆也。」

【二】集解公羊傳曰：「君子大居正。宋之禍，宣公爲之也。」

【三】索隱按：春秋公羊有此說，左氏則無譏焉。

【四】集解韓詩商頌章句亦美襄公。索隱按：裴駰引韓詩商頌章句亦美襄公，非也。今按：毛詩商頌序云正考父於周之太師「得商頌十二篇，以那爲首」。國語亦同此說。今五篇存，皆是商家祭祀樂章，非考父追作也。又考父佐戴、武、宣，則在襄公前且百許歲，安得述而美之？

斯謬説耳。

【五】集解公羊傳曰：「君子大其不鼓不成列，臨大事而不忘大禮，有君而無臣，以爲雖文王之戰亦不過此也。」

【六】索隱襄公臨大事不忘大禮，而君子或以爲多，且傷中國之亂，闕禮義之舉，遂不嘉宋襄之盛德，故太史公褒而述之，故云褒之也。

【索隱述贊】殷有三仁，微、箕紂親。一因一去，不顧其身。頌美有客，書稱作賓。卒傳冢嗣，或敍彝倫。微仲之後，世載忠勤。穆亦能讓，實爲知人。傷泓之役，有君無臣。偃號「桀宋」，天之弃殷。

校勘記

〔一〕滅阢國　「阢」，會注本作「阬」。張文虎札記卷四：「『阢』當作『阬』，字類引此文正作『西伯之修德滅阬』。」按：本書卷三殷本紀「及西伯伐飢國，滅之」集解引徐廣曰：「『飢』，一作『阬』，又作『耆』。」

〔二〕涉水　原作「陟水」，據景祐本、紹興本、耿本、殿本改。按：尚書微子：「今殷其淪喪，若涉大水，其無津涯。」

〔三〕裴駰曰典國典也　「裴駰」，原作「徐廣」，據耿本改。按：黄本、彭本、柯本、凌本、殿本無此七字，以其與集解複而削之耳。

〔四〕記曰何居　「記」，景祐本、紹興本、耿本作「禮記」。按：禮記檀弓上「何居」鄭玄注：「居，讀爲姬姓之姬，齊、魯之間語助也。」

〔五〕微子曰父子有骨肉而臣主以義屬故父有過子三諫不聽則隨而號之人臣三諫不聽則其義可以去矣於是太師少師乃勸微子去遂行　張文虎札記卷四：「此文五十二字，疑當在上文『不如去』下。『遂行』二字即『遂亡』之衍。」

〔六〕金氣之味　尚書洪範孔安國傳作「金之氣」。左傳昭公元年、昭公二十五年孔穎達疏引孔安國作「金之氣味」。

〔七〕所謀必成審也　「審」，尚書洪範孔安國傳作「當」，釋文：「當，丁浪反。」後漢書志第十五五行志三「聽之不聰，是謂不謀」劉昭注引孔安國曰：「所謀必成當。」

〔八〕氣駱驛亦連續　「亦」，尚書洪範孔安國傳作「不」。説文口部：「圛，回行也。从口，睪聲。商書曰『曰圛』。圛者，升雲半有半無。讀若驛。」「圛」、「驛」義通，而「半有半無」亦與「不連續」義合。

〔九〕君昭哲則時燠順之　「燠」，原作「寒」，據景祐本、紹興本、黄本、彭本、柯本、凌本、殿本改。按：尚書洪範「曰哲，時燠若」孔安國曰：「君能照哲，則時燠順之。」下文「曰舒，常奥若」集解：「君行逸豫，則常煖順之。」

〔一〇〕君行逸豫　「行」，原作「臣」，據景祐本、紹興本、耿本、黄本、彭本、柯本、凌本、殿本改。按：尚書洪範「曰豫，恒燠若」孔安國曰：「君行逸豫，則常燠順之。」

〔一一〕歲月無易　尚書洪範孔安國傳作「歲月日時無易」，與正文合。

〔一二〕楚人齊人　春秋經僖公二十一年作「齊人楚人」，公羊傳、穀梁傳同。

〔一三〕春秋戰于泓在僖二十三年　「二十三年」，疑當作「二十二年」。按：春秋、左傳戰於泓皆在僖公二十二年。

〔一四〕重耳過宋及襄公卒在二十四年　「二十四年」，疑當作「二十三年」。按：春秋、左傳重耳過宋、襄公卒皆在僖公二十三年。

〔一五〕宋昭元年杵臼襄公之子　疑文有脱誤。按：本書卷一四十二諸侯年表作「宋昭公杵臼元年襄公之子」，此注「元年」、「杵臼」誤倒，又脱「公」字。

〔一六〕魯世家云宋武公之世　耿本、殿本此上有「騆案」二字。

〔一七〕載於諸國系家　「載」，耿本、黄本、彭本、柯本、凌本、殿本作「散」。

〔一八〕鄭命楚伐宋　梁玉繩志疑卷二〇：「左傳云鄭受命於楚伐宋，則此是楚命鄭伐宋，傳寫倒耳。或曰『命』上缺『受』字，或曰『命』下缺『于』字。」

〔一九〕二日糧　張文虎札記卷四：「舊刻、毛本『二』作『三』。」按：「二」，景祐本、紹興本、殿本作

「三」。通志卷八六周異姓世家一作「七」，公羊傳宣公十五年同。

〔二〇〕共公十年　「十年」，原作「元年」。梁玉繩志疑卷二〇：「『元年』當作『十年』，即成十二年傳所云『華元合晉、楚之成會於瑣澤』也。」按：左傳成公十二年：「宋華元克合晉、楚之成。」據本書卷一四十二諸侯年表，魯成公十二年當宋共公十年。今據改。

〔二一〕宋公子特攻殺太子而自立　「特」，左傳哀公二十六年孔穎達疏引宋世家作「得」。

〔二二〕昭公也左傳作德　耿本、黃本、彭本、柯本、凌本、殿本作「特一作得」。按：左傳哀公二十六年：「宋景公無子，取公孫周之子得與啓，畜諸公宮。」杜預注：「得，昭公也。啓，得弟。」

〔二三〕年表云四十九年　本書卷一五六國年表宋昭公元年當齊宣公六年，卒於齊康公元年，在位四十七年，與世家同。

〔二四〕年表云剔成君也　本書卷一五六國年表無「君」字。

〔二五〕修行仁義　景祐本、紹興本、耿本作「修仁行義」。按：本書卷一六秦楚之際月表：「契、后稷脩仁行義十餘世。」

史記卷三十九

晉世家第九

晉唐叔虞者，〔一〕周武王子而成王弟。初，武王與叔虞母會時，〔二〕夢天謂武王曰：「余命女生子，名虞，余與之唐。」及生子，文在其手曰「虞」〔一〕，故遂因命之曰虞。

〔一〕索隱按：太叔以夢及手文而名曰虞，至成王誅唐之後，因戲削桐而封之。叔，字也，故曰唐叔虞。而唐有晉水，至子燮改其國號曰晉侯。然晉初封於唐，故稱晉唐叔虞也。且唐本堯後，封在夏墟，而都於鄂。鄂，今在大夏是也。及成王滅唐之後，乃分徙之於許、郢之間，故春秋有唐成公是也，即今之唐州也。

〔二〕集解左傳曰：「邑姜方娠太叔。」服虔曰：「邑姜，武王后，齊太公女也。」

武王崩，成王立，唐有亂，〔一〕周公誅滅唐。成王與叔虞戲，削桐葉爲珪以與叔虞，曰：「以此封若。」史佚因請擇日立叔虞。成王曰：「吾與之戲耳。」史佚曰：「天子無戲言。言則史書之，禮成之，樂歌之。」於是遂封叔虞於唐。唐在河、汾之東，方百里，故曰唐叔虞。【二】姓姬氏，字子于。

【一】正義括地志云：「故唐城在絳州翼城縣西二十里，即堯裔子所封。春秋云『夏孔甲時，有堯苗裔劉累者，以豢龍事孔甲，夏后嘉之，賜氏御龍，以更豕韋之後。龍一雌死，潛醢之以食夏后；既而使求之，懼而遷於魯縣』。夏后蓋別封劉累之孫于大夏之墟爲侯〔二〕。至周成王時，唐人作亂，成王滅之，而封大叔，更遷唐人子孫于杜，謂之杜伯，即范匄所云『在周爲唐杜氏〔三〕』。」按：魯縣，汝州魯山縣是。今隨州棗陽縣東南一百五十里上唐鄉故城即是〔四〕。後子孫徙於唐。

【二】集解世本曰「居鄂」。宋忠曰：「鄂地今在大夏。」正義括地志云：「故鄂城在慈州昌寧縣東二里。」按：與絳州夏縣相近。禹都安邑，故城在縣東北十五里，故云「在大夏」也。然封于河、汾二水之東，方百里，正合在晉州平陽縣，不合在鄂，未詳也。

唐叔子燮，是爲晉侯。【一】晉侯子寧族，【二】是爲武侯。武侯之子服人，是爲成侯。成侯子福，【三】是爲厲侯。厲侯之子宜臼，是爲靖侯。靖侯已來，年紀可推。自唐叔至靖侯五世，無其年數。

【一】正義燮，先牒反。括地志云：「故唐城在并州晉陽縣北二里。城記云堯築也。國都城記云『唐叔虞之子燮父徙居晉水傍〔五〕』。今并理故唐城〔六〕。唐者，即燮父所徙之處，其城南半入州城，中削爲坊，城牆北半見在。毛詩譜云『叔虞子燮父以堯墟南有晉水，改曰晉侯』。」

【二】索隱系本作「曼期」，譙周作「曼旗」也。

【三】索隱系本作「輻」字。

靖侯十七年，周厲王迷惑暴虐，國人作亂，厲王出奔于彘，大臣行政，故曰「共和」。【一】

【一】正義厲王奔彘，周、召和其百姓行政，號曰「共和」。

十八年，靖侯卒，子釐侯司徒立。釐侯十四年，周宣王初立。十八年，釐侯卒，子獻侯籍【一】立。獻侯十一年卒，子穆侯費王【二】立〔七〕。

【一】索隱系本及譙周皆作「蘇」。

【二】索隱鄒誕本作「弗生」，或作「潰王」〔八〕，並音祕。

穆侯四年，取齊女姜氏爲夫人。七年，伐條。生太子仇。【一】十年，伐千畝，有功。【二】生少子，名曰成師。【三】晉人師服曰：【四】「異哉，君之命子也！太子曰仇，仇者讎也。少子曰成師，成師大號，成之者也。名，自命也；物，自定也。今適庶名反逆，此後晉其能毋亂乎？」

【一】集解杜預曰：「條，晉地。」

【二】集解杜預曰：「西河介休縣南有地名千畝。」

【三】集解杜預曰：「意取能成其衆也。」

【四】集解賈逵曰：「晉大夫。」

二十七年，穆侯卒，弟殤叔自立，太子仇出奔。殤叔三年，周宣王崩。四年，穆侯太子仇率其徒襲殤叔而立，是爲文侯。

文侯十年，周幽王無道，犬戎殺幽王，周東徙，而秦襄公始列爲諸侯。

三十五年，文侯仇卒，子昭侯伯立。

昭侯元年，封文侯弟成師于曲沃。【一】曲沃邑大於翼。翼，晉君都邑也。【二】成師封曲沃，號爲桓叔。靖侯庶孫欒賓【三】相桓叔。桓叔是時年五十八矣，好德，晉國之衆皆附焉。君子曰：「晉之亂其在曲沃矣。末大於本，而得民心，不亂何待！」

【一】索隱河東之縣名，漢武帝改曰聞喜也。

【二】索隱翼本晉都也，自孝侯已下一號翼侯，平陽絳邑縣東翼城是也。

【三】正義世本云欒叔賓父也。

七年，晉大臣潘父弒其君昭侯而迎曲沃桓叔。桓叔欲入晉，晉人發兵攻桓叔。桓叔敗，還歸曲沃。晉人共立昭侯子平爲君，是爲孝侯。誅潘父。

孝侯八年，曲沃桓叔卒，子鱓【一】代桓叔，是爲曲沃莊伯。孝侯十五年，曲沃莊伯弑其君晉孝侯于翼。晉人攻曲沃莊伯，莊伯復入曲沃。晉人復立孝侯子郄【二】爲君，是爲鄂侯。

【一】索隱 音時戰反。又音善，又音陁。

【二】索隱 系本作「郄」，而他本亦有作「都」。正義 音丘戟反。

鄂侯二年，魯隱公初立。

鄂侯六年卒。曲沃莊伯聞晉鄂侯卒，乃興兵伐晉。周平王使虢公將兵伐曲沃莊伯〔九〕，莊伯走保曲沃。晉人共立鄂侯子光，是爲哀侯。

哀侯二年，曲沃莊伯卒，子稱代莊伯立，【一】是爲曲沃武公。哀侯六年，魯弑其君隱公。哀侯八年，晉侵陘廷。【二】陘廷與曲沃武公謀，九年，伐晉于汾旁，【三】虜哀侯。晉人乃立哀侯子小子爲君，是爲小子侯。【四】

【一】正義 稱，尺證反。

【二】集解 賈逵曰：「翼南鄙邑名。」

【三】正義白郎反。汾水之旁。

【四】集解禮記曰：「天子未除喪曰余小子，生名之，死亦名之。」鄭玄曰：「晉有小子侯，是取之天子也〔一〇〕。」

小子元年，曲沃武公使韓萬殺所虜晉哀侯。【一】曲沃益彊，晉無如之何。

【一】集解賈逵曰：「韓萬，曲沃桓叔之子，莊伯弟。」

晉小子之四年，曲沃武公誘召晉小子殺之。周桓王使虢仲【一】伐曲沃武公，武公入于曲沃，乃立晉哀侯弟緡爲晉侯。

【一】正義馬融云：「周武王克商，封文王異母弟虢仲於夏陽。」

晉侯緡四年，宋執鄭祭仲而立突爲鄭君。晉侯十九年，齊人管至父弑其君襄公。

晉侯二十八年，齊桓公始霸。曲沃武公伐晉侯緡，滅之，盡以其寶器賂獻于周釐王。釐王命曲沃武公爲晉君，列爲諸侯，於是盡併晉地而有之。

曲沃武公已即位三十七年矣，更號曰晉武公。晉武公始都晉國，前即位曲沃，通年三十八年。

武公稱者，先晉穆侯曾孫也，〔一〕曲沃桓叔孫也。桓叔者，始封曲沃。武公，莊伯子也。自桓叔初封曲沃以至武公滅晉也，凡六十七歲，而卒代晉爲諸侯。武公代晉二歲，卒。與曲沃通年，即位凡三十九年而卒。子獻公詭諸立。

〔一〕索隱 晉有兩穆侯，言先，以別後也。

獻公元年，周惠王弟穨攻惠王，惠王出奔，居鄭之櫟邑。〔一〕

〔一〕索隱 櫟，鄭邑，今河南陽翟是也。故鄭之十邑有櫟有華也。

五年，伐驪戎，得驪姬、〔一〕驪姬弟，俱愛幸之。

〔一〕集解 韋昭曰：「西戎之別在驪山也。」

八年，士蔿說公〔一〕曰：「故晉之羣公子多，不誅，亂且起。」乃使盡殺諸公子，而城聚都之，〔二〕命曰絳，始都絳。〔三〕九年，晉羣公子既亡奔虢，虢以其故再伐晉，弗克。十年，晉欲伐虢，士蔿曰：「且待其亂。」

〔一〕集解 賈逵曰：「士蔿，晉大夫。」

〔二〕集解 賈逵曰：「聚，晉邑。」

〔三〕索隱 春秋莊二十六年傳「士蔿城絳」是也。杜預曰「今平陽絳邑縣」。應劭曰「絳水出西南」也。

十二年，驪姬生奚齊。獻公有意廢太子，乃曰：「曲沃吾先祖宗廟所在，而蒲邊秦，屈邊翟，〔一〕不使諸子居之，我懼焉。」於是使太子申生居曲沃，公子重耳居蒲，公子夷吾居屈。獻公與驪姬子奚齊居絳。晉國以此知太子不立也。太子申生，其母齊桓公女也，曰齊姜，早死。申生同母女弟爲秦穆公夫人。重耳母，翟之狐氏女也。夷吾母，重耳母女弟也。獻公子八人，而太子申生、重耳、夷吾皆有賢行。及得驪姬，乃遠此三子。

〔一〕集解韋昭曰：「蒲，今蒲阪；屈，北屈：皆在河東。」杜預曰「蒲，今平陽蒲子縣」是也。

十六年，晉獻公作二軍。〔一〕公將上軍，太子申生將下軍，趙夙御戎，畢萬爲右，伐滅霍，滅魏，滅耿。〔二〕還，爲太子城曲沃，賜趙夙耿，賜畢萬魏，以爲大夫。士蔿曰：「太子不得立矣。分之都城，〔三〕而位以卿，〔四〕先爲之極，〔五〕又安得立！不如逃之，無使罪至。爲吳太伯，不亦可乎，〔六〕猶有令名。」〔七〕太子不從。卜偃曰：「畢萬之後必大。〔八〕萬，盈數也；魏，大名也。〔九〕以是始賞，天開之矣。〔一〇〕天子曰兆民，諸侯曰萬民，今命之大，以從盈數，其必有衆。」〔一一〕初，畢萬卜仕於晉國，遇屯之比。〔一二〕辛廖占之曰：「吉。〔一三〕屯固，比入，吉孰大焉。〔一四〕其後必蕃昌。」

【一】集解左傳曰「王使虢公命曲沃伯以一軍爲晉侯」。今始爲二軍。

【二】集解服虔曰：「三國皆姬姓，魏在晉之蒲阪河東也。」杜預曰：「平陽皮氏縣東南有耿鄉，永安縣東北有霍太山也。」索隱按：永安縣西南汾水西有霍城，古霍國；有霍水，出霍太山。地理志河東河北縣，古魏國。地記亦以爲然。服虔云在蒲阪，非也。地記又曰皮氏縣汾水南耿城，是故耿國也。

【三】集解服虔曰：「邑有先君之主曰都。」

【四】集解賈逵曰：「謂將下軍也。」

【五】集解服虔曰：「言其禄位極盡於此也。」

【六】集解王肅曰：「太伯知天命在王季，奔吴不反。」

【七】集解王肅曰：「雖去猶可有令名，何與其坐而及禍也。」

【八】集解賈逵曰：「卜偃，晉掌卜大夫郭偃。」

【九】集解服虔曰：「數從一至萬爲滿。魏喻巍，巍，高大也。」

【一〇】集解服虔曰：「以魏賞畢萬，是爲天開其福。」

【一一】集解杜預曰：「以魏從萬，有衆多之象。」

【一二】集解賈逵曰：「震下坎上，屯。坤下坎上，比。屯初九變之比。」

【一三】集解賈逵曰：「辛廖，晉大夫。」

【一四】集解杜預曰：「屯，險難也，所以爲堅固。比，親密，所以得入。」

十七年，晉侯使太子申生伐東山。【一】里克諫獻公曰：【二】「太子奉冢祀社稷之粢盛，以朝夕視君膳者也，【三】故曰冢子。君行則守，有守則從，【四】從曰撫軍，【五】守曰監國，古之制也。夫率師，專行謀也；【六】誓軍旅，【七】君與國政之所圖也，【八】非太子之事也。師在制命而已，【九】稟命則不威，專命則不孝，故君之嗣適不可以帥師。君失其官，【一〇】率師不威，將安用之？」【一一】公曰：「寡人有子，未知其太子誰立。」里克不對而退，見太子。太子曰：「吾其廢乎？」里克曰：「太子勉之！教以軍旅，【一二】不共是懼，何故廢乎？且子懼不孝，毋懼不得立。【一三】修己而不責人，則免於難。」太子帥師，公衣之偏衣，【一四】佩之金玦。【一五】里克謝病，不從太子。太子遂伐東山。

【一】集解賈逵曰：「東山，赤狄別種。」

【二】集解賈逵曰：「里克，晉卿里季也。」

【三】集解服虔曰：「廚膳飲食。」

【四】集解服虔曰：「有代太子守則從之。」

【五】集解服虔曰：「助君撫循軍士。」

【六】集解杜預曰：「率師者必專謀軍事。」

【七】集解杜預曰：「宣號令。」

【八】集解賈逵曰：「國政，正卿也。」

【九】集解杜預曰：「命，將軍所制。」

【一〇】集解杜預曰：「太子統師，是失其官也。」

【一一】集解杜預曰：「專命則不孝，是爲師必不威也。」

【一二】集解賈逵曰：「將下軍。」

【一三】集解服虔曰：「不得立己也。」

【一四】集解服虔曰：「偏裻之衣，偏異色，駁不純，裻在中，左右異，故曰偏衣。」杜預曰：「偏衣，左右異色，其半似公服。」韋昭曰：「偏，半也。分身之半以授太子。」正義上「衣」去聲，下「衣」如字。

【一五】集解服虔曰：「以金爲玦也。」韋昭曰：「金玦，兵要也。」正義玦音決。

十九年，獻公曰：「始吾先君莊伯、武公之誅晉亂，而虢常助晉伐我，【一】又匿晉亡公子，果爲亂。弗誅，後遺子孫憂。」乃使荀息以屈產之乘【二】假道於虞。虞假道，遂伐虢，【三】取其下陽以歸。【四】

【一】正義言虢助晉伐曲沃也。

【二】集解何休曰：「屈產，出名馬之地。乘，備駟也。」

【三】集解賈逵曰：「虞在晉南，虢在虞南。」

【四】集解服虔曰：「下陽，虢邑也，在大陽東北三十里。穀梁傳曰『下陽，虞、虢之塞邑』。」

獻公私謂驪姬曰：「吾欲廢太子，以奚齊代之。」驪姬泣曰：「太子之立，諸侯皆已知之，而數將兵，百姓附之，柰何以賤妾之故廢適立庶？君必行之，妾自殺也。」驪姬詳譽太子，而陰令人譖惡太子，而欲立其子。

二十一年，驪姬謂太子曰：「君夢見齊姜，太子速祭曲沃，【一】歸釐於君。」太子於是祭其母齊姜於曲沃，上其薦胙於獻公。獻公時出獵，置胙於宮中。驪姬使人置毒藥胙中。居二日，【二】獻公從獵來還，宰人上胙獻公，獻公欲饗之。驪姬從旁止之，曰：「胙所從來遠，宜試之。」祭地，地墳；【三】與犬，犬死；與小臣，小臣死。【四】驪姬泣曰：「太子何忍也！其父而欲弒代之，況他人乎？且君老矣，旦暮之人，曾不能待而欲弒之！」謂獻公曰：「太子所以然者，不過以妾及奚齊之故。妾願子母辟之他國，若早自殺，毋徒使母子爲太子所魚肉也。始君欲廢之，妾猶恨之；至於今，妾殊自失於此。」【五】太子聞之，奔新城。【六】獻公怒，乃誅其傅杜原款。或謂太子曰：「爲此藥者乃驪姬也，太子何不自辭明之？」太子曰：「吾君老矣，非驪姬，寢不安，食不甘。即辭之，君且怒之。不可。」或謂太

子曰：「可奔他國。」太子曰：「被此惡名以出，人誰内我？我自殺耳。」十二月戊申，申生自殺於新城。【七】

【一】集解服虔曰：「齊姜廟所在。」

【二】索隱左傳云「六日」，不同。

【三】集解韋昭曰：「將飲先祭，示有先也。墳，起也。」

【四】集解韋昭曰：「小臣，官名，掌陰事，今閹士也【一】。」

【五】索隱太子之行如此，妾前見君欲廢而恨之，今乃自以恨爲失也。

【六】集解韋昭曰：「新城，曲沃也，新爲太子城。」

【七】索隱國語云：「申生乃雉經於新城廟。」韋昭云「曲沃也，新爲太子城」，故曰新城。

此時重耳、夷吾來朝。人或告驪姬曰：「二公子怨驪姬譖殺太子。」驪姬恐，因譖二公子：「申生之藥胙，二公子知之。」二子聞之，恐，重耳走蒲，夷吾走屈，保其城，自備守。初，獻公使士蔿爲【一】二公子築蒲、屈，城弗就。夷吾以告公，公怒士蔿。士蔿謝曰：「邊城少寇，安用之？」退而歌曰：「狐裘蒙茸，一國三公，吾誰適從！」【二】卒就城。及申生死，二子亦歸保其城。

【一】正義蔿，爲詭反。爲，于僞反。

【三】集解服虔曰：「蒙茸，以言亂貌。三公，言君與二公子。將敵，故不知所從。」

二十二年，獻公怒二子不辭而去，果有謀矣，乃使兵伐蒲。蒲人之宦者勃鞮【一】命重耳促自殺。重耳踰垣，宦者追斬其衣袪。【二】重耳遂奔翟。使人伐屈，屈城守，不可下。

【一】正義勃，白没反。鞮，都提反。韋昭云：「伯楚，寺人披之字也，於文公時爲勃鞮也。」

【二】集解服虔曰：「袪，袂也。」

是歲也，晉復假道於虞以伐虢。虞之大夫宮之奇諫虞君曰：「晉不可假道也，是且滅虞。」虞君曰：「晉我同姓，不宜伐我。」宮之奇曰：「太伯、虞仲，太王之子也，太伯亡去，是以不嗣。虢仲、虢叔，王季之子也，爲文王卿士，其記勳在王室，藏於盟府。【一】將虢是滅，何愛于虞？且虞之親能親於桓、莊之族乎？桓、莊之族何罪，盡滅之。虞之與虢，脣之與齒，脣亡則齒寒。」虞公不聽，遂許晉。宮之奇以其族去虞。其冬，晉滅虢，虢公醜奔周。【二】還，襲滅虞，虜虞公及其大夫井伯百里奚【三】以媵秦穆姬，【四】而修虞祀。【五】荀息牽曩所遺虞屈産之乘馬奉之獻公，獻公笑曰：「馬則吾馬，齒亦老矣！」【六】

【一】集解杜預曰：「盟府，司盟之官也。」

【二】集解皇覽曰：「虢公冢在河内温縣郭東，濟水南大冢是也。其城南有虢公臺。」

【三】正義南雍州記云：「百里奚宋井伯，宛人也。」

【四】集解杜預曰：「穆姬，獻公女。送女曰媵，以屈辱之。」

【五】集解服虔曰：「虞所祭祀，命祀也。」

【六】集解公羊傳曰：「蓋戲之也。」何休曰：「以馬齒戲喻荀息之年老也〔三〕。」

二十三年，獻公遂發賈華等伐屈，【一】屈潰。【二】夷吾將奔翟。冀芮曰：「不可。【三】重耳已在矣，今往，晉必移兵伐翟，翟畏晉，禍且及。不如走梁，梁近於秦，秦彊，吾君百歲後可以求入焉。」遂奔梁。二十五年，晉伐翟，翟以重耳故，亦擊晉於齧桑，【四】晉兵解而去。

【一】集解賈逵曰：「賈華，晉右行大夫。」

【二】正義民逃其上曰潰。

【三】集解韋昭曰：「冀芮，晉大夫。」

【四】集解左傳作「采桑」，服虔曰「翟地」。索隱裴氏云左傳作「采桑」。按：今平陽曲南七十里河水有采桑津，是晉境。服虔云翟地，亦頗相近。然字作「齧桑」，齧桑衞地，恐非也。

當此時，晉彊，西有河西，與秦接境，北邊翟，東至河內。【一】

【一】索隱河內，河曲也。內音汭。

驪姬弟生悼子。【一】

【一】索隱左傳作「卓子」，音恥角反。弟，女弟也。

二十六年夏，齊桓公大會諸侯於葵丘。【一】晉獻公病，行後，未至，逢周之宰孔。宰孔曰：「齊桓公益驕，不務德而務遠略，諸侯弗平。君弟毋會，【二】毋如晉何。」獻公亦病，復還歸。病甚，乃謂荀息曰：「吾以奚齊爲後，年少，諸大臣不服，恐亂起，子能立之乎？」荀息曰：「能。」獻公曰：「何以爲驗？」對曰：「使死者復生，【三】生者不慙，【四】爲之驗。」於是遂屬奚齊於荀息。荀息爲相，主國政。秋九月，獻公卒。里克、邳鄭欲內重耳，以三公子之徒作亂，【五】謂荀息曰：「三怨將起，秦、晉輔之，子將何如？」荀息曰：「吾不可負先君言。」十月，里克殺奚齊於喪次，獻公未葬也。荀息將死之，或曰不如立奚齊弟悼子而傅之，荀息立悼子而葬獻公。十一月，里克弒悼子于朝，【六】荀息死之。君子曰：「詩所謂『白珪之玷，猶可磨也，斯言之玷，不可爲也』，【七】其荀息之謂乎！不負其言。」初，獻公將伐驪戎，卜曰「齒牙爲禍」。【八】及破驪戎，獲驪姬，愛之，竟以亂晉。

【一】正義在曹州考城縣東南一里。

【二】索隱弟，但也。

【三】索隱謂荀息受公命而立奚齊，雖復身死，不背生時之命，是死者復生也。

【四】索隱言生者見荀息不背君命而死，不爲之羞慙也。

【五】集解賈逵曰：「邳鄭，晉大夫。三公子，申生、重耳、夷吾也。」

【六】集解列女傳曰：「鞭殺驪姬于市。」

【七】集解杜預曰：「詩大雅。言此言之玷〔一三〕，難治甚於白珪。」

【八】集解韋昭曰：「齒牙，謂兆端左右釁坼，有似齒牙，中有縱畫，以象讒言之爲害也。」

里克等已殺奚齊、悼子，使人迎公子重耳於翟，【一】欲立之。重耳謝曰：「負父之命【二】出奔，父死不得脩人子之禮侍喪，重耳何敢入！大夫其更立他子。」還報里克，里克使迎夷吾於梁。夷吾欲往，呂省、【三】郤芮【四】曰：「內猶有公子可立者而外求，難信。計非之秦，輔彊國之威以入，恐危。」乃使郤芮厚賂秦，約曰：「即得入，請以晉河西之地與秦。」乃遺里克書曰〔一四〕：「誠得立，請遂封子於汾陽之邑。」【五】秦繆公乃發兵送夷吾於晉。齊桓公聞晉內亂，亦率諸侯如晉。秦兵與夷吾亦至晉，齊乃使隰朋會秦俱入夷吾，立爲晉君，是爲惠公。齊桓公至晉之高梁而還歸。

【一】正義國語云：「里克及邳鄭使屠岸夷告公子重耳於翟，曰：『國亂民擾，得國在亂，治民在擾，子盍入乎？』」

【二】正義負音佩。

【三】正義省音眚。杜預曰：「姓瑕呂，名飴甥，字子金。」

【四】正義郄成子，即冀芮。

【五】集解賈逵曰：「汾，水名。汾陽，晉地也。」索隱按：國語命里克汾陽之田百萬，命邳鄭以負蔡之田七十萬。今此不言，亦其疏略也。

惠公夷吾元年，使邳鄭謝秦曰：「始夷吾以河西地許君，今幸得入立。大臣曰：『地者先君之地，君亡在外，何以得擅許秦者？』寡人爭之弗能得，故謝秦。」亦不與里克汾陽邑，而奪之權。四月，周襄王使周公忌父【一】會齊、秦大夫共禮晉惠公。惠公以重耳在外，畏里克爲變，賜里克死。謂曰：「微里子，寡人不得立。雖然，子亦殺二君一大夫，【二】爲子君者不亦難乎？」里克對曰：「不有所廢，君何以興？欲誅之，其無辭乎？乃言爲此！臣聞命矣。」遂伏劍而死。於是邳鄭使謝秦未還，故不及難。

【一】集解賈逵曰：「周卿士。」

【二】集解服虔曰：「奚齊、悼子、荀息也。」

晉君改葬恭太子申生。【一】秋，狐突之下國，【二】遇申生，申生與載而告之【三】曰：「夷吾無禮，余得請於帝，【四】將以晉與秦，秦將祀余。」狐突對曰：「臣聞神不食非其宗，君其祀毋乃絶乎？君其圖之。」申生曰：「諾，吾將復請帝。後十日，【五】新城西偏將有巫者見我焉。」【六】許之，遂不見。【七】及期而往，復見，申生告之曰：「帝許罰有罪矣，獘於韓。」【八】兒乃謡曰：「恭太子更葬矣，【九】後十四年，晉亦不昌，昌乃在兄。」

【一】集解韋昭曰：「獻公時申生葬不如禮，故改葬之。」

【二】集解服虔曰：「晉所滅國以爲下邑。一曰曲沃有宗廟，故謂之國；在絳下，故曰下國也。」

【三】集解杜預曰：「忽如夢而相見。狐突本爲申生御，故復使登車〔一五〕。」

【四】集解服虔曰：「帝，天帝。請罰有罪。」

【五】集解左傳曰「七日」。

【六】集解杜預曰：「將因巫以見。」

【七】集解杜預曰：「狐突許其言，申生之象亦没。」

【八】集解賈逵曰：「獘，敗也。韓，晉韓原。」

【九】索隱更，作也。更喪謂改喪。言後十四年晉不昌〔一六〕。

邳鄭使秦，聞里克誅，乃說秦繆公曰：「呂省、【一】郤稱、冀芮實爲不從。【二】若重賂與謀，出晉君，入重耳，事必就。」秦繆公許之，使人與歸報晉，厚賂三子。三子曰：「幣厚言甘，此必邳鄭賣我於秦。」遂殺邳鄭及里克、邳鄭之黨七輿大夫。【三】邳鄭子豹奔秦，言伐晉，繆公弗聽。

【一】索隱 左傳作「呂甥」。

【二】集解 杜預曰：「三子晉大夫。不從，不與秦賂也。」索隱 呂省、郄稱、冀芮三子，晉大夫。

【三】集解 韋昭曰：「七輿，申生下軍之衆大夫也。」杜預曰：「侯伯七命，副車七乘。」

惠公之立，倍秦地及里克，誅七輿大夫，國人不附。二年，周使召公過【一】禮晉惠公，惠公禮倨，【二】召公譏之。

【一】集解 韋昭曰：「召武公，爲王卿士。」

【二】索隱 謂受玉惰也。事見僖十一年。

四年，晉饑，乞糴於秦。繆公問百里奚，【一】百里奚曰：「天菑流行，國家代有，救菑恤鄰，國之道也。與之。」邳鄭子豹曰：「伐之。」繆公曰：「其君是惡，其民何罪！」卒與粟，自雍屬絳。

【一】集解 服虔曰：「秦大夫。」

五年，秦饑，請糴於晉。晉君謀之，慶鄭曰：【二】「以秦得立，已而倍其地約。晉饑而秦貸我，今秦饑請糴，與之何疑？而謀之！」虢射曰：【三】「往年天以晉賜秦，秦弗知取而貸我。今天以秦賜晉，晉其可以逆天乎？遂伐之。」惠公用虢射謀，不與秦粟，而發兵且伐秦。秦大怒，亦發兵伐晉。

【一】集解杜預曰：「慶鄭，晉大夫。」

【二】集解服虔曰：「虢射，惠公舅。」

六年春，秦繆公將兵伐晉。晉惠公謂慶鄭曰：「秦師深矣，【一】柰何？」鄭曰：「秦內君，君倍其賂；晉饑秦輸粟，秦饑而晉倍之，乃欲因其饑伐之：其深，不亦宜乎！」晉卜御右，慶鄭皆吉。公曰：「鄭不孫。」【二】乃更令步陽御戎，家僕徒爲右，【三】進兵。九月壬戌，秦繆公、晉惠公合戰韓原。【四】惠公馬鷙不行，【五】秦兵至，公窘，召慶鄭爲御。鄭曰：「不用卜，敗，不亦當乎！」遂去。更令梁繇靡御，【六】虢射爲右，輅秦繆公。【七】繆公壯士冒敗晉軍，晉軍敗，遂失秦繆公，反獲晉公以歸。秦將以祀上帝。晉君姊爲繆公夫人，衰絰涕泣。公曰：「得晉侯將以爲樂，今乃如此。且吾聞箕子見唐叔之初封，曰『其後必當大矣』，晉庸可滅乎！」乃與晉侯盟王城【八】而許之歸。晉侯亦使呂省等報國人曰：「孤雖得歸，毋面目見社稷，卜日立子圉。」晉人聞之，皆哭。秦繆公問呂省：「晉國和乎？」對曰：「不和。小人懼失君亡親，【九】不憚立子圉〔一七〕，曰『必報讎，寧事戎、狄』。【一〇】其君子則愛君而知罪，以待秦命，曰『必報德』。有此二，故不和〔一八〕。」於是秦繆公更舍晉惠公，餽之七牢。[一一]十一月，歸晉侯。晉侯至國，誅慶鄭，修政教。謀曰：「重耳在外，諸侯多利內之。」欲使人殺重耳於狄。重耳聞之，如齊。

[一]集解韋昭曰：「深，入境。一曰深猶重。」

[二]集解服虔曰：「孫，順。」

[三]集解服虔曰：「二子晉大夫也。」

[四]索隱在馮翊夏陽北二十里，今之韓城縣是。

[五]索隱鷙音竹二反。謂馬重而陷之於泥。

[六]正義韋昭云：「梁由靡，大夫也。」

[七]集解服虔曰：「輅，迎也。」索隱輅音五稼反。鄒誕音五額反。

[八]集解杜預曰：「馮翊臨晉縣東有王城。」

[九]正義君，惠公也。親，父母也。言懼失君國亂，恐亡父母，不憚立子圉也。

[一〇]正義小人言立子圉爲君之後，必報秦。終不事秦，寧事戎、狄耳。

[一一]正義餽音匱。一牛一羊一豕爲一牢。

八年，使太子圉質秦。[一]初，惠公亡在梁，梁伯以其女妻之，生一男一女。梁伯卜之，男爲人臣，女爲人妾，故名男爲圉，女爲妾。[二]

【一】正義質音致。

【二】集解服虔曰：「圉人，掌養馬，臣之賤者。不聘曰妾。」

十年，秦滅梁。梁伯好土功，治城溝，【一】民力罷，怨，【二】其衆數相驚，曰「秦寇至」，民恐惑，秦竟滅之。

【一】集解賈逵曰：「溝，塹也。」

【二】正義罷音皮。

十三年，晉惠公病，內有數子。太子圉曰：「吾母家在梁，梁今秦滅之，我外輕於秦而內無援於國。君即不起病，大夫輕更立他公子。」乃謀與其妻俱亡歸。秦女曰：「子一國太子，辱在此。秦使婢子侍，【一】以固子之心。子亡矣，我不從子，亦不敢言。」子圉遂亡歸晉。十四年九月，惠公卒，太子圉立，是爲懷公。

【一】集解服虔曰：「曲禮曰『世婦以下自稱婢子』。婢子，婦人之卑稱。」

子圉之亡，秦怨之，乃求公子重耳，欲內之。子圉之立，畏秦之伐也，乃令國中諸從重耳亡者與期，期盡不到者盡滅其家。狐突之子毛及偃從重耳在秦，弗肯召。懷公怒，囚狐突。突曰：「臣子事重耳有年數矣，今召之，是教之反君也，何以教之？」懷公卒殺狐突。

秦繆公乃發兵送内重耳，使人告欒、郤之黨【一】爲内應，殺懷公於高梁，入重耳。重耳立，是爲文公。

【一】正義欒枝、郄縠之屬也。

晉文公重耳，晉獻公之子也。自少好士，年十七，有賢士五人：曰趙衰；狐偃咎犯，文公舅也；賈佗；先軫；魏武子。自獻公爲太子時，重耳固已成人矣。獻公即位，重耳年二十一。獻公十三年，以驪姬故，重耳備蒲城守秦。獻公二十一年，獻公殺太子申生，驪姬譖之，恐，不辭獻公而守蒲城。獻公二十二年，獻公使宦者履鞮【一】趣殺重耳。重耳踰垣，宦者逐斬其衣袪。重耳遂奔狄。狄，其母國也。是時重耳年四十三。從此五士，其餘不名者數十人，至狄。

【一】索隱即左傳之勃鞮，亦曰寺人披也。

狄伐咎如，【一】得二女：以長女妻重耳，生伯鯈、【二】叔劉；以少女妻趙衰，生盾。【三】居狄五歲而晉獻公卒，里克已殺奚齊、悼子，乃使人迎，欲立重耳。重耳畏殺，因固謝，不敢入。已而晉更迎其弟夷吾立之，是爲惠公。惠公七年，畏重耳，乃使宦者履鞮與壯士欲殺重耳。重耳聞之，乃謀趙衰等曰：「始吾奔狄，非以爲可用與〔九〕，【四】以近易通，故且休足。休足久矣，固願徙之大國。夫齊桓公好善，志在霸王，收恤諸侯。今聞管仲、隰朋死，此亦欲得賢佐，盍往乎？」於是遂行。重耳謂其妻曰：「待我二十五年，不來乃嫁。」其妻笑曰：「犂二十五年，【五】吾冢上柏大矣。【六】雖然，妾待子。」重耳居狄凡十二年而去。

【一】集解賈逵曰：「赤狄之別，隗姓。」索隱赤狄之別種也，隗姓也。咎音高。鄒誕本作「困如」，又云或作「囚」。

【二】正義直留反。

【三】索隱左傳云伐廧咎如，獲其二女，以叔隗妻趙衰，生盾；公子取季隗，生伯儵、叔劉。則叔隗長而季隗少，乃不同也。

【四】索隱與音余。諸本或爲「興」。興，起也。非翟可用興起，故奔之也。

【五】索隱犂猶比也。

【六】正義杜預云：「言將死入木也，不復成嫁也。」

過衛，衛文公不禮。去，過五鹿，【一】飢而從野人乞食，野人盛土器中進之。重耳怒。趙衰曰：「土者，有土也，君其拜受之。」

【一】集解賈逵曰：「衛地。」杜預曰：「今衛縣西北有地名五鹿，陽平元城縣東亦有五鹿。」

至齊，齊桓公厚禮，而以宗女妻之，有馬二十乘，重耳安之。重耳至齊二歲而桓公卒，會暨刀等爲内亂，齊孝公之立，諸侯兵數至。留齊凡五歲。重耳愛齊女，毋去心。趙衰、咎犯乃於桑下謀行。齊女侍者在桑上聞之，以告其主。其主乃殺侍者，【一】勸重耳趣行。重耳曰：「人生安樂，孰知其他！必死於此，【二】不能去。」齊女曰：「子一國公子，窮而來此，數士者以子爲命。子不疾反國，報勞臣，而懷女德，竊爲子羞之。且不求，何時得功？」乃與趙衰等謀，醉重耳，載以行。行遠而覺，重耳大怒，引戈欲殺咎犯。咎犯曰：「殺臣成子，偃之願也。」重耳曰：「事不成，我食舅氏之肉。」咎犯曰：「事不成，犯肉腥臊，何足食！」乃止，遂行。

【一】集解服虔曰：「懼孝公怒，故殺之以滅口。」

【二】集解徐廣曰：「一云『人生一世，必死於此』。」

過曹，曹共公不禮，欲觀重耳駢脅。曹大夫釐負羈曰：「晉公子賢，又同姓，窮來過我，柰何不禮！」共公不從其謀。負羈乃私遺重耳食，置璧其下。重耳受其食，還其璧。

去，過宋。宋襄公新困兵於楚，傷於泓，聞重耳賢，乃以國禮禮於重耳。【一】宋司馬公孫固善於咎犯，曰：「宋小國新困，不足以求入，更之大國。」乃去。

【一】索隱以國君之禮禮之也。

過鄭，鄭文公弗禮。鄭叔瞻諫其君曰：「晉公子賢，而其從者皆國相，且又同姓。鄭之出自厲王，而晉之出自武王。」鄭君曰：「諸侯亡公子過此者衆，安可盡禮！」叔瞻曰：「君不禮，不如殺之，且後爲國患。」鄭君不聽。

重耳去，之楚。楚成王以適諸侯禮待之，[一]重耳謝不敢當。趙衰曰：「子亡在外十餘年，小國輕子，況大國乎？今楚大國而固遇子，子其毋讓，此天開子也。」遂以客禮見之。成王厚遇重耳，重耳甚卑。成王曰：「子即反國，何以報寡人？」重耳曰：「羽毛齒角玉帛，君王所餘，未知所以報。」王曰：「雖然，何以報不穀？」重耳曰：「即不得已，與君王以兵車會平原廣澤，請辟王三舍。」[二]楚將子玉怒曰：「王遇晉公子至厚，今重耳言不孫，請殺之。」成王曰：「晉公子賢而困於外久，從者皆國器，此天所置，庸可殺乎？且言何以易之！」[三]居楚數月，而晉太子圉亡秦，秦怨之；聞重耳在楚，乃召之。成王曰：「楚遠，更數國乃至晉。秦晉接境，秦君賢，子其勉行！」厚送重耳。

[一]索隱 適音敵。

[二]集解 賈逵曰：「司馬法『從遯不過三舍』。三舍，九十里也。」

[三]索隱 子玉請殺重耳，楚成王不許，言人出言不可輕易之。

重耳至秦，繆公以宗女五人妻重耳，故子圉妻與往。重耳不欲受，司空季子[一]曰：

「其國且伐，況其故妻乎！且受以結秦親而求入，子乃拘小禮，忘大醜乎！」遂受。繆公大歡，與重耳飲。趙衰歌黍苗詩。〔一〕繆公曰：「知子欲急反國矣。」趙衰與重耳下，再拜曰：「孤臣之仰君，如百穀之望時雨。」是時晉惠公十四年秋。惠公以九月卒，子圉立。十一月，葬惠公。十二月，晉國大夫欒、郤等聞重耳在秦，皆陰來勸重耳、趙衰等反國，爲內應甚衆。於是秦繆公乃發兵與重耳歸晉。晉聞秦兵來，亦發兵拒之。然皆陰知公子重耳入也。唯惠公之故貴臣呂、郤之屬〔三〕不欲立重耳。重耳出亡凡十九歲而得入，時年六十二矣，晉人多附焉。

〔一〕集解服虔曰：「胥臣臼季也。」

〔二〕集解韋昭曰：「詩云『芃芃黍苗，陰雨膏之』。」

〔三〕正義呂甥、郤芮也。

文公元年春，秦送重耳至河。咎犯曰：「臣從君周旋天下，過亦多矣。臣猶知之，況於君乎？請從此去矣。」重耳曰：「若反國，所不與子犯共者，河伯視之！」〔一〕乃投璧河中，以與子犯盟。是時介子推從，在船中，乃笑曰：「天實開公子，而子犯以爲己功而要市於君，固足羞也。吾不忍與同位。」乃自隱。渡河。秦兵圍令狐，晉軍于廬柳。〔二〕二月辛丑，咎犯與秦晉大夫盟于郇。〔三〕壬寅，重耳入于晉師。丙午，入於曲沃。丁未，朝于武宮，【四】即位爲晉君，是爲文公。羣臣皆往。懷公圉奔高梁。戊申，使人殺懷公。

【一】索隱 視猶見也。

【二】集解 韋昭曰：「廬柳，晉地也。」

【三】集解 杜預曰：「解縣西北有郇城。」 索隱 音荀，即文王之子所封。又音環。

【四】集解 賈逵曰：「文公之祖武公廟也。」

懷公故大臣呂省、郤芮本不附文公，文公立，恐誅，乃欲與其徒謀燒公宮，殺文公。文公不知。始嘗欲殺文公宦者履鞮知其謀，欲以告文公，解前罪，求見文公。文公不見，使人讓曰：「蒲城之事，女斬予袪。其後我從狄君獵，女爲惠公來求殺我。惠公與女期三日至，而女一日至，何速也？女其念之。」宦者曰：「臣刀鋸之餘，不敢以二心事君倍主，故得罪於君。君已反國，其毋蒲、翟乎？且管仲射鉤，桓公以霸。今刑餘之人以事告而君不見，禍又且及矣。」於是見之，遂以呂、郤等告文公。文公欲召呂、郤，呂、郤等黨多，文公恐初入國，國人賣己，乃爲微行，會秦繆公於王城，【一】國人莫知。三月己丑，呂、郤等果反，焚公宮，不得文公。文公之衛徒與戰，呂、郤等引兵欲奔，秦繆公誘呂、郤等，殺之河上，晉國復而文公得歸。夏，迎夫人於秦，秦所與文公妻者卒爲夫人。秦送三千人爲衛，以備晉亂。

【一】索隱杜預云：「馮翊臨晉縣東有故王城，今名武鄉城。」

文公修政，施惠百姓。賞從亡者及功臣，大者封邑，小者尊爵。未盡行賞，周襄王以弟帶難出居鄭地，來告急晉。晉初定，欲發兵，恐他亂起，是以賞從亡。未至隱者介子推。推亦不言祿，祿亦不及。推曰：「獻公子九人，唯君在矣。惠、懷無親，外內弃之；天未絕晉，必將有主，主晉祀者，非君而誰？天實開之，二三子以爲己力，不亦誣乎？竊人之財，猶曰是盜，況貪天之功以爲己力乎？下冒其罪，上賞其姦，上下相蒙，【一】難與處矣！」其母曰：「盍亦求之，以死，誰懟？」推曰：「尤而效之，罪有甚焉。且出怨言，不食其祿。」母曰：「亦使知之，若何？」對曰：「言，身之文也；身欲隱，安用文之？文之，是求顯也。」其母曰：「能如此乎？與女偕隱。」至死不復見。

【一】集解服虔曰：「蒙，欺也。」

介子推從者憐之，乃懸書宮門曰：「龍欲上天，五蛇爲輔。【一】龍已升雲，四蛇各入其宇，一蛇獨怨，終不見處所。」文公出，見其書，曰：「此介子推也。吾方憂王室，未圖其功。」使人召之，則亡。遂求所在，聞其入緜上山中，【二】於是文公環緜上山中而封之，以爲介推田，【三】號曰介山，「以記吾過，且旌善人」。【四】

【一】索隱龍喻重耳。五蛇即五臣，狐偃、趙衰、魏武子、司空季子及子推也。舊云五臣有先軫、顛頡，今恐二人非其數。

【二】集解賈逵曰：「緜上，晉地。」杜預曰：「西河介休縣南有地名緜上。」

【三】集解徐廣曰：「一作『國』。」

【四】集解賈逵曰：「旌，表也。」

從亡賤臣壺叔曰：「君三行賞，賞不及臣，敢請罪。」文公報曰：「夫導我以仁義，防我以德惠，此受上賞。輔我以行，卒以成立，此受次賞。矢石之難，汗馬之勞，此復受次賞。若以力事我而無補吾缺者，此復受次賞〔二〇〕。三賞之後，故且及子。」晉人聞之，皆說。

二年春，秦軍河上，【一】將入王。趙衰曰：「求霸莫如入王尊周。周晉同姓，晉不先入王，後秦入之，毋以令于天下。方今尊王，晉之資也。」三月甲辰，晉乃發兵至陽樊，【二】圍溫，入襄王于周。四月，殺王弟帶。周襄王賜晉河內陽樊之地。

【一】索隱晉地也。

【二】集解服虔曰：「陽樊，周地。陽，邑名也，樊仲山之所居，故曰陽樊。」

四年，楚成王及諸侯圍宋，宋公孫固如晉告急。先軫曰：「報施定霸，於今在矣。」【一】

狐偃曰：「楚新得曹而初婚於衛，若伐曹、衛，楚必救之，則宋免矣。」於是晉作三軍。【二】趙衰舉郤縠將中軍，郤臻佐之；使狐偃將上軍，狐毛佐之，命趙衰爲卿；欒枝將下軍，【三】先軫佐之；荀林父御戎，魏犨爲右：【四】往伐。冬十二月，晉兵先下山東，而以原封趙衰。【五】

【一】集解杜預曰：「報宋贈馬之施。」

【二】集解王肅曰：「始復成國之禮，半周軍也。」

【三】集解賈逵曰：「欒枝，欒賓之孫。」

【四】正義犨，昌由反，又音受。

【五】集解杜預曰：「河内沁水縣西北有原城。」

五年春，晉文公欲伐曹，假道於衛，衛人弗許。還自河南度，侵曹，伐衛。正月，取五鹿。二月，晉侯、齊侯盟于斂盂。【一】衛侯請盟晉，晉人不許。衛侯欲與楚，國人不欲，故出其君以説晉。衛侯居襄牛，【二】公子買守衛。楚救衛，不卒。【三】晉侯圍曹。三月丙午，晉師入曹，數之以其不用釐負羈言，而用美女乘軒者三百人也。令軍毋入僖負羈宗家以報德。楚圍宋，宋復告急晉。文公欲救，則攻楚，爲楚嘗有德，不欲伐也；欲釋宋，宋又嘗有德於晉：患之。【四】先軫曰：「執曹伯，分曹、衛地以與宋，楚急曹、衛，其勢宜釋宋。」【五】於是文公從之，而楚成王乃引兵歸。

【一】集解杜預曰：「衞地也。」

【二】集解服虔曰：「衞地也。」

【三】集解徐廣曰：「一作『勝』。」

【四】索隱晉若攻楚，則傷楚子送其入秦之德；又欲釋宋不救，乃虧宋公贈馬之惠。進退有難，是以患之。

【五】索隱楚初得曹，又新婚於衞，今晉執曹伯而分曹、衞之地與宋，則楚急曹、衞，其勢宜釋宋。

楚將子玉曰：「王遇晉至厚，今知楚急曹、衞而故伐之，是輕王。」王曰：「晉侯亡在外十九年，困日久矣，果得反國，險阸盡知之，能用其民，天之所開，不可當。」子玉請曰：「非敢必有功，願以閒執讒慝之口也。」【一】楚王怒，少與之兵。於是子玉使宛春告晉：【二】「請復衞侯而封曹，臣亦釋宋。」咎犯曰：「子玉無禮矣，君取一，臣取二，勿許。」【三】先軫曰：「定人之謂禮。楚一言定三國，子一言而亡之，我則毋禮。不許楚，是弃宋也。不如私許曹、衞以誘之，執宛春以怒楚，【四】既戰而後圖之。」【五】晉侯乃囚宛春於衞，且私許復曹、衞。曹、衞告絕於楚。楚得臣怒，【六】擊晉師，晉師退。軍吏曰：「爲何退？」文公曰：「昔在楚，約退三舍，可倍乎！」楚師欲去，得臣不肯。四月戊辰，宋公、【七】齊將、【八】秦將【九】與晉侯次城濮。【一〇】己巳，與楚兵合戰，楚兵敗，得臣收餘兵去。甲午，晉師還至衡雍，【一一】作

王宮于踐土。【一三】

【一】集解服虔曰："子玉非敢求有大功，但欲執蔿賈讒慝之口，謂子玉過三百乘不能入也。"杜預曰："執猶塞也。"

【二】集解賈逵曰："宛春，楚大夫。"

【三】集解韋昭曰："君，文公也。臣，子玉也。一謂釋宋圍，二謂復曹、衞。"

【四】集解韋昭曰："怒楚，令必戰。"

【五】集解杜預曰："須勝負決乃定計。"

【六】集解得臣即子玉。

【七】索隱成公王臣。

【八】索隱國歸父。

【九】索隱小子憖也。

【一〇】集解賈逵曰："衞地也。"

【一一】集解杜預曰："衡雍，鄭地，今滎陽卷縣也。"

【一二】集解服虔曰："既敗楚師，襄王自往臨踐土，賜命晉侯，晉侯聞而爲之作宮。"索隱杜預云"踐土，鄭地"。然據此文，晉師還至衡雍，衡雍在河南也。故劉氏云踐土在河南。下文踐土在河北，今元城縣西有踐土驛，義或然也。

初，鄭助楚，楚敗，懼，使人請盟晉侯。晉侯與鄭伯盟。

五月丁未，獻楚俘於周，【一】駟介百乘，徒兵千。【二】天子使王子虎命晉侯爲伯，【三】賜大輅，彤弓矢百，玈弓矢千，【四】秬鬯一卣，珪瓚，【五】虎賁三百人。【六】晉侯三辭，然后稽首受之。【七】周作晉文侯命：「王若曰：父義和，【八】丕顯文、武，能慎明德，【九】昭登於上，布聞在下，【一〇】維時上帝集厥命于文、武。【一一】恤朕身，繼予一人永其在位。」【一二】於是晉文公稱伯。癸亥，王子虎盟諸侯於王庭。【一三】

【一】正義俘音孚，囚也。

【二】集解服虔曰：「駟介，駟馬被甲也。徒兵，步卒也。」

【三】集解賈逵曰：「王子虎，周大夫。」

【四】集解賈逵曰：「大輅，金輅。彤弓，赤。玈弓，黑也。諸侯賜弓矢，然後征伐。」正義彤，徒冬反。玈音盧。

【五】集解賈逵曰：「秬，黑黍。鬯，香酒也。所以降神。卣，器名。諸侯賜珪瓚，然後爲鬯。」

【六】集解賈逵曰：「天子卒曰虎賁。」

【七】集解賈逵曰：「稽首，首至地。」

【八】集解孔安國曰：「同姓，故稱曰父。」馬融曰：「王順曰，父能以義和我諸侯。」索隱按：尚書文侯之命是平王命晉文侯仇之語，今此文乃襄王命文公重耳之事，代數懸隔，勳策全乖。太史公雖復彌縫左氏，而系家頗亦時有疏謬。裴氏集解亦引孔、馬之注，而都不言時代乖角，何習迷而同醉也？然計平王至襄王爲七代，仇至重耳爲十一代而十三侯。又平王元年至魯僖二十八年，當襄二十年，爲一百三十餘歲矣，學者頗合討論之。而劉伯莊以爲蓋天子命晉同此一辭，尤非也。

【九】集解孔安國曰：「文王、武王能詳慎顯用明德。」

【一〇】集解馬融曰：「昭，明也。上謂天，下謂人。」

【一一】集解孔安國曰：「惟以是故集成其王命，德流子孫。」

【一二】集解孔安國曰：「當憂念我身，則我一人長安王位。」

【一三】集解服虔曰：「王庭，踐土也。」索隱服氏知王庭是踐土者，據二十八年五月「公會晉侯，盟于踐土」，又此上文「四月甲午，作王宫于踐土」。王庭即王宫也。

晉焚楚軍，火數日不息，文公歎。左右曰：「勝楚而君猶憂，何？」文公曰：「吾聞能戰勝安者唯聖人，是以懼。且子玉猶在，庸可喜乎！」子玉之敗而歸，楚成王怒其不用其言，貪與晉戰，讓責子玉，子玉自殺。晉文公曰：「我擊其外，楚誅其内，内外相應。」於是乃喜。

春秋諱之也。

六月，晉人復入衞侯。壬午，晉侯度河北歸國。行賞，狐偃爲首。或曰：「城濮之事，先軫之謀。」文公曰：「城濮之事，偃説我毋失信。先軫曰『軍事勝爲右』，吾用之以勝。然此一時之説，偃言萬世之功，柰何以一時之利而加萬世功乎？是以先之。」

冬，晉侯會諸侯於温，欲率之朝周。力未能，恐其有畔者，乃使人言周襄王狩于河陽。壬申，遂率諸侯朝王於踐土。【一】孔子讀史記至文公，曰「諸侯無召王」。「王狩河陽」者，春秋諱之也。

【一】索隱按：左氏傳「五月，盟于踐土」，「冬，會諸侯于温，天王狩于河陽」，「壬申，公朝于王所」。此文亦説冬朝于王，當合於河陽温地，不合取五月踐土之文。

丁丑，諸侯圍許。曹伯臣或説晉侯曰：「齊桓公合諸侯而國異姓，今君爲會而滅同姓。曹，叔振鐸之後；晉，唐叔之後。合諸侯而滅兄弟，非禮。」晉侯説，復曹伯。

於是晉始作三行。【一】荀林父將中行，先縠將右行，【二】先蔑將左行。【三】

【一】集解服虔曰：「辟天子六軍，故謂之三行。」

【二】索隱左傳屠擊將右行，與此異。

【三】集解杜預曰：「三行無佐，疑大夫帥也。」索隱據左傳，荀林父並是卿，而云「大夫帥」者，非也。不置佐者，當避天子也。或新置三行，官未備耳。

七年，晉文公、秦繆公共圍鄭，以其無禮於文公亡過時，及城濮時鄭助楚也。圍鄭，欲得叔瞻。叔瞻聞之，自殺。鄭持叔瞻告晉。晉曰：「必得鄭君而甘心焉。」鄭恐，乃閒令使【一】謂秦繆公曰：「亡鄭厚晉，於晉得矣，而秦未爲利。君何不解鄭，得爲東道交？」【二】秦伯說，罷兵。晉亦罷兵。

【一】索隱使謂燭之武。

【二】索隱交猶好也。諸本及左傳皆作「主」。

九年冬，晉文公卒，子襄公歡立。是歲鄭伯亦卒。

鄭人或賣其國於秦，【一】秦繆公發兵往襲鄭。十二月，秦兵過我郊。襄公元年春，秦師過周，無禮，王孫滿譏之。兵至滑，鄭賈人弦高將市于周，遇之，以十二牛勞秦師。秦師驚而還，滅滑而去。

【一】正義左傳云秦、晉伐鄭，燭之武說秦，師罷。令杞子、逢孫、楊孫三大夫戍鄭。杞子自鄭使告於秦曰：「鄭人使我掌其北門之管，若潛師以來，國可得也。」

晉先軫曰：「秦伯不用蹇叔，反其衆心，此可擊。」欒枝曰：「未報先君施於秦，擊之，不可。」先軫曰：「秦侮吾孤，伐吾同姓，何德之報？」遂擊之。襄公墨衰絰。【二】四月，敗秦師于殽，虜秦三將孟明視、西乞秫、白乙丙以歸。遂墨以葬文公。【二】文公夫人秦女，謂襄公曰：「秦欲得其三將戮之。」公許，遣之。先軫聞之，謂襄公曰：「患生矣。」軫乃追秦將。秦將渡河，已在船中，頓首謝，卒不反。

【一】集解賈逵曰：「墨，變凶。」杜預曰：「以凶服從戎，故墨之。」

【二】集解服虔曰：「非禮也。」杜預曰：「記禮所由變也。」

後三年，秦果使孟明伐晉，報殽之敗，取晉汪以歸。【一】四年，秦繆公大興兵伐我，度河，取王官，【二】封殽尸而去。晉恐，不敢出，遂城守。五年，晉伐秦，取新城，【三】報王官役也。

【一】索隱按：左傳文二年，秦孟明視伐晉，報殽之役，無取晉汪之事。又其年冬，晉先且居等伐秦，取汪、彭衙而還。則汪是秦邑，止可晉伐秦取之，豈得秦伐晉而取汪也？或者晉先取之秦，今伐晉而收汪〔一二〕，是汪從晉來，故云取晉汪而歸也。彭衙在郃陽北，汪不知所在。

【二】正義括地志云：「王官故城在同州澄城縣西北六十里〔一三〕。」左傳文公三年，秦伐晉，取王官，即此。先言度河，史文顛倒耳。

【三】集解服虔曰：「秦邑，新所作城也。」

六年，趙衰成子、欒貞子、咎季子犯、霍伯皆卒。【一】趙盾代趙衰執政。

【一】集解賈逵曰：「欒貞子，欒枝也。霍伯，先且居也。」

七年八月，襄公卒。太子夷皋少。晉人以難故，【一】欲立長君。趙盾曰：「立襄公弟雍。好善而長，先君愛之；且近於秦，秦故好也。立善則固，事長則順，奉愛則孝，結舊好則安。」賈季曰：「不如其弟樂。辰嬴嬖於二君，【二】立其子，民必安之。」趙盾曰：「辰嬴賤，班在九人下，【三】其子何震之有！【四】且爲二君嬖，淫也。爲先君子，【五】不能求大而出在小國，僻也。母淫子僻，無威；【六】陳小而遠，無援：將何可乎！」使士會如秦迎公子雍。賈季亦使人召公子樂於陳。趙盾廢賈季，以其殺陽處父。【七】十月，葬襄公。十一月，賈季奔翟。是歲，秦繆公亦卒。

【一】集解服虔曰：「晉國數有患難。」

【二】集解服虔曰：「辰嬴，懷嬴也。二君，懷公、文公。」

【三】集解服虔曰：「班，次也。」

【四】集解賈逵曰：「震，威也。」

【五】正義樂，文公子也。

【六】正義僻，匹亦反。言樂僻隱在陳，而遠無援也。

【七】集解案：左傳，此時賈他爲太師，陽處父爲太傅。

靈公元年四月，秦康公曰：「昔文公之入也無衞，故有呂、郤之患。」乃多與公子雍衞。太子母繆嬴日夜抱太子以號泣於朝，曰：「先君何罪？其嗣亦何罪？舍適而外求君，將安置此？」【一】出朝，則抱以適趙盾所，頓首曰：「先君奉此子而屬之子，曰『此子材，吾受其賜；不材，吾怨子』。【二】今君卒，言猶在耳，【三】而弃之，若何？」趙盾與諸大夫皆患繆嬴，且畏誅，乃背所迎而立太子夷皋，是爲靈公。發兵以距秦送公子雍者。趙盾爲將，往擊秦，敗之令狐。先蔑、隨會亡奔秦。秋，齊、宋、衞、鄭、曹、許君皆會趙盾，盟於扈，【四】以靈公初立故也。

【一】集解服虔曰：「此，太子。」

【二】集解王肅曰：「怨其教導不至也。」

【三】集解杜預曰：「在宣子之耳。」

【四】集解杜預曰：「鄭地。滎陽卷縣西北有扈亭。」

四年，伐秦，取少梁。秦亦取晉之郩。【一】六年，秦康公伐晉，取羈馬。晉侯怒，使趙盾、趙穿、郤缺擊秦，大戰河曲，趙穿最有功。七年，晉六卿患隨會之在秦，常爲晉亂，乃詳令魏壽餘反晉降秦。秦使隨會之魏，因執會以歸晉。

【一】集解徐廣曰：「年表云北徵也。」索隱徐云年表曰徵。然按左傳，文十年春，晉人伐秦，取少梁。夏，秦伯伐晉，取北徵，北徵即年表之徵。今云「鄗」者，字誤也。徵，音懲，亦馮翊之縣名。

八年，周頃王崩，公卿爭權，故不赴。【一】晉使趙盾以車八百乘平周亂而立匡王。【二】是年，楚莊王初即位。十二年，齊人弑其君懿公。

【一】索隱按：春秋魯文十四年〔三〕「頃王崩，周公閱與王孫蘇爭政，故不赴」是也。

【二】索隱文十四年傳又云晉趙盾以諸侯之師八百乘納捷菑于邾，不克，乃還。而「周公閱與王孫蘇訟于晉，趙宣子平王室而復之」。則以車八百乘，自是宣子納邾捷菑，不關王室之事，但文相連耳，多恐是誤也。

十四年，靈公壯，侈，厚斂以彫牆。【一】從臺上彈人，觀其避丸也。宰夫胹熊蹯不熟，【二】靈公怒，殺宰夫，使婦人持其屍出弃之，過朝。趙盾、隨會前數諫，不聽；已又見死人手，二人前諫。隨會先諫，不聽。靈公患之，使鉏麑刺趙盾。【三】盾閨門開，居處節，鉏麑退，歎曰：「殺忠臣，弃君命，罪一也。」遂觸樹而死。【四】

【一】集解賈逵曰：「彫，畫也。」

【二】集解服虔曰：「蹯，熊掌，其肉難熟。」正義胹音而。蹯音樊。

【三】集解賈逵曰：「鉏麑，晉力士。」正義鉏音鋤。麑音迷。

【四】集解杜預曰：「趙盾庭樹也。」

初，盾常田首山，【一】見桑下有餓人。餓人，示眯明也。【二】盾與之食，食其半。問其故，曰：「宦三年，【三】未知母之存不，願遺母。」盾義之，益與之飯肉。已而爲晉宰夫，趙盾弗復知也。九月，晉靈公飲趙盾酒，伏甲將攻盾。公宰示眯明知之，恐盾醉不能起，而進曰：「君賜臣，觴三行【四】可以罷。」欲以去趙盾，令先，毋及難。盾既去，靈公伏士未會，先縱【五】齧狗名敖。【六】明爲盾搏殺狗。盾曰：「弃人用狗，雖猛何爲。」然不知明之爲陰德也。已而靈公縱伏士出逐趙盾，示眯明反擊靈公之伏士，伏士不能進，而竟脱盾。盾問其故，曰：「我桑下餓人。」問其名，弗告。【七】明亦因亡去。

【一】集解徐廣曰：「蒲阪縣有雷首山。」

【二】索隱鄒誕云示眯爲祁彌也，即左傳之提彌明也。「提」音市移反，劉氏亦音「祁」爲時移反，則「祁」「提」二字同音也。而此史記作「示」者，示即周禮古本「地神曰祇」，皆作「示」字。鄒爲「祁」者，蓋由「祇」「提」音相近，字遂變爲「祁」也。「眯」音米移反。以「眯」爲「彌」，亦音相近耳。又左氏桑下餓人是靈輒也〔二四〕。其示眯明，是嗾獒者也，其人鬬而死。今合二人爲一人，非也。

【三】集解服虔曰：「宦，宦學事也。」

【四】索隱如字。

【五】索隱縱，足用反。又本作「嗾」，又作「蹴」，同素后反。

【六】集解何休曰：「犬四尺曰敖。」

【七】集解服虔曰：「不望報。」

盾遂奔，未出晉境。乙丑，盾昆弟將軍趙穿襲殺靈公於桃園【一】而迎趙盾。趙盾素貴，得民和；靈公少，侈，民不附，故爲弒易。【二】盾復位。晉太史董狐書曰「趙盾弒其君」，以視於朝。盾曰：「弒者趙穿，我無罪。」太史曰：「子爲正卿，而亡不出境，反不誅國亂，非子而誰？」孔子聞之，曰：「董狐，古之良史也，書法不隱。【三】宣子，良大夫也，爲法受惡。【四】惜也，出疆乃免。」【五】

【一】集解虞翻曰：「園名也。」

【二】索隱以豉反。

【三】集解杜預曰：「不隱盾之罪。」

【四】集解服虔曰：「聞義則服。」杜預曰：「善其爲法受屈也。」正義爲，于僞反。

【五】集解杜預曰：「越境則君臣之義絶，可以不討賊也。」

趙盾使趙穿迎襄公弟黑臀于周而立之，是爲成公。

成公者，文公少子，其母周女也。壬申，朝于武宮。

成公元年，賜趙氏爲公族。【一】伐鄭，鄭倍晉故也。三年，鄭伯初立，附晉而弃楚。楚怒，伐鄭，晉往救之。

【一】集解服虔曰：「公族大夫也。」

六年，伐秦，虜秦將赤。【一】

【一】索隱赤即斥，謂斥候之人也。按：宣八年左傳「晉伐秦，獲秦諜，殺諸絳市」。蓋彼諜即此赤也。晉成公六年爲魯宣八年，正同，故知然。

七年，成公與楚莊王爭彊，會諸侯于扈。陳畏楚，不會。晉使中行桓子【一】伐陳，因救鄭，與楚戰，敗楚師。是年，成公卒，子景公據立。

【一】索隱荀林父也。

景公元年春，陳大夫夏徵舒弑其君靈公。二年，楚莊王伐陳，誅徵舒。

三年，楚莊王圍鄭，鄭告急晉。晉使荀林父將中軍，隨會將上軍，趙朔將下軍，郤克、欒書、先縠、韓厥、鞏朔佐之。六月，至河。聞楚已服鄭，鄭伯肉袒與盟而去，荀林父欲還。先縠曰：「凡來救鄭，不至不可，將率離心。」卒度河。楚已服鄭，欲飲馬于河爲名而去。楚與晉軍大戰。鄭新附楚，畏之，反助楚攻晉。晉軍敗，走河，爭度，船中人指甚衆。楚虜我將智罃。歸而林父曰：「臣爲督將，軍敗當誅，請死。」景公欲許之。隨會曰：「昔文公之與楚戰城濮，成王歸殺子玉，而文公乃喜。今楚已敗我師，又誅其將，是助楚殺仇也。」乃止。

四年，先縠以首計而敗晉軍河上，恐誅，乃奔翟，與翟謀伐晉。晉覺，乃族縠。縠，先軫子也。

五年，伐鄭，爲助楚故也。是時楚莊王彊，以挫晉兵河上也。

六年，楚伐宋，宋來告急晉，晉欲救之，伯宗謀曰：【一】「楚，天方開之，不可當。」乃使解揚紿爲救宋。【二】鄭人執與楚，楚厚賜，使反其言，令宋急下。解揚紿許之，卒致晉君言。楚欲殺之，或諫，乃歸解揚。

【一】集解賈逵曰：「伯宗，晉大夫。」

【二】集解服虔曰：「解揚，晉大夫。」

七年，晉使隨會滅赤狄。

八年，使郤克於齊。齊頃公母從樓上觀而笑之。所以然者，郤克僂，而魯使蹇，衞使眇，故齊亦令人如之以導客。郤克怒，歸至河上，曰：「不報齊者，河伯視之！」至國，請君，欲伐齊。景公問知其故，曰：「子之怨，安足以煩國！」弗聽。魏文子請老休，辟郤克，克執政。

九年，楚莊王卒。晉伐齊，齊使太子彊爲質於晉，晉兵罷。

十一年春，齊伐魯，取隆。【一】魯告急衞，衞與魯皆因郤克告急於晉。晉乃使郤克、欒書、韓厥以兵車八百乘與魯、衞共伐齊。夏，與頃公戰於鞌，傷困頃公。頃公乃與其右易位，下取飲，以得脱去。齊師敗走，晉追北至齊。頃公獻寶器以求平，不聽。郤克曰：「必得蕭桐姪子【二】爲質。」齊使曰：「蕭桐姪子，頃公母；頃公母猶晉君母，柰何必得之？不義，請復戰。」晉乃許與平而去。

【一】索隱劉氏云「隆即龍也，魯北有龍山」。又此年當魯成二年，經書「齊侯伐我北鄙」，傳曰「圍龍」。又鄒誕及別本作「倨」字，倨當作「鄆」。文十二年「季孫行父帥師城諸及鄆」，注曰「倨即鄆也」，字變耳。地理志云在東莞縣東也。

【二】索隱左傳作「叔子」。

楚申公巫臣盜夏姬以奔晉，晉以巫臣爲邢大夫。【一】

【一】集解賈逵曰：「邢，晉邑。」

十二年冬，齊頃公如晉，欲上尊晉景公爲王，景公讓不敢。晉始作六卿〔三五〕，【一】韓厥、鞏朔、趙穿、荀騅、【二】趙括、趙旃皆爲卿。智罃自楚歸。

【一】集解賈逵曰：「初作六軍，僭王也。」

【二】索隱音隹。謚文子。

十三年，魯成公朝晉，晉弗敬，魯怒去，倍晉。晉伐鄭，取汜。

十四年，梁山崩。【一】問伯宗，伯宗以爲不足怪也。【二】

【一】集解公羊傳曰：「梁山，河上山。」杜預曰：「在馮翊夏陽縣北也。」

【二】集解徐廣曰：「年表云『伯宗隱其人，用其言』。」

十六年，楚將子反怨巫臣，滅其族。巫臣怒，遺子反書曰：「必令子罷於奔命！」乃請使吳，令其子爲吳行人，教吳乘車用兵。吳晉始通，約伐楚。

十七年，誅趙同、趙括，族滅之。韓厥曰：「趙衰、趙盾之功豈可忘乎？柰何絶祀！」乃復令趙庶子武爲趙後，復與之邑。

十九年夏，景公病，立其太子壽曼爲君，是爲厲公。後月餘，景公卒。

厲公元年，初立，欲和諸侯，與秦桓公夾河而盟。歸而秦倍盟，與翟謀伐晉。三年，使呂相讓秦，〔一〕因與諸侯伐秦。至涇，敗秦於麻隧，虜其將成差。

〔一〕集解賈逵曰：「呂相，晉大夫。」

五年，三郤讒伯宗，殺之。〔一〕伯宗以好直諫得此禍，國人以是不附厲公。

〔一〕集解賈逵曰：「三郤，郤錡、郤犨、郤至也。」

六年春，鄭倍晉與楚盟，晉怒。欒書曰：「不可以當吾世而失諸侯。」乃發兵。厲公自將，五月，度河。聞楚兵來救，范文子請公欲還。郤至曰：「發兵誅逆，見彊辟之，無以令諸侯。」遂與戰。癸巳，射中楚共王目，楚兵敗於鄢陵。〔一〕子反收餘兵，拊循欲復戰，晉患之。共王召子反，其侍者豎陽穀進酒，子反醉，不能見。王怒，讓子反，子反死。王遂引兵歸。晉由此威諸侯，欲以令天下求霸。

〔一〕集解徐廣曰：「鄢，一作『焉』。」服虔曰：「鄢陵，鄭之東南地也。」索隱鄢音偃，又於連反。

厲公多外嬖姬，歸，欲盡去羣大夫而立諸姬兄弟。寵姬兄曰胥童，嘗與郤至有怨，及欒書又怨郤至不用其計而遂敗楚，〔一〕乃使人閒謝楚。楚來詐厲公曰：「鄢陵之戰，實至召楚，欲作亂，内子周立之。會與國不具，是以事不成。」厲公告欒書。欒書曰：「其殆有矣！願公試使人之周〔二〕微考之。」果使郤至於周。欒書又使公子周見郤至，郤至不知見賣也。厲公驗之，信然，遂怨郤至，欲殺之。八年，厲公獵，與姬飲，郤至殺豕奉進，宦者奪之。〔三〕郤至射殺宦者。公怒，曰：「季子欺予！」〔四〕將誅三郤，未發也。郤錡欲攻公，曰：「我雖死，公亦病矣。」郤至曰：「信不反君，智不害民，勇不作亂。失此三者，誰與我？我死耳！」十二月壬午，公令胥童以兵八百人襲攻殺三郤。胥童因以劫欒書、中行偃于朝，曰：「不殺二子，患必及公。」公曰：「一旦殺三卿，寡人不忍益也。」對曰：「人將忍君。」〔五〕公弗聽，謝欒書等以誅郤氏罪：「大夫復位。」二子頓首曰：「幸甚幸甚！」公使胥童爲卿。閏月乙卯，厲公游匠驪氏，〔六〕欒書、中行偃以其黨襲捕厲公，囚之，殺胥童，而使人迎公子周〔七〕于周而立之，是爲悼公。

〔一〕集解左傳曰：欒書欲待楚師退而擊之，郤至云「楚有六閒，不可失也」。

〔二〕集解虞翻曰：「周京師。」

〔三〕索隱宦者，孟張也。

〔四〕集解杜預曰：「公反以爲郤至奪豕也。」

【五】集解杜預曰：「人，謂書、偃。」

【六】集解賈逵曰：「匠驪氏，晉外嬖大夫在翼者。」

【七】集解徐廣曰：「一作『糾』。」

悼公元年正月庚申，欒書、中行偃弒厲公，葬之【一】以一乘車。【二】厲公囚六日死，死十日庚午，智罃迎公子周來，至絳，刑雞與大夫盟而立之，是爲悼公〔三六〕。辛巳，朝武宮。二月乙酉，即位。

【一】集解左傳曰：「葬之于翼東門之外也。」

【二】集解杜預曰：「言不以君禮葬也。諸侯葬車七乘。」

悼公周者，其大父捷，晉襄公少子也，不得立，號爲桓叔，桓叔最愛。桓叔生惠伯談，談生悼公周。周之立，年十四矣。悼公曰：「大父、父皆不得立而辟難於周，客死焉。寡人自以疏遠，毋幾爲君。【一】今大夫不忘文、襄之意而惠立桓叔之後，賴宗廟大夫之靈，得奉晉祀，豈敢不戰戰乎？大夫其亦佐寡人！」於是逐不臣者七人，修舊功，施德惠，收文公入時功臣後。秋，伐鄭。鄭師敗，遂至陳。

【一】索隱幾音冀，謂望也。

三年，晉會諸侯。【一】悼公問羣臣可用者，祁傒舉解狐。解狐，傒之仇。復問，舉其子祁午。君子曰：「祁傒可謂不黨矣！外舉不隱仇，内舉不隱子。」方會諸侯，悼公弟楊干亂行，【二】魏絳戮其僕。【三】悼公怒，或諫公，公卒賢絳，任之政，使和戎，戎大親附。十一年，悼公曰：「自吾用魏絳，九合諸侯，【四】和戎、翟，魏子之力也。」賜之樂，三讓乃受之。冬，秦取我櫟〔二七〕。【五】

【一】索隱 於鷄澤也。

【二】集解 賈逵曰：「行，陳也。」

【三】集解 賈逵曰：「僕，御也。」

【四】集解 服虔曰：「九合：一謂會于戚，二會城棣救陳，三會于鄬〔二八〕，四會于邢丘，五同盟于戲，六會于柤，七戍鄭虎牢，八同盟于亳城北，九會于蕭魚。」

【五】索隱 音歷。釋例云在河北，地闕。

十四年，晉使六卿率諸侯伐秦，度涇，大敗秦軍，至棫林而去。

十五年，悼公問治國於師曠。師曠曰：「惟仁義爲本。」冬，悼公卒，子平公彪立。

平公元年，伐齊，齊靈公與戰靡下，【一】齊師敗走。晏嬰曰：「君亦毋勇，何不止戰？」

遂去。晉追，遂圍臨菑，盡燒屠其郭中。東至膠，南至沂，齊皆城守，晉乃引兵歸。

【一】集解徐廣曰：「靡，一作『歷』。」索隱劉氏靡音眉綺反，即靡笄也。

六年，魯襄公朝晉。晉欒逞有罪，奔齊。八年，齊莊公微遣欒逞於曲沃，以兵隨之。齊兵上太行，欒逞從曲沃中反，襲入絳。絳不戒，平公欲自殺，范獻子止公，以其徒擊逞，逞敗走曲沃。曲沃攻逞，逞死，遂滅欒氏宗。逞者，欒書孫也。【一】其入絳，與魏氏謀。齊莊公聞逞敗，乃還，取晉之朝歌去，以報臨菑之役也。

【一】集解左傳「逞」作「盈」。

十年，齊崔杼弒其君莊公。晉因齊亂，伐敗齊於高唐去，報太行之役也。

十四年，吴延陵季子來使，與趙文子、韓宣子、魏獻子語，曰：「晉國之政，卒歸此三家矣。」

十九年，齊使晏嬰如晉，與叔嚮語。叔嚮曰：「晉，季世也。公厚賦爲臺池而不恤政，政在私門，其可久乎！」晏子然之。

二十二年，伐燕。二十六年，平公卒，子昭公夷立。

昭公六年卒。六卿彊，【一】公室卑。子頃公去疾立。

【一】索隱韓、趙、魏、范、中行及智氏爲六卿。後韓、趙、魏爲三卿，而分晉政，故曰三晉。

頃公六年，周景王崩，王子爭立。晉六卿平王室亂，立敬王。九年，魯季氏逐其君昭公，昭公居乾侯。十一年，衛、宋使使請晉納魯君。季平子私賂范獻子，獻子受之，乃謂晉君曰：「季氏無罪。」不果入魯君。十二年，晉之宗家祁傒孫、叔嚮子相惡於君。六卿欲弱公室，乃遂以法盡滅其族，而分其邑爲十縣，各令其子爲大夫。晉益弱，六卿皆大。十四年，頃公卒，子定公午立。

定公十一年，魯陽虎奔晉，趙鞅簡子舍之。十二年，孔子相魯。十五年，趙鞅使邯鄲大夫午，不信，欲殺午。午與中行寅、【一】范吉射【二】親，攻趙鞅，鞅走保晉陽。定公圍晉陽。荀櫟、韓不信、魏侈與范、中行爲仇，乃移兵伐范、中行。范、中行反，晉君擊之，敗范、中行。范、中行走朝歌，保之。韓、魏爲趙鞅謝晉君，乃赦趙鞅，復位。二十二年，晉敗范、中行氏，二子奔齊。

【一】索隱寅，荀偃之孫也。

【三】索隱音亦。范獻子士鞅之子。

三十年，定公與吳王夫差會黃池，爭長，趙鞅時從，卒長吳。【一】

【一】集解徐廣曰：「吳世家說黃池之盟云『趙鞅怒，將戰，吳乃長晉定公』。左氏傳云『乃先晉人』，外傳云『吳公先歃，晉公次之』。」

三十一年，齊田常弒其君簡公，而立簡公弟驁爲平公。三十三年，孔子卒。

三十七年，定公卒，子出公鑿立。

出公十七年，【一】知伯與趙、韓、魏共分范、中行地以爲邑。出公怒，告齊、魯，欲以伐四卿。【二】四卿恐，遂反攻出公。出公奔齊，道死。故知伯乃立昭公曾孫驕爲晉君，是爲哀公。【三】

【一】集解徐廣曰：「年表云出公立十八年。或云二十年。」

【二】索隱時趙、魏、韓共滅范氏及中行氏，而分其地，猶有智氏與三晉，故曰「四卿」也。

【三】索隱按：趙系家云驕是爲懿公。又年表云出公十八年，次哀公忌二年，次懿公驕十七年。紀年又云出公二十三年奔楚，乃立昭公之孫，是爲敬公。系本亦云昭公生桓子雍，雍生忌，忌生懿公驕。然晉、趙系家及年表各各不同，何況紀年之說也！

哀公大父雍，晉昭公少子也，號爲戴子。【一】戴子生忌。忌善知伯，蚤死，故知伯欲盡并晉，未敢，乃立忌子驕爲君。當是時，晉國政皆決知伯，晉哀公不得有所制。知伯遂有范、中行地，最彊。

【一】集解徐廣曰：「世本作『桓子雍』〔二九〕，注云『戴子』。」

哀公四年，趙襄子、韓康子、魏桓子共殺知伯，盡并其地。【一】

【一】索隱如紀年之説，此乃出公二十二年事。

十八年，哀公卒，子幽公柳立。

幽公之時，晉畏，反朝韓、趙、魏之君。【一】獨有絳、曲沃，餘皆入三晉。

【一】索隱畏，懼也。爲衰弱故，反朝韓、趙、魏也。宋忠引此注系本，而「畏」字爲「衰」。

十五年，魏文侯初立。【一】十八年，幽公淫婦人，夜竊出邑中，盜殺幽公。【二】魏文侯以兵誅晉亂，立幽公子止，是爲烈公。【三】

【一】索隱按紀年，魏文侯初立在敬公十八年。

【二】索隱紀年云夫人秦嬴賊公於高寢之上。

【三】索隱系本云幽公生烈公止〔三〇〕。又年表云「魏誅幽公，立其弟止」。

烈公十九年，周威烈王賜趙、韓、魏皆命爲諸侯。

二十七年，烈公卒，子孝公頎立。【一】孝公九年，魏武侯初立，襲邯鄲，不勝而去。十七年，孝公卒，【二】子靜公俱酒立。【三】是歲，齊威王元年也。

【一】索隱系本云孝公傾。紀年以孝公爲桓公，故韓子有「晉桓侯」。

【二】索隱紀年云桓公二十年趙成侯、韓共侯遷桓公於屯留。已後更無晉事。

【三】索隱系本云靜公俱。

靜公二年，魏武侯、韓哀侯、趙敬侯滅晉後而三分其地。【一】靜公遷爲家人，晉絶不祀。

【一】索隱按：紀年魏武侯以桓公十九年卒，韓哀侯、趙敬侯並以桓公十五年卒。又趙系家烈侯十六年與韓分晉〔三〕，封晉君端氏，其後十年，肅侯遷晉君於屯留。不同也。

太史公曰：晉文公，古所謂明君也，亡居外十九年，至困約，及即位而行賞，尚忘介子推，況驕主乎？靈公既弒，其後成、景致嚴，至厲大刻，大夫懼誅，禍作。悼公以後日衰，六卿專權。故君道之御其臣下，固不易哉！

【索隱述贊】天命叔虞，卒封於唐。桐珪既削，河、汾是荒。文侯雖嗣，曲沃日彊。未知本末，祚傾桓莊。獻公昏惑，太子罹殃。重耳致霸，朝周河陽。靈既喪德，厲亦無防。四卿侵侮，晉祚遽亡。

校勘記

〔一〕文在其手曰虞　王念孫雜志史記第三：「『文』上脱『有』字，當依左傳及鄭世家補。初學記、太平御覽天部引晉世家皆有『有』字。」

〔二〕蓋別封劉累之孫于大夏之墟爲侯　「蓋」，原作「召孟」。本書卷四二鄭世家「唐人是因，服事夏、商」正義引括地志作「蓋」，今據改。又，「爲侯」，鄭世家「唐人是因，服事夏、商」正義引括地志作「爲唐侯」，疑此脱「唐」字。按：詩魏風譜孔穎達疏：「晉初，唐叔封爲唐侯。」

〔三〕在周爲唐杜氏　「唐杜氏」，原作「杜唐氏」，據本書卷四二鄭世家「唐人是因，服事夏、商」正義及上下文改。按：左傳襄公二十四年：「在周爲唐杜氏。」

〔四〕上唐鄉故城即是　「是」字原無。本書卷四〇楚世家「楚昭王滅唐」正義引括地志云「上唐鄉故城在隨州棗陽縣東南百五十里，古之唐國也」。今據補。

〔五〕國都城記　「國」上原有「宗」字，據黄本、彭本、柯本、凌本删。按：本書卷四七孔子世家正義引括地志亦稱「國都城記」。

〔六〕今并理故唐城　「并」，疑當作「并州」。按：通鑑卷一周紀一安王九年「子孝公傾立」胡三省注引括地志作「并州」。

〔七〕穆侯費王　「王」，疑當作「生」。索隱本標字作「晉穆公生」。本書卷一四十二諸侯年表「穆侯弗生」索隱云「系家名費生，或作『潰生』」。

〔八〕或作潰王　「王」，疑當作「生」。參見上條。

〔九〕周平王使虢公將兵伐曲沃莊伯　「平王」，疑當作「桓王」。按：本書卷一四十二諸侯年表桓王二年「使虢公伐晉之曲沃」。左傳隱公五年：「秋，王命虢公伐曲沃。」隱公五年當周桓王二年。

〔一〇〕是取之天子也　禮記曲禮下鄭玄注作「是僭取於天子號也」。

〔一一〕掌陰事今閹士也　國語晉語二韋昭注作「掌陰事陰命閹士也」。按：周禮天官内小臣：「掌王之陰事陰令。」

〔一二〕以馬齒戲喻荀息之年老也　公羊傳僖公二年何休注：「以馬齒長戲之，喻荀息之年老也。」

〔一三〕言此言之玷　「玷」，景祐本、紹興本、耿本、黄本、彭本、殿本作「缺」，左傳僖公九年杜預注同。

〔一四〕乃遺里克書　「乃」，原作「及」，據景祐本、紹興本、耿本、黄本、彭本、柯本、殿本改。

〔一五〕故復使登車　左傳僖公十年杜預注「車」下有「爲僕」二字。

〔一六〕更作也更喪謂改喪言後十四年晉不昌　耿本、黄本、彭本、殿本作「更改也更葬謂改葬」。

〔一七〕不憚立子圉　左傳僖公十五年云「不憚征繕，以立圉也」。

〔一八〕有此二故不和　左傳僖公十五年云「有死無二，以此不和」。

〔一九〕非以爲可用與　「與」，景祐本、紹興本、耿本、黄本、彭本、柯本、凌本、殿本作「興」。

〔二〇〕此復受次賞　「復」字原無。王念孫雜志史記第三：「上既云『此復受次賞』，則此亦當然。若無『復』字，則文義不明。太平御覽治道部引此正作『此復受次賞』。」按：通志卷七七周同姓世家一有「復」字。今據補。

〔二一〕收汪　「收」，耿本、黄本、彭本、柯本、凌本、殿本作「取」。

〔二二〕六十里　本書卷五秦本紀「取王官及鄗」正義引括地志作「九十里」。

〔二三〕十四年　原作「十二年」，據下索隱引文及左傳文公十四年改。

〔二四〕又左氏　耿本、黄本、彭本、殿本作「又據左氏宣公二年」，柯本、凌本「二」訛作「三」。

〔二五〕晉始作六卿　張文虎札記卷四：「『卿』當作『軍』。」按：張説是。左傳成公三年：「十二月甲戌，晉作六軍。」杜預注：「爲六軍，僭王也。」集解引賈逵曰：「初作六軍，僭王也。」與杜預注合。先是晉有上、中、下三軍，此時增新上軍、新中軍、新下軍，故云「始作六軍」。

〔二六〕是爲悼公　張文虎札記卷四：「四字複出，疑衍。」按：通志卷七七周同姓世家一無此四字。

〔二七〕秦取我櫟　「取」，本書卷一四十二諸侯年表作「敗」。左傳襄公十一年：「己丑，秦、晉戰于櫟，晉師敗績，易秦故也。」

〔二八〕三會于鄬　「鄬」，疑當作「鄢」。按：左傳襄公十一年孔穎達疏引服虔作「鄢」。春秋經襄公七年：「十有二月，公會晉侯、宋公、陳侯、衛侯、曹伯、莒子、邾子于鄬。」左傳：「楚子囊圍陳，會于鄬以救之。」

〔二九〕世本作桓子雍　「桓」，原作「相」，據景祐本、紹興本、耿本、黄本、彭本、柯本、殿本及上索隱引世本改。

〔三〇〕烈公止　「烈公」，耿本、黄本、彭本、柯本、凌本、殿本作「烈成公」。

〔三一〕又趙系家烈侯十六年與韓分晉　疑文有脱誤。按：本書卷四三趙世家「烈侯」作「成侯」，「韓」下有「魏」字。本書卷四四魏世家「（魏武侯）十一年，與韓、趙三分晉地」，卷四五韓世家「哀侯元年，與趙、魏分晉國」，文例皆同。

史記卷四十

楚世家第十

楚之先祖出自帝顓頊高陽。高陽者，黄帝之孫，昌意之子也。高陽生稱，〔一〕稱生卷章，卷章生重黎。〔二〕重黎爲帝嚳高辛居火正，〔三〕甚有功，能光融天下，帝嚳命曰祝融。〔四〕共工氏作亂，帝嚳使重黎誅之而不盡。帝乃以庚寅日誅重黎，而以其弟吳回爲重黎後，復居火正，爲祝融。

〔一〕正義尺證反。

〔二〕集解徐廣曰：「世本云老童生重黎及吳回。」譙周曰：「老童即卷章。」索隱卷章名老童，故系本云「老童生重黎」。重氏、黎氏二官代司天地，重爲木正，黎爲火正。案：左氏傳少昊氏之子曰重，顓頊氏之子曰黎。今以重黎爲一人，仍是顓頊之子孫者，劉氏云「少昊氏之後曰重，顓頊氏之後曰重黎，對彼重則單稱黎，若自言當家則稱重黎。故楚及司馬氏皆重黎之後，非關少昊之重」。愚謂此解爲當。

【三】索隱 此重黎爲火正，彼少昊氏之後重自爲木正，知此重黎即彼之黎也。

【四】集解 虞翻曰：「祝，大；融，明也。」韋昭曰：「祝，始也。」

吴回生陸終。陸終生子六人，坼剖而産焉。【一】其長一曰昆吾；【二】二曰參胡；【三】三曰彭祖；【四】四曰會人；【五】五曰曹姓；【六】六曰季連，芈姓，[一]楚其後也。【七】昆吾氏，夏之時嘗爲侯伯，桀之時湯滅之。彭祖氏，殷之時嘗爲侯伯，殷之末世滅彭祖氏。季連生附沮，【八】附沮生穴熊。其後中微，或在中國，或在蠻夷，弗能紀其世。

【一】集解 干寶曰：「先儒學士多疑此事。譙允南通才達學，精核數理者也，作古史考，以爲作者妄記，廢而不論。余亦尤其生之異也。然按六子之世，子孫有國，升降六代，數千年閒，迭至霸王，天將興之，必有尤物乎？若夫前志所傳，修己背坼而生禹，簡狄胷剖而生契，歷代久遠，莫足相證。近魏黄初五年，汝南屈雍妻王氏生男兒從右胳下水腹上出，而平和自若，數月創合，母子無恙，斯蓋近事之信也。以今況古，固知注記者之不妄也。天地云爲，陰陽變化，安可守之一端，概以常理乎？詩云『不坼不副，無災無害』。原詩人之旨，明古之婦人嘗有坼副而産者矣。又有因産而遇災害者，故美其無害也。」索隱 系本云：「陸終娶鬼方氏妹，曰女嬇。」

【二】集解 虞翻曰：「昆吾名樊，爲己姓，封昆吾。」世本曰：「昆吾者，衞是也。」索隱 長曰昆吾。

系本云：「其一曰樊，是爲昆吾。」又曰：「昆吾者，衞是。」宋忠曰：「昆吾，國名，己姓所出。」左傳曰：衞侯夢見披髮登昆吾之觀。按：今濮陽城中有昆吾臺。【正義】括地志云：「濮陽縣，古昆吾國也。昆吾故城在縣西三十里，臺在縣西百步，即昆吾墟也。」

【三】【集解】世本曰：「參胡者，韓是也。」【索隱】系本云：「二曰惠連，是爲參胡。參胡者，韓是。」宋忠曰：「參胡，國名，斟姓〔二〕，無後。」

【四】【集解】虞翻曰：「名翦，爲彭姓，封於大彭。」世本曰：「彭祖者，彭城是也。」【索隱】系本云：「三曰籛鏗，是爲彭祖。彭祖者，彭城是。」虞翻云：「名翦，爲彭姓，封於大彭。」【正義】括地志云：「彭城，古彭祖國也。外傳云殷末滅彭祖國也。虞翻云名翦。神仙傳云彭祖諱鏗，帝顓頊之玄孫，至殷末年已七百六十七歲而不衰老，遂往流沙之西，非壽終也。」

【五】【集解】世本曰：「會人者，鄭是也。」【索隱】系本云：「四曰求言，是爲鄶人。鄶人者，鄭是。」宋忠曰：「求言，名也。妘姓所出，鄶國也。」【正義】括地志云：「故鄶城在鄭州新鄭縣東北二十二里〔三〕。毛詩譜云『昔高辛之土，祝融之墟〔四〕』。歷唐至周，重、黎之後妘姓處其地，是爲鄶國，爲鄭武公所滅也。」

【六】【集解】世本曰：「曹姓者，邾是也。」【索隱】系本云：「五曰安，是爲曹姓。曹姓，邾是。」宋忠曰：「安，名也。曹姓者，諸曹所出。」【正義】括地志云：「故邾國在黃州黃岡縣東南百二十一里，史記云邾子，曹姓也。」

【七】索隱系本云：「六曰季連，是爲羋姓。季連者，楚是。」宋忠曰：「季連，名也。羋姓所出，楚之先。」羋音彌是反。羋，羊聲也。

【八】集解孫檢曰：「一作『祖』。」索隱沮音才敍反。

周文王之時，季連之苗裔曰鬻熊。鬻熊子事文王，蚤卒。其子曰熊麗。熊麗生熊狂，熊狂生熊繹。

熊繹當周成王之時，舉文、武勤勞之後嗣，而封熊繹於楚蠻，封以子男之田，姓羋氏，居丹陽。【一】楚子熊繹與魯公伯禽、衞康叔子牟、晉侯燮、齊太公子呂伋俱事成王。

【一】集解徐廣曰：「在南郡枝江縣。」正義潁容左傳例云〔五〕：「楚居丹陽，今枝江縣故城是也。」括地志云：「歸州巴東縣東南四里歸故城，楚子熊繹之始國也。又熊繹墓在歸州秭歸縣。輿地志云秭歸縣東有丹陽，城周迴八里，熊繹始封也。」

熊繹生熊艾，熊艾生熊䵣，【一】熊䵣生熊勝。熊勝以弟熊楊【二】爲後。熊楊生熊渠。

【一】索隱一作「黮」，音土感反。䵣音但，與「亶」同字，亦作「亶」。

【二】索隱鄒誕本作「熊錫」。一作「煬」。

熊渠生子三人。當周夷王之時，王室微，諸侯或不朝，相伐。熊渠甚得江漢閒民和，乃興兵伐庸、〔一〕楊粵，〔二〕至于鄂。〔三〕熊渠曰：「我蠻夷也，不與中國之號謚。」乃立其長子康爲句亶王，〔四〕中子紅爲鄂王，〔五〕少子執疵爲越章王，〔六〕皆在江上楚蠻之地。及周厲王之時，暴虐，熊渠畏其伐楚，亦去其王。

〔一〕集解杜預曰：「庸，今上庸縣。」正義括地志云：「房州竹山縣，本漢上庸縣，古之庸國。昔周武王伐紂，庸蠻在焉。」

〔二〕索隱有本作「楊雩」，音吁，地名也。今音越。譙周亦作「楊越」。

〔三〕正義五各反。劉伯莊云：「地名，在楚之西，後徙楚，今東鄂州是也。」括地志云：「鄧州向城縣南二十里西鄂故城是楚西鄂。」

〔四〕集解張瑩曰：「今江陵也。」索隱系本「康」作「庸」，「亶」作「袒」。地理志云江陵，南郡之縣也。楚文王自丹陽徙都之。

〔五〕集解九州記曰：「鄂，今武昌。」索隱有本作「藝經」二字，音摯紅，從下文熊摯紅讀也。古史考及鄒氏、劉氏等音無藝經，恐非也。正義括地志云：「武昌縣，鄂王舊都。今鄂王神即熊渠子之神也。」

〔六〕索隱系本無「執」字，「越」作「就」。

後爲熊毋康，【一】毋康蚤死。熊渠卒，子熊摯紅立。【二】摯紅卒，其弟弒而代立，曰熊延。【三】熊延生熊勇。

【一】集解徐廣曰：「即渠之長子。」

【二】索隱如此史意即上鄂王紅也。譙周以爲「熊渠卒，子熊翔立；卒，長子摯有疾，少子熊延立」。此云「摯紅卒，其弟殺而自立，曰熊延」。欲會此代系，則翔亦毋康之弟，元嗣熊渠者。毋康既蚤亡，摯紅立而被延殺，故史考言「摯有疾」，而此言「弒」也。正義即上鄂王紅也。

【三】正義譙周言「摯有疾」，此言「弒」，未詳。宋均注樂緯云：「熊渠嫡嗣曰熊摯，有惡疾，不得爲後，別居於夔，爲楚附庸，後王命曰夔子也。」

熊勇六年，而周人作亂，攻厲王，厲王出奔彘。熊勇十年，卒，弟熊嚴爲後。

熊嚴十年，卒。有子四人，長子伯霜，中子仲雪，次子叔堪，【一】少子季徇。【二】熊嚴卒，長子伯霜代立，是爲熊霜。

【一】索隱一作「湛」。

【二】索隱旬俊反。

熊霜元年，周宣王初立。熊霜六年卒，三弟爭立。仲雪死；叔堪亡，避難於濮；【一】而少弟季徇立，是爲熊徇。熊徇十六年，鄭桓公初封於鄭。二十二年，熊徇卒，子熊咢【二】

立。熊咢九年，卒，子熊儀立，是爲若敖。

【一】集解杜預曰：「建寧郡南有濮夷。」正義按：建寧，晉郡，在蜀南，與蠻相近。劉伯莊云：「濮在楚西南。」孔安國云：「庸、濮在漢之南〔六〕。」按：成公元年「楚地千里」，孔説是也。

【二】索隱噩音鄂，亦作「咢」。

若敖二十年，周幽王爲犬戎所弒，周東徙，而秦襄公始列爲諸侯。

二十七年，若敖卒，子熊坎【一】立，是爲霄敖。霄敖六年卒，子熊眴立，【二】是爲蚡冒。【三】蚡冒十三年，晉始亂，以曲沃之故。蚡冒十七年卒。蚡冒弟熊通弒蚡冒子而代立，是爲楚武王。

【一】索隱苦感反。一作「菌」，又作「欽」。

【二】集解徐廣曰：「眴音舜。」索隱徐音舜。按：玉篇在口部，顧氏云「楚之先，即蚡冒也」。劉音舜，其近代本即有字從目者。徐音舜，非。

【三】索隱古本「蚡」作「羒」，音憤。冒音亡北反，或亡報反。

武王十七年，晉之曲沃莊伯弒主國晉孝侯。十九年，鄭伯弟段作亂。二十一年，鄭侵天子之田。二十三年，衞弒其君桓公。二十九年，魯弒其君隱公。三十一年，宋太宰華督弒其君殤公。

三十五年，楚伐隨。【一】隨曰：「我無罪。」楚曰：「我蠻夷也。今諸侯皆爲叛相侵，或相殺。我有敝甲，欲以觀中國之政，請王室尊吾號。」隨人爲之周，請尊楚，王室不聽，還報楚。三十七年，楚熊通怒曰〔七〕：「吾先鬻熊，文王之師也，蚤終。成王舉我先公，乃以子男田令居楚，蠻夷皆率服，而王不加位，我自尊耳。」乃自立，爲武王，與隨人盟而去。於是始開濮地而有之。

【一】集解賈逵曰：「隨，姬姓也。」杜預曰：「隨國，今義陽隨縣。」正義括地志云：「隨州外城古隨國地。」世本云：「楚武王墓在豫州新息。隨，姬姓也。武王卒師中而兵罷。」括地志云「上蔡縣東北五十里」是也。

五十一年，周召隨侯，數以立楚爲王。楚怒，以隨背己，伐隨。武王卒師中而兵罷。【二】子文王熊貲立，始都郢。【三】

【二】集解皇覽曰：「楚武王冢在汝南郡鮦陽縣葛陂鄉城東北，民謂之楚王岑。漢永平中，葛陵城北祝里社下於土中得銅鼎，而名曰『楚武王』，由是知楚武王之冢。民傳言，秦、項、赤眉之時欲發之，輒頽壞填壓，不得發也。」正義有本注「葛陂鄉」作「葛陵鄉」者，誤也。地理志云新蔡縣西北六十里有葛陂鄉，即費長房投竹成龍之陂，因爲鄉名也。

【二】正義括地志云：「紀南故城在荆州江陵縣北五十里〔八〕。杜預云國都於郢，今南郡江陵縣北紀南城是也。」括地志云：「又至平王，更城郢，在江陵縣東北六里，故郢城是也。」

文王二年，伐申，過鄧，【一】鄧人曰「楚王易取」，鄧侯不許也。【二】六年，伐蔡，【三】虜蔡哀侯以歸，已而釋之。楚彊，陵江漢閒小國，小國皆畏之。十一年，齊桓公始霸，楚亦始大。

【一】正義括地志云：「故申城在鄧州南陽縣北三十里。晉太康地志云周宣王舅所封。故鄧城在襄州安養縣北二十里。春秋之鄧國，莊十六年楚文王滅之。」

【二】集解服虔云：「鄧，曼姓。」

【三】正義豫州上蔡縣在州北七十里，古蔡國也。縣外城，蔡國城也。

十二年，伐鄧，滅之。十三年，卒，子熊囏立，【一】是爲莊敖〔九〕。【二】莊敖五年，欲殺其弟熊惲，【三】惲奔隨，與隨襲弒莊敖代立，是爲成王。

【一】集解史記音隱云：「囏，古『艱』字。」

【二】索隱上音側狀反。

【三】索隱惲音紆粉反。左傳作「頵」，紆貧反。

成王惲元年，初即位，布德施惠，結舊好於諸侯。使人獻天子，天子賜胙，曰：「鎮爾南方夷越之亂，無侵中國。」於是楚地千里。

十六年，齊桓公以兵侵楚，至陘山。【一】楚成王使將軍屈完【二】以兵禦之，與桓公盟。桓公數以周之賦不入王室，楚許之，乃去。

【一】正義杜預云：「陘，楚地。潁川召陵縣南有陘亭。」括地志云「陘山在鄭州西南一百一十里〔一〇〕」，即此山也。

【二】正義屈，曲勿反；完音桓。楚族也。

十八年，成王以兵北伐許，【一】許君肉袒謝，乃釋之。二十二年，伐黃。【二】二十六年，滅英。【三】

【一】集解地理志曰潁川許昌縣，故許國也〔一一〕。

【二】索隱汝南弋陽縣，故黃國。正義括地志云：「黃國故城，漢弋陽縣也。秦時黃都，嬴姓，在光州定城縣四十里也〔一二〕。」

【三】集解徐廣曰：「年表及他本皆作『英』，一本作『黃』。」正義英國在淮南，蓋蓼國也，不知改名時也。

三十三年，宋襄公欲爲盟會，召楚。楚王怒曰：「召我，我將好往襲辱之。」遂行，至盂，【一】遂執辱宋公，已而歸之。三十四年，鄭文公南朝楚。楚成王北伐宋，敗之泓，射傷宋襄公，襄公遂病創死。

【一】正義音于，宋地也。

三十五年，晉公子重耳過【三】，成王以諸侯客禮饗，而厚送之於秦。

三十九年，魯僖公來請兵以伐齊，楚使申侯將兵伐齊，取穀，【一】置齊桓公子雍焉。齊桓公七子皆奔楚，楚盡以爲上大夫。滅夔，夔不祀祝融、鬻熊故也。【二】

【一】集解杜預曰：「濟北穀城縣。」正義括地志云：「穀在濟州東阿縣東二十六里。」

【二】集解服虔曰：「夔，楚熊渠之孫，熊摯之後。夔在巫山之陽，秭歸鄉是也。」索隱譙周作「滅歸」，歸即夔之地，名歸鄉也。

夏，伐宋，宋告急於晉，晉救宋，成王罷歸。將軍子玉請戰，成王曰：「重耳亡居外久，卒得反國，天之所開，不可當。」子玉固請，乃與之少師而去。晉果敗子玉於城濮。成王怒，誅子玉。

四十六年。初，成王將以商臣爲太子，語令尹子上。子上曰：「君之齒未也，【一】而又多內寵，絀乃亂也。楚國之舉，常在少者。【二】且商臣蠭目而豺聲，忍人也，【三】不可立也。」王不聽，立之。後又欲立子職【四】而絀太子商臣。商臣聞而未審也，告其傅潘崇曰：「何以得其實？」崇曰：「饗王之寵姬【五】江芈【六】而勿敬也。」商臣從之。江芈怒曰：「宜乎王之欲殺若而立職也。」商臣告潘崇曰：「信矣。」崇曰：「能事之乎？」【七】曰：「不能。」「能亡去乎？」曰：「不能。」「能行大事乎？」【八】曰：「能。」冬十月，商臣以宮衛兵圍成王。成王請食熊蹯而死，【九】不聽。丁未，成王自絞殺。商臣代立，是爲穆王。

【一】集解杜預曰：「齒，年也。言尚少。」
【二】集解賈逵曰：「舉，立也。」
【三】集解服虔曰：「言忍爲不義。」
【四】集解賈逵曰：「職，商臣庶弟也。」
【五】集解姬，當作「妹」。
【六】正義芈，亡爾反。
【七】集解服虔曰：「若立職，子能事之？」
【八】集解服虔曰：「謂弒君。」
【九】集解杜預曰：「熊掌難熟，冀久將有外救之也。」

穆王立，以其太子宮予潘崇，使爲太師，掌國事。穆王三年，滅江。【一】四年，滅六、蓼。六、蓼，皋陶之後。〔二〕八年，伐陳。十二年，卒。子莊王侶立。

〔一〕集解杜預曰：「江國在汝南安陽縣。」

〔二〕集解杜預曰：「六國，今廬江六縣。蓼國，今安豐蓼縣。」

莊王即位三年，不出號令，日夜爲樂，令國中曰：「有敢諫者死，無赦！」伍舉入諫。莊王左抱鄭姬，右抱越女，坐鍾鼓之閒。伍舉曰：「願有進。」隱〔一〕曰：「有鳥在於阜，三年不蜚不鳴，是何鳥也？」莊王曰：「三年不蜚，蜚將沖天；三年不鳴，鳴將驚人。舉退矣，吾知之矣。」居數月，淫益甚。大夫蘇從乃入諫。王曰：「若不聞令乎？」對曰：「殺身以明君，臣之願也。」於是乃罷淫樂，聽政，所誅者數百人，所進者數百人，任伍舉、蘇從以政，國人大說。是歲滅庸。〔二〕六年，伐宋，獲五百乘。

〔一〕集解隱謂隱藏其意。

〔二〕正義今房州竹山縣是也。

八年，伐陸渾戎，〔一〕遂至洛，觀兵於周郊。〔二〕周定王使王孫滿勞楚王。〔三〕楚王問鼎小大輕重，〔四〕對曰：「在德不在鼎。」莊王曰：「子無阻九鼎！楚國折鉤之喙，〔五〕足以爲九鼎。」王孫滿曰：「嗚呼！君王其忘之乎？昔虞夏之盛，遠方皆至，貢金九牧，〔六〕鑄鼎象物，【七】百物而爲之備，使民知神姦。【八】桀有亂德，鼎遷於殷，載祀六百。【九】殷紂暴虐，鼎遷於周。德之休明，雖小必重；【一〇】其姦回昏亂，雖大必輕。【一一】昔成王定鼎于郟鄏，【一二】卜世三十，卜年七百，天所命也。周德雖衰，天命未改。鼎之輕重，未可問也。」楚王乃歸。

【一】集解服虔曰：「陸渾戎在洛西南。」正義允姓之戎徙居陸渾。

【二】集解服虔曰：「觀兵，陳兵示周也。」

【三】集解服虔曰：「以郟鄏禮迎之也。」

【四】集解杜預曰：「示欲偪周取天下。」

【五】正義喙，許衛反。凡戟有鉤。喙，鉤口之尖也。言楚國戟之鉤口尖有折者，足以爲鼎，言鼎之易得也。

【六】集解服虔曰：「使九州之牧貢金。」

【七】集解賈逵曰：「象所圖物著之於鼎。」

【八】集解杜預曰：「圖鬼神百物之形，使民逆備之也。」

【九】集解賈逵曰：「載，辭也。祀，年也。商曰祀。」王肅曰：「載祀者，猶言年也。」

【一〇】集解杜預曰：「不可遷。」

【一】集解杜預曰：「言可移。」

【二】集解杜預曰：「郟鄏，今河南也，河南縣西有郟鄏陌。武王遷之，成王定之。」索隱按周書，郟，雒北山名，音甲。鄏謂田厚鄏，故以名焉。

九年，相若敖氏。【一】人或讒之王，恐誅，反攻王，王擊滅若敖氏之族。十三年，滅舒。【二】

【一】集解左傳曰子越椒。

【二】集解杜預曰：「廬江六縣東有舒城也。」

十六年，伐陳，殺夏徵舒。徵舒弑其君，故誅之也。已破陳，即縣之。羣臣皆賀，申叔時使齊來，不賀。王問，對曰：「鄙語曰：『牽牛徑人田，田主取其牛。』徑者則不直矣，取之牛，不亦甚乎？且王以陳之亂而率諸侯伐之，以義伐之而貪其縣，亦何以復令於天下！」莊王乃復國陳後。

十七年春，楚莊王圍鄭，三月克之。入自皇門，【一】鄭伯肉袒牽羊以逆，【二】曰：「孤不天，不能事君，君用懷怒，以及敝邑，孤之罪也。敢不惟命是聽！賓之南海，若以臣妾賜諸侯，亦惟命是聽。若君不忘厲、宣、桓、武，【三】不絕其社稷，使改事君，孤之願也，非所敢望也。敢布腹心。」楚羣臣曰：「王勿許。」莊王曰：「其君能下人，必能信用其民，庸可絕乎！」莊王自手旗，左右麾軍，引兵去三十里而舍，遂許之平。【四】潘尪入盟，子良出質。【五】夏六月，晉救鄭，與楚戰，大敗晉師河上，遂至衡雍而歸。

【一】集解賈逵曰：「鄭城門。」何休曰：「郭門也。」

【二】集解賈逵曰：「肉袒牽羊，示服爲臣隸也。」

【三】集解杜預曰：「周厲王、宣王，鄭之所自出也。鄭桓公、武公，始封之賢君也。」

【四】集解杜預曰：「退一舍而禮鄭。」

【五】集解潘尪，楚大夫。子良，鄭伯弟。

二十年，圍宋，以殺楚使也。【一】圍宋五月，城中食盡，易子而食，析骨而炊。宋華元出告以情。莊王曰：「君子哉！」遂罷兵去。

【一】索隱左傳宣十四年「楚子使申舟聘于齊，曰：『無假道于宋。』華元曰：『過我而不假道，鄙我也。鄙我，亡也；殺其使者，必伐我，伐我，亦亡也：亡一也。』乃殺之。楚子聞之，投袂而起。九月，圍宋」是也。

二十三年，莊王卒，子共王審立。

共王十六年，晉伐鄭。鄭告急，共王救鄭。與晉兵戰鄢陵，晉敗楚，射中共王目。共王召將軍子反。子反嗜酒，從者豎陽穀進酒，醉。王怒，射殺子反，遂罷兵歸。

三十一年，共王卒，子康王招立。康王立十五年卒，子員【一】立，是爲郟敖。

【一】索隱音雲。左傳作「麏」。

康王寵弟公子圍、【一】子比、子晳、弃疾。郟敖三年，以其季父康王弟公子圍爲令尹，主兵事。四年，圍使鄭，道聞王疾而還。十二月己酉，圍入問王疾，絞而弒之，【二】遂殺其子莫及平夏。使使赴於鄭。伍舉問曰：「誰爲後？」【三】對曰：「寡大夫圍。」伍舉更曰：「共王之子圍爲長。」【四】子比奔晉，而圍立，是爲靈王。

【一】集解徐廣曰：「史記多作『回』。」

【二】集解荀卿曰：「以冠纓絞之。」左傳曰：「葬王于郟，謂之郟敖。」

【三】集解服虔曰：「問來赴者。」

【四】集解杜預曰：「伍舉更赴辭，使從禮告終稱嗣，不以篡弒赴諸侯。」

靈王三年六月，楚使使告晉，欲會諸侯。諸侯皆會楚于申。伍舉曰：「昔夏啓有鈞臺之饗，【一】商湯有景亳之命，周武王有盟津之誓，成王有岐陽之蒐，【二】康王有豐宮之朝，【三】穆王有塗山之會，齊桓有召陵之師，晉文有踐土之盟，君其何用？」靈王曰：「用桓公。」〔四〕時鄭子産在焉。於是晉、宋、魯、衞不往。靈王已盟，有驕色。伍舉曰：「桀爲有仍之會，有緡叛之。〔五〕紂爲黎山之會，東夷叛之。〔六〕幽王爲太室之盟，戎、翟叛之。〔七〕君其慎終！」

〔一〕集解杜預曰：「河南陽翟縣南有鈞臺陂〔一四〕。」

〔二〕集解賈逵曰：「岐山之陽。」

〔三〕集解服虔曰：「豐宮，成王廟所在也。」杜預曰：「豐在始平鄠縣東，有靈臺，康王於是朝諸侯。」

〔四〕集解杜預曰：「用會召陵之禮也。」

〔五〕集解賈逵曰：「仍、緡，國名也。」

〔六〕集解服虔曰：「黎，東夷國名也，子姓。」

〔七〕集解杜預曰：「太室，中嶽也。」

七月，楚以諸侯兵伐吴，圍朱方。八月，克之，囚慶封，滅其族。以封徇，曰：「無效齊慶封弑其君而弱其孤，以盟諸大夫！」〔一〕封反曰：「莫如楚共王庶子圍弑其君兄之子員而代之立！」〔二〕於是靈王使疾殺之〔一五〕。

〔一〕集解杜預曰：「齊崔杼弑其君，慶封其黨，故以弑君之罪責之也。」

〔二〕集解 穀梁傳曰：「軍人粲然皆笑。」

七年，就章華臺，〔一〕下令内亡人實之。

〔一〕集解 杜預曰：南郡華容縣有臺，在城内。

八年，使公子弃疾將兵滅陳。十年，召蔡侯，醉而殺之。使弃疾定蔡，因爲陳蔡公。

十一年，伐徐以恐吴。〔一〕靈王次於乾谿以待之。王曰：「齊、晉、魯、衛，其封皆受寶器，我獨不。今吾使使周求鼎以爲分，其予我乎？」〔二〕析父對曰：「其予君王哉！〔三〕昔我先王熊繹辟在荆山，蓽露藍蔞〔四〕以處草莽，跋涉山林〔五〕以事天子，唯是桃弧棘矢以共王事。〔六〕齊，王舅也；〔七〕晉及魯、衛，王母弟也：楚是以無分而彼皆有。周今與四國服事君王，將惟命是從，豈敢愛鼎？」靈王曰：「昔我皇祖伯父昆吾舊許是宅，〔八〕今鄭人貪其田，不我予，今我求之，其予我乎？」對曰：「周不愛鼎，鄭安敢愛田？」靈王曰：「昔諸侯遠我而畏晉，今吾大城陳、蔡、不羹，〔九〕賦皆千乘，諸侯畏我乎？」對曰：「畏哉！」靈王喜曰：「析父善言古事焉。」〔一〇〕

〔一〕集解 左傳曰使蕩侯等圍徐。

〔二〕集解 服虔曰：「有功德，受分器。」

【三】集解賈逵曰：「析父，楚大夫。」索隱據左氏，此是右尹子革之詞，史蓋誤也。

【四】集解徐廣曰：「蓽，一作『暴』。」駰案：服虔曰「蓽露，柴車素木輅也。藍蔞，言衣敝壞，其蔞藍藍然也」。

【五】集解服虔曰：「草行曰跋，水行曰涉。」

【六】集解服虔曰：「桃弧棘矢所以禦其災，言楚地山林無所出也。」

【七】集解服虔曰：「齊呂伋，成王之舅。」

【八】集解服虔曰：「陸終氏六子，長曰昆吾，少曰季連。季連，楚之祖，故謂昆吾爲伯父也。昆吾曾居許地，故曰舊許是宅。」

【九】集解韋昭曰：「三國，楚別都也〔一六〕。」潁川定陵有東不羹，襄城有西不羹。正義括地志云：「不羹故城在許州襄城縣東三十里。地理志云此乃西不羹者也。」

【一〇】正義左傳昭十二年，析父謂子革曰：「吾子，楚國之望也。今與王言，如響，國其若之何？」杜預曰：「譏其順王心如響應聲也。」按：此對王言是子革之辭，太史公云析父，誤也。析父時爲王僕，見子革對，故歎也。

十二年春，楚靈王樂乾谿，不能去也。國人苦役。初，靈王會兵於申，僇越大夫常壽過，【一】殺蔡大夫觀起。【二】起子從亡在吴，【三】乃勸吴王伐楚，爲閒越大夫常壽過而作亂，爲吴閒。使矯公子弃疾命召公子比於晉，至蔡，與吴、越兵欲襲蔡。令公子比見弃疾，與盟於鄧。【四】遂入殺靈王太子禄，立子比爲王，公子子晳爲令尹，弃疾爲司馬。先除王宫，觀從從師于乾谿，令楚衆曰：「國有王矣。先歸，復爵邑田室。後者遷之。」楚衆皆潰，去靈王而歸。

【一】索隱僇，辱也。

【二】索隱觀音官。觀，姓；起，名。

【三】索隱從音才松反。

【四】集解杜預曰：「潁川邵陵縣西有鄧城〔一七〕。」正義括地志云：「故鄧城在豫州郾城縣東三十五里。」按：在古召陵縣西十里也。

靈王聞太子禄之死也，自投車下，而曰：「人之愛子亦如是乎？」侍者曰：「甚是。」王曰：「余殺人之子多矣，能無及此乎？」右尹曰：【一】「請待於郊以聽國人。」【二】王曰：「衆怒不可犯。」曰：「且入大縣而乞師於諸侯。」王曰：「皆叛矣。」又曰：「且奔諸侯以聽大國之慮。」王曰：「大福不再，祇取辱耳。」於是王乘舟將欲入鄢。【三】右尹度王不用其計，懼俱死，亦去王亡。

【一】集解左傳曰右尹子革。

【二】集解服虔曰：「聽國人欲爲誰。」

【三】集解服虔曰：「鄢，楚别都也。」杜預曰：「襄陽宜城縣。」正義音偃。括地志云：「故鄢城在襄州安養縣北三里，在襄州北五里，南去荆州二百五十里。」按：王自夏口從漢水上入鄢也。左傳云「王沿夏，將欲入鄢」是也。括地志云：「鄢水源出襄州義清縣西界託仗山。水經云蠻水即鄢水是也。」

靈王於是獨傍偟山中，野人莫敢入王。王行遇其故鋗人，【一】謂曰：「爲我求食，我已不食三日矣。」鋗人曰：「新王下法，有敢饟王從王者，罪及三族，且又無所得食。」王因枕其股而卧。鋗人又以土自代，逃去。王覺而弗見，遂飢弗能起。芋尹申無宇之子申亥曰：「吾父再犯王命，【二】王弗誅，恩孰大焉！」乃求王，遇王飢於釐澤，奉之以歸。夏五月癸丑，王死申亥家，【三】申亥以二女從死，并葬之。

【一】集解韋昭曰：「今之中涓也。」

【二】集解服虔曰：「斷王旌，執人於章華之宫。」

【三】正義左傳云「夏五月癸亥，王縊于芋尹申亥」是也。

是時楚國雖已立比爲王，畏靈王復來，又不聞靈王死，故觀從謂初王比曰：「不殺弃疾，雖得國，猶受禍。」王曰：「余不忍。」從曰：「人將忍王。」王不聽，乃去。弃疾歸。國人每夜驚，曰：「靈王入矣！」乙卯夜，弃疾使船人從江上走呼曰：「靈王至矣！」國人愈驚。又使曼成然告初王比及令尹子皙曰：「王至矣！國人將殺君，司馬將至矣！【一】君蚤自圖，無取辱焉。衆怒如水火，不可救也。」初王及子皙遂自殺。丙辰，弃疾即位爲王，改名熊居，是爲平王。

【一】集解杜預曰：「司馬謂弃疾。」

平王以詐弒兩王而自立，恐國人及諸侯叛之，乃施惠百姓。復陳蔡之地而立其後如故，歸鄭之侵地。存恤國中，修政教。吳以楚亂故，獲五率以歸。【一】平王謂觀從：「恣爾所欲。」欲爲卜尹，王許之。【二】

【一】集解服虔曰：「五率，蕩侯、潘子、司馬督、囂尹午、陵尹喜。」

【二】集解賈逵曰：「卜尹，卜師，大夫官。」

初，共王有寵子五人，無適立，乃望祭羣神，請神決之，使主社稷，而陰與巴姬【一】埋璧於室內，【二】召五公子齋而入〔一八〕。康王跨之，【三】靈王肘加之，子比、子皙皆遠之。平王幼，抱而入再拜〔一九〕，壓紐。故康王以長立，至其子失之；圍爲靈王，及身而弒；子比爲王十餘日，子皙不得立，又俱誅。四子皆絕無後。唯獨弃疾後立，爲平王，竟續楚祀，如其神符。

【一】集解賈逵曰：「共王妾。」

【二】正義左傳云：「埋璧於太室之庭。」杜預曰：「太室，祖廟也。」

【三】集解服虔曰：「兩足各跨璧一邊。」杜預曰：「過其上。」

初，子比自晉歸，韓宣子問叔向曰：「子比其濟乎？」對曰：「不就。」宣子曰：「同惡相求，如市賈焉，【一】何爲不就？」對曰：「無與同好，誰與同惡？【二】取國有五難：有寵無人，一也；【三】有人無主，二也；【四】有主無謀，三也；【五】有謀而無民，四也；【六】有民而無德，五也。【七】子比在晉十三年矣，晉、楚之從不聞通者，可謂無人矣；【八】族盡親叛，可謂無主矣；【九】無釁而動，可謂無謀矣；【一〇】爲羈終世，可謂無民矣；【一一】亡無愛徵，可謂無德矣。【一二】王虐而不忌，【一三】子比涉五難以弒君，誰能濟之！有楚國者，其弃疾乎？君陳、蔡，方城外屬焉。【一四】苛慝不作，盜賊伏隱，私欲不違，【一五】民無怨心。先神命之，國民信之。芈姓有亂，必季實立，楚之常也。子比之官，則右尹也；數其貴寵，則庶子也；以神所命，則又遠之；民無懷焉，將何以立？」宣子曰：「齊桓、晉文不亦是乎？」【一六】對曰：「齊桓，衞姬之子也，有寵於釐公。有鮑叔牙、賓須無、隰朋以爲輔，有莒、衞以爲外主，【一七】有高、國以爲内主。【一八】從善如流，【一九】施惠不倦。有國，不亦宜乎？昔我文公，狐季姬之子也，有寵於獻公。好學不倦。生十七年，有士五人，有先大夫子餘、子犯以爲腹心，〔二〇〕有魏犨、賈佗以爲股肱，有齊、宋、秦、楚以爲外主，〔二一〕有欒、郤、狐、先以爲内主。〔二二〕亡十九年，守志彌篤。惠、懷弃民，〔二三〕民從而與之。〔二四〕故文公有國，不亦宜乎？子比無施於民，無援於外，去晉，晉不送；歸楚，楚不迎。何以有國！」子比果不終焉，卒立者弃疾，〔二五〕如叔向言也。

〔一〕集解服虔曰：「謂國人共惡靈王者，如市賈之人求利也。」

〔二〕集解服虔曰：「言無黨於内，當與誰共同好惡。」

〔三〕集解杜預曰：「寵須賢人而固。」

〔四〕集解杜預曰：「雖有賢人，當須内主爲應。」

〔五〕集解杜預曰：「謀，策謀也。」

〔六〕集解杜預曰：「民，衆也。」

〔七〕集解杜預曰：「四者既備，當以德成之。」

〔八〕集解杜預曰：「晉、楚之士從子比游，皆非達人。」

〔九〕集解杜預曰：「無親族在楚。」

〔一〇〕集解服虔曰：「言靈王尚在，而妄動取國，故謂無謀。」

【一一】集解　杜預曰：「終身羈客在於晉，是無民。」

【一二】集解　杜預曰：「楚人無愛念者。」

【一三】集解　杜預曰：「靈王暴虐，無所畏忌，將自亡。」

【一四】正義　方城山在許州葉縣西十八里也。

【一五】集解　服虔曰：「不以私欲違民心。」

【一六】集解　服虔曰：「皆庶子而出奔。」

【一七】集解　賈逵曰：「齊桓出奔莒，自莒先入，衞人助之。」

【一八】集解　服虔曰：「國子、高子，皆齊之正卿。」

【一九】集解　服虔曰：「言其疾。」

【二〇】集解　賈逵曰：「子餘，趙衰。」

【二一】集解　賈逵曰：「齊以女妻之，宋贈之馬，楚享以九獻，秦送内之。」

【二二】集解　賈逵曰：「四姓，晉大夫。」　正義　杜預云：「謂欒枝、郤縠、狐突、先軫也。」

【二三】集解　服虔曰：「皆弃民不恤。」

【二四】正義　以惠、懷弃民，故民相從而歸心於文公。

【二五】正義　左傳云：「獲神，一也；有民，二也；令德，三也；寵貴，四也；居常，五也。有五利以去五難，誰能害之！」杜預云：「獲神，當璧拜也；有民，民信也；令德，無苛慝也；寵貴，妃子也〔一〇〕」，居常，弃疾季也。」

平王二年，使費無忌〔一〕如秦爲太子建取婦。〔二〕婦好，來，未至，無忌先歸，説平王曰：「秦女好，可自娶，爲太子更求。」平王聽之，卒自娶秦女，生熊珍。更爲太子娶。是時伍奢爲太子太傅，無忌爲少傅。無忌無寵於太子，常讒惡太子建。建時年十五矣，其母蔡女也，無寵於王，王稍益疏外建也。

〔一〕集解服虔曰：「楚大夫。」索隱左傳作「無極」，「極」「忌」聲相近。

〔二〕正義左傳云：「楚子之在蔡也，郹陽之女奔之〔一一〕，生太子建。」杜預云：「郹，蔡邑也〔一二〕。」郹，古覓反。

六年，使太子建居城父，守邊。〔一〕無忌又日夜讒太子建於王曰：「自無忌入秦女，太子怨，亦不能無望於王，王少自備焉。且太子居城父，擅兵，外交諸侯，且欲入矣。」平王召其傅伍奢責之。伍奢知無忌讒，乃曰：「王柰何以小臣疏骨肉？」無忌曰：「今不制，後悔也。」於是王遂囚伍奢〔一三〕。乃令司馬奮揚召太子建，欲誅之。太子聞之，亡奔宋。

〔一〕集解服虔曰：「城父，楚北境邑。」杜預曰：「襄城城父縣。」正義父音甫。括地志云：「城父故城在許州葉縣東北四十五里，即杜預云『襄城城父縣』也。又許州襄城縣東四十里亦有父城故城一所，服虔云『城父，楚北境』，乃是父城之名，非建所守。杜預云言成父〔一四〕，又誤也。

傳及酈元水經注云『楚大城城父，使太子建居之』，即十三州志云太子建所居城父，謂今亳州城父縣也。」按：今亳州見有城父縣，是建所守者也。地理志云潁川有父城縣，沛郡有城父縣，此二名別耳。

無忌曰：「伍奢有二子，不殺者爲楚國患。盍以免其父召之，必至。」於是王使使謂奢：「能致二子則生，不能將死。」奢曰：「尚至，胥不至。」王曰：「何也？」奢曰：「尚之爲人，廉，死節，慈孝而仁，聞召而免父，必至，不顧其死。胥之爲人，智而好謀，勇而矜功，知來必死，必不來。然爲楚國憂者必此子。」於是王使人召之，曰：「來，吾免爾父。」伍尚謂伍胥曰：「聞父免而莫奔，不孝也；父戮莫報，無謀也；度能任事，知也。子其行矣，我其歸死。」伍尚遂歸。伍胥彎弓屬矢，出見使者，曰：「父有罪，何以召其子爲？」將射，使者還走，遂出奔吳。伍奢聞之，曰：「胥亡，楚國危哉。」楚人遂殺伍奢及尚。

十年，楚太子建母在居巢，【一】開吳。吳使公子光伐楚，遂敗陳、蔡，取太子建母而去。楚恐，城郢。【二】初，吳之邊邑卑梁【三】與楚邊邑鍾離小童爭桑，兩家交怒相攻，滅卑梁人。卑梁大夫怒，發邑兵攻鍾離。楚王聞之怒，發國兵滅卑梁。吳王聞之大怒，亦發兵，使公子光因建母家攻楚，遂滅鍾離、居巢。楚乃恐而城郢。【四】

【一】正義廬州巢縣是也。

【二】正義在江陵縣東北六里，已解於前。按：傳城郢在昭公二十三年，下重言城郢。杜預云「楚用子囊遺言以築郢城矣，今畏吳，復修以自固也。」

【三】正義卑梁邑近鍾離也。

【四】索隱去年已城郢，今又重言。據左氏昭二十三年城郢，二十四年無重城郢之文，是史記誤也。

十三年，平王卒。將軍子常曰：「太子珍少，且其母乃前太子建所當娶也。」欲立令尹子西。子西，平王之庶弟也，有義。子西曰：「國有常法，更立則亂，言之則致誅。」乃立太子珍，是爲昭王。

昭王元年，楚衆不說費無忌，以其讒亡太子建，殺伍奢子父與郤宛。宛之宗姓伯氏子嚭及子胥皆奔吳，吳兵數侵楚，楚人怨無忌甚。楚令尹子常【一】誅無忌以說衆，衆乃喜。

【一】正義名瓦。左傳云囊瓦伐吳。

四年，吳三公子【一】奔楚，楚封之以扞吳。五年，吳伐取楚之六、灊。【二】七年，楚使子常伐吳，吳大敗楚於豫章。【三】

【一】集解〔二五〕昭三十年，二公子奔楚：公子掩餘奔徐，公子燭庸奔鍾離。此言三公子，非也〔二六〕。

【二】正義故六城在壽州安豐縣南百三十二里，偃姓，皋陶之後所封也。灊城，楚之灊邑，在霍山縣東二百步。

【三】正義今洪州也。

十年冬，吳王闔閭、伍子胥、伯嚭與唐、蔡俱伐楚，楚大敗，吳兵遂入郢，辱平王之墓，以伍子胥故也。吳兵之來，楚使子常以兵迎之，夾漢水陣。吳伐敗子常，子常亡奔鄭。楚兵走，吳乘勝逐之，五戰及郢。己卯，昭王出奔。庚辰，吳人入郢。【一】

【一】集解春秋云十一月庚辰。

昭王亡也，至雲夢。雲夢不知其王也，射傷王。王走鄖。【一】鄖公之弟懷曰：「平王殺吾父，【二】今我殺其子，不亦可乎？」鄖公止之，然恐其弑昭王，乃與王出奔隨。【三】吳王聞昭王往，即進擊隨，謂隨人曰：「周之子孫封於江漢之閒者，楚盡滅之。」欲殺昭王。王從臣子綦乃深匿王，自以爲王，謂隨人曰：「以我予吳。」隨人卜予吳，不吉，乃謝吳王曰：「昭王亡，不在隨。」吳請入自索之，隨不聽，吳亦罷去。

【一】正義走音奏。鄖音云。括地志云：「安州安陸縣城，本春秋時鄖國城也。」

【二】集解服虔曰：「父曼成然。」正義成然立平王，貪求無厭，平王殺之。

【三】正義括地志云：「隨州城外古隨國城〔二七〕。隨，姬姓也。」又云：「楚昭王城在隨州縣北七里〔二八〕。左傳云吳師入郢，王奔隨，隨人處之公宮之北，即此城是也。」

昭王之出郢也，使申鮑胥【一】請救於秦。秦以車五百乘救楚，楚亦收餘散兵，與秦擊吳。十一年六月，敗吳於稷。【二】會吳王弟夫概見吳王兵傷敗，乃亡歸，自立爲王。闔閭聞之，引兵去楚，歸擊夫概。夫概敗，奔楚，楚封之堂谿，【三】號爲堂谿氏。

【一】集解服虔曰：「楚大夫王孫包胥。」

【二】集解賈逵曰：「楚地也。」

【三】正義括地志云〔三九〕：「堂谿故城在豫州郾城縣西八十有五里也。」

楚昭王滅唐。【一】九月，歸入郢。十二年，吳復伐楚，取番。【二】楚恐，去郢，北徙都鄀。【三】

【一】集解杜預曰：「義陽安昌縣東南上唐鄉。」正義括地志云：「上唐鄉故城在隨州棗陽縣東南百五十里，古之唐國也。世本云唐，姬姓之國。」

【二】正義片寒反，又音婆。括地志云：「饒州鄱陽縣，春秋時爲楚東境，秦爲番縣，屬九江郡，漢爲鄱陽縣也。」

【三】正義音若。括地志云：「楚昭王故城在襄州樂鄉縣東北三十二里，在故都城東五里，即楚國故昭王徙都鄀城也。」

十六年，孔子相魯。二十年，楚滅頓，【一】滅胡。【二】二十一年，吳王闔閭伐越。越王句踐射傷吴王，遂死。吴由此怨越而不西伐楚。

【一】集解地理志曰：「汝南南頓縣，故頓子國。」正義括地志云：「陳州南頓縣，故頓子國。應劭云古頓子國，姬姓也，逼於陳，後南徙，故曰南頓也。」

【二】集解杜預曰：「汝陰縣西北胡城〔三〇〕。」正義括地志云：「故胡城在豫州郾城縣界。」

二十七年春，吴伐陳，楚昭王救之，軍城父。十月〔三一〕，昭王病於軍中，有赤雲如鳥，夾日而蜚。【一】昭王問周太史，太史曰：「是害於楚王，然可移於將相。」將相聞是言，乃請自以身禱於神。昭王曰：「將相，孤之股肱也，今移禍，庸去是身乎！」弗聽。卜而河爲祟，大夫請禱河。昭王曰：「自吾先王受封，望不過江、漢，【二】而河非所獲罪也。」止不許。孔子在陳，聞是言，曰：「楚昭王通大道矣。其不失國，宜哉！」

【一】集解杜預曰：「雲在楚上，惟楚見之。」

【二】集解服虔曰：「謂所受王命，祀其國中山川爲望。」正義按：江，荆州南大江也，漢，江也，二水楚境内也。河，黄河，非楚境也。

昭王病甚，乃召諸公子大夫曰：「孤不佞，再辱楚國之師，今乃得以天壽終，孤之幸也。」讓其弟公子申爲王，不可。又讓次弟公子結，亦不可。乃又讓次弟公子閭，五讓，乃後許爲王。將戰，庚寅，昭王卒於軍中。子閭曰：「王病甚，舍其子讓羣臣，臣所以許王，以廣王意也。今君王卒，臣豈敢忘君王之意乎！」乃與子西、子綦謀，伏師閉【一】塗，迎越女之子章立之，【二】是爲惠王。然後罷兵歸，葬昭王。

【一】集解徐廣曰：「一作『壁』。」

【二】集解服虔曰：「閉塗，不通外使也。越女，昭王之妾。」索隱閉塗即攢塗也，故下立惠王後即罷兵歸葬【三】。服虔説非。正義左傳云「謀潛師閉塗」。按：潛師，密發往迎也；閉塗，防斷外寇也。爲昭王薨於軍，嗣子未定，恐有鄰國及諸公子之變，故伏師閉塗，迎越女之子章立爲惠王也。

惠王二年，子西召故平王太子建之子勝於吳，以爲巢大夫，號曰白公。【一】白公好兵而下士，欲報仇。六年，白公請兵令尹子西伐鄭。初，白公父建亡在鄭，鄭殺之，白公亡走吳，子西復召之，故以此怨鄭，欲伐之。子西許而未爲發兵。八年，晉伐鄭，鄭告急楚，楚使子西救鄭，受賂而去。白公勝怒，乃遂與勇力死士石乞等襲殺令尹子西、子綦於朝，因劫惠王，置之高府，【二】欲弑之。惠王從者屈固負王亡走昭王夫人宮。【三】白公自立爲王。月餘，會葉公來救楚，楚惠王之徒與共攻白公，殺之。惠王乃復位。是歲也，【四】滅陳而縣之。

【一】集解徐廣曰：「伍子胥傳曰使勝守楚之邊邑鄢。」駰案：服虔曰「白，邑名。楚邑大夫皆稱公」。杜預曰「汝陰褒信縣西南有白亭」。正義巢，今廬州居巢縣也。括地志云：「白亭在豫州褒信東南三十二里〔三三〕。褒信本漢鄎縣之地，後漢分鄎置褒信縣，在今褒信縣東七十七里。」

【二】集解賈逵曰：「高府，府名也。」杜預曰：「楚別府。」

【三】集解服虔曰：「昭王夫人，惠王母，越女也。」

【四】集解徐廣曰：「惠王之十年。」

十三年，吴王夫差彊，陵齊、晉，來伐楚。十六年，越滅吴。【一】四十二年，楚滅蔡。【二】四十四年，楚滅杞。【三】與秦平。是時越已滅吴，而不能正江、淮北；【四】楚東侵，廣地至泗上。

【一】正義表云越滅吴在元王四年。

【二】正義周定王二十二年。

【三】正義周定王二十四年。

【四】正義正，長也。江、淮北謂廣陵縣、徐、泗等州是也。

五十七年，惠王卒，子簡王中立。【一】

【一】正義中音仲。

簡王元年，北伐滅莒。【一】八年，魏文侯、韓武子、趙桓子始列爲諸侯。

【一】正義 括地志云：「密州莒縣，故國也〔三四〕。」言「北伐」者，莒在徐、泗之北。

二十四年，簡王卒，子聲王當立。【一】聲王六年，盜殺聲王，子悼王熊疑立。悼王二年，三晉來伐楚，至乘丘而還。【二】四年，楚伐周。鄭殺子陽。九年，伐韓，取負黍。十一年，三晉伐楚，敗我大梁、榆關。【三】楚厚賂秦，與之平。二十一年，悼王卒，子肅王臧立。

【一】正義 謚法云「不生其國曰聲」也。

【二】集解 徐廣曰：「年表三年『歸榆關于鄭』。」正義 年表云「三晉公子伐我，至乘丘」，誤也，已解在年表中。括地志云「乘丘故城在兗州瑕丘縣西北三十五里」是也〔三五〕。

【三】索隱 此榆關當在大梁之西也。

肅王四年，蜀伐楚，取茲方。【一】於是楚爲扞關以距之。【二】十年，魏取我魯陽。【三】十一年，肅王卒，無子，立其弟熊良夫，是爲宣王。

【一】索隱 地名，今闕。正義 古今地名云：「荊州松滋縣古鳩茲地，即楚茲方是也。」

【二】集解 李熊說公孫述曰：「東守巴郡，距扞關之口。」索隱 按：郡國志巴郡魚復縣有扞關。

【三】集解 地理志云南陽有魯陽縣。正義 括地志云：「汝州魯山本漢魯陽縣也。古魯縣以古魯山爲名也。」

宣王六年，周天子賀秦獻公。秦始復彊，而三晉益大，魏惠王、齊威王尤彊。三十年，秦封衞鞅於商，南侵楚。是年，宣王卒，子威王熊商立。

威王六年，周顯王致文武胙於秦惠王。

七年，齊孟嘗君父田嬰欺楚，楚威王伐齊，敗之於徐州，〔一〕而令齊必逐田嬰。田嬰恐，張丑僞謂楚王曰：「王所以戰勝於徐州者，田盼子不用也。〔二〕盼子者，有功於國，而百姓爲之用。嬰子弗善而用申紀。申紀者，大臣不附，百姓不爲用，故王勝之也。今王逐嬰子，嬰子逐，盼子必用矣。復搏其士卒以與王遇〔三六〕，〔三〕必不便於王矣。」楚王因弗逐也。

〔一〕集解徐廣曰：「時楚已滅越而伐齊也。齊説越，令攻楚，故云齊欺楚。」

〔二〕索隱盼子，嬰之同族。

〔三〕索隱搏音膊，亦有作「附」讀。戰國策作「整」。

十一年，威王卒，子懷王熊槐立。魏聞楚喪，伐楚，取我陘山〔三七〕。〔一〕

【一】正義括地志云：「陘山在鄭州新鄭縣西南三十里。」

懷王元年，張儀始相秦惠王。四年，秦惠王初稱王。

六年，楚使柱國昭陽將兵而攻魏，破之於襄陵，【一】得八邑。【二】又移兵而攻齊，齊王患之。【三】陳軫適爲秦使齊，齊王曰：「爲之柰何？」陳軫曰：「王勿憂，請令罷之。」即往見昭陽軍中，曰：「願聞楚國之法，破軍殺將者何以貴之？」昭陽曰：「其官爲上柱國，封上爵執珪。」陳軫曰：「其有貴於此者乎？」昭陽曰：「令尹。」陳軫曰：「今君已爲令尹矣，此國冠之上。【四】臣請得譬之。人有遺其舍人一卮酒者，舍人相謂曰：『數人飲此，不足以徧，請遂畫地爲蛇，蛇先成者獨飲之。』一人曰：『吾蛇先成。』舉酒而起，曰：『吾能爲之足。』及其爲之足，而後成人奪之酒而飲之，曰：『蛇固無足，今爲之足，是非蛇也。』今君相楚而攻魏，破軍殺將，功莫大焉，冠之上不可以加矣。今又移兵而攻齊，攻齊勝之，官爵不加於此；攻之不勝，身死爵奪，有毀於楚：此爲蛇爲足之說也。不若引兵而去以德齊，此持滿之術也。」昭陽曰：「善。」引兵而去。

【一】索隱縣名，在河東。

【二】索隱古本作「八邑」，今亦作「八城」。

【三】集解徐廣曰：「懷王六年，昭陽移和而攻齊。軍門曰和。」

【四】索隱冠音官。令尹乃尹中最尊，故以國爲言，猶如卿子冠軍然。

燕、韓君初稱王。秦使張儀與楚、齊、魏相會，盟齧桑。【一】

【一】正義徐廣曰：「在梁與彭城之閒也。」

十一年，蘇秦約從山東六國共攻秦，楚懷王爲從長。至函谷關，秦出兵擊六國，六國兵皆引而歸，齊獨後。十二年，齊湣王伐敗趙、魏軍，秦亦伐敗韓，與齊爭長。

十六年，秦欲伐齊，而楚與齊從親，秦惠王患之，乃宣言張儀免相，使張儀南見楚王，謂楚王曰：「敝邑之王所甚説者無先大王，雖儀之所甚願爲門闌之廝者亦無先大王。敝邑之王所甚憎者無先齊王，雖儀之所甚憎者亦無先齊王。而大王和之，【一】是以敝邑之王不得事王，而令儀亦不得爲門闌之廝也。王爲儀閉關而絶齊，今使使者從儀西取故秦所分楚商於之地方六百里，【二】如是則齊弱矣。是北弱齊，西德於秦，私商於以爲富，此一計而三利俱至也。」懷王大悅，乃置相璽於張儀，日與置酒，宣言「吾復得吾商於之地」。羣臣皆賀，而陳軫獨弔。懷王曰：「何故？」陳軫對曰：「秦之所爲重王者，以王之有齊也。今地未可得而齊交先絶，是楚孤也。夫秦又何重孤國哉，必輕楚矣。且先出地而後絶齊，則秦計不爲。先絶齊而後責地，則必見欺於張儀。見欺於張儀，則王必怨之。怨之，是西起秦患，北絶齊交。西起秦患，北絶齊交，則兩國之兵必至。【三】臣故弔。」楚王弗聽，因使一將軍西受封地。

【一】索隱 和謂楚與齊相和親。

【二】集解 商於之地在今順陽郡南鄉、丹水二縣，有商城在於中，故謂之商於。索隱 注「商於在今順陽」〔三八〕。案：地理志丹水及商屬弘農。今言順陽者，是魏晉始分置順陽郡，商城、丹水俱隸之。

【三】索隱 兩國，韓、魏也。

張儀至秦，詳醉墜車，稱病不出三月，地不可得。楚王曰：「儀以吾絶齊爲尚薄邪？」乃使勇士宋遺北辱齊王。齊王大怒，折楚符而合於秦。秦齊交合，張儀乃起朝，謂楚將軍曰：「子何不受地？從某至某，廣袤六里。」楚將軍曰：「臣之所以見命者六百里，不聞六里。」即以歸報懷王。懷王大怒，興師將伐秦。陳軫又曰：「伐秦非計也。不如因賂之一名都，與之伐齊，是我亡於秦，【一】取償於齊也，吾國尚可全。今王已絶於齊而責欺於秦，是吾合秦齊之交而來天下之兵也，國必大傷矣。」楚王不聽，遂絶和於秦，發兵西攻秦。秦亦發兵擊之。

【一】索隱謂失商於之地。

十七年春，與秦戰丹陽，【一】秦大敗我軍，斬甲士八萬，虜我大將軍屈匄、裨將軍逢侯丑等七十餘人，遂取漢中之郡。楚懷王大怒，乃悉國兵復襲秦，戰於藍田，【二】大敗楚軍。韓、魏聞楚之困，乃南襲楚，至於鄧。楚聞，乃引兵歸。

【一】索隱此丹陽在漢中。

【二】正義藍田在雍州東南八十里，從藍田關入藍田縣。

十八年，秦使使約復與楚親，分漢中之半以和楚。楚王曰：「願得張儀，不願得地。」張儀聞之，請之楚。秦王曰：「楚且甘心於子，柰何？」張儀曰：「臣善其左右靳尚，靳尚又能得事於楚王幸姬鄭袖，袖所言無不從者。且儀以前使負楚以商於之約，今秦楚大戰，有惡，臣非面自謝楚不解。且大王在，楚不宜敢取儀。誠殺儀以便國，臣之願也。」儀遂使楚。

至，懷王不見，因而囚張儀，欲殺之。儀私於靳尚，靳尚爲請懷王曰：「拘張儀，秦王必怒。天下見楚無秦，必輕王矣。」又謂夫人鄭袖曰：「秦王甚愛張儀，而王欲殺之，今將以上庸之地六縣賂楚，以美人聘楚王，以宮中善歌者爲之媵。楚王重地，秦女必貴，而夫人必斥矣。夫人不若言而出之。」鄭袖卒言張儀於王而出之。儀出，懷王因善遇儀，儀因説楚王以叛從約而與秦合親，約婚姻。張儀已去，屈原使從齊來，諫王曰：「何不誅張儀？」懷王悔，使人追儀，弗及。是歲，秦惠王卒。

二十年〔三九〕，齊湣王欲爲從長，【一】惡楚之與秦合，乃使使遺楚王書曰：「寡人患楚之不察於尊名也。今秦惠王死，武王立，張儀走魏，樗里疾、公孫衍用，而楚事秦。夫樗里疾善乎韓，而公孫衍善乎魏；楚必事秦，韓、魏恐，必因二人求合於秦，則燕、趙亦宜事秦。四國爭事秦，則楚爲郡縣矣。王何不與寡人并力收韓、魏、燕、趙，與爲從而尊周室，以案兵息民？令於天下，莫敢不樂聽，則王名成矣。王率諸侯並伐，破秦必矣。王取武關、蜀、漢之地，【二】私吳、越之富而擅江海之利，韓、魏割上黨，西薄函谷，則楚之彊百萬也。且王欺於張儀，亡地漢中，兵銼藍田，天下莫不代王懷怒。今乃欲先事秦！願大王孰計之。」

【一】索隱按：下文始言二十四年，又更有二十六年，則此云二十六年〔四〇〕，衍字也，當是二十年事。又徐廣推校二十年取武遂，二十三年歸武遂，則此必二十年、二十一年事乎？

【二】正義武關在商州東一百八十里商洛縣界。蜀，巴蜀；漢中，郡也〔四一〕。

楚王業已欲和於秦，見齊王書，猶豫不決，下其議羣臣。羣臣或言和秦，或曰聽齊。

昭雎【一】曰：「王雖東取地於越，不足以刷恥；必且取地於秦，而後足以刷恥於諸侯。王不如深善齊、韓以重樗里疾，如是則王得韓、齊之重以求地矣。秦破韓宜陽，【二】而韓猶復事秦者，以先王墓在平陽，【三】而秦之武遂去之七十里，【四】以故尤畏秦。不然，秦攻三川，【五】趙攻上黨，楚攻河外，韓必亡。楚之救韓，不能使韓不亡，然存韓者楚也。韓已得武遂於秦，以河山爲塞，【六】所報德莫如楚厚，臣以爲其事王必疾。齊之所信於韓者，以韓公子眛爲齊相也。【七】韓已得武遂於秦，王甚善之，使之以齊、韓重樗里疾，疾得齊、韓之重，其主弗敢弃疾也。今又益之以楚之重，樗里子必言秦，復與楚之侵地矣。」於是懷王許之，竟不合秦，而合齊以善韓。【八】

【一】索隱七余反。

【二】索隱弘農之縣，在澠池西南。

【三】索隱非堯都也。

【四】索隱亦非河閒之縣，則韓之平陽，秦之武遂，並當在宜陽左右。

【五】正義三川，洛州也。

【六】正義河，蒲州西黄河也。山，韓西境也。

【七】正義眛，莫葛反，後同。

【八】集解徐廣曰：「懷王之二十二年，秦拔宜陽，取武遂，二十三年，秦復歸韓武遂，然則已非二十年事矣。」

二十四年，倍齊而合秦。秦昭王初立，乃厚賂於楚。楚往迎婦。二十五年，懷王入與秦昭王盟，約於黄棘。秦復與楚上庸。二十六年，齊、韓、魏爲楚負其從親而合於秦，三國共伐楚。楚使太子入質於秦而請救。秦乃遣客卿通將兵救楚，三國引兵去。

二十七年，秦大夫有私與楚太子鬭，楚太子殺之而亡歸。二十八年，秦乃與齊、韓、魏共攻楚，殺楚將唐眛，取我重丘而去。二十九年，秦復攻楚，大破楚，楚軍死者二萬，殺我將軍景缺。懷王恐，乃使太子爲質於齊以求平。三十年，秦復伐楚，取八城。秦昭王遺楚王書曰：「始寡人與王約爲弟兄，盟于黄棘，太子爲質，至驩也。太子陵殺寡人之重臣，不謝而亡去，寡人誠不勝怒，使兵侵君王之邊。今聞君王乃令太子質於齊以求平。寡人與楚接境壤界，故爲婚姻，【一】所從相親久矣。而今秦楚不驩，則無以令諸侯。寡人願與君王會武關，面相約，結盟而去，寡人之願也。敢以聞下執事。」楚懷王見秦王書，患之。欲往，恐見欺；無往，恐秦怒。昭雎曰：「王毋行，而發兵自守耳。秦虎狼，不可信，有并諸侯之心。」懷王子子蘭勸王行，曰：「柰何絶秦之驩心！」於是往會秦昭王。昭王詐令一將軍伏兵武關，號爲秦王。楚王至，則閉武關，遂與西至咸陽，【二】朝章臺，如蕃臣，不與亢禮。楚懷王大怒，悔不用昭子言。秦因留楚王，要以割巫、黔中之郡。楚王欲盟，秦欲先得地。楚王怒曰：「秦詐我而又彊要我以地！」不復許秦。秦因留之。

〔一〕正義壻之父爲姻，婦之父爲婚，婦之父母壻之父母相謂爲婚姻，兩壻相謂爲婭。

〔二〕索隱右扶風渭城縣，故咸陽城也，在水北山南，故曰咸陽。咸，皆也〔四二〕。

楚大臣患之，乃相與謀曰：「吾王在秦不得還，要以割地，而太子爲質於齊，齊、秦合謀，則楚無國矣。」乃欲立懷王子在國者。昭雎曰：「王與太子俱困於諸侯，而今又倍王命而立其庶子，不宜。」乃詐赴於齊，齊湣王謂其相曰：「不若留太子以求楚之淮北。」相曰：「不可，郢中立王，是吾抱空質而行不義於天下也。」或曰：「不然。郢中立王，因與其新王市曰『予我下東國〔四三〕，吾爲王殺太子，不然，將與三國共立之』，然則東國必可得矣。」齊王卒用其相計而歸楚太子。太子橫至，立爲王，是爲頃襄王。乃告于秦曰：「賴社稷神靈，國有王矣。」

頃襄王橫元年，秦要懷王不可得地，楚立王以應秦，秦昭王怒，發兵出武關攻楚，大敗楚軍，斬首五萬，取析十五城而去。〔一〕二年，楚懷王亡逃歸，秦覺之，遮楚道，懷王恐，乃從閒道走趙以求歸。趙主父〔二〕在代，其子惠王初立，行王事，恐，不敢入楚王。楚王欲走魏，秦追至，遂與秦使復之秦。懷王遂發病。頃襄王三年，懷王卒于秦，秦歸其喪于楚。楚人皆憐之，如悲親戚。諸侯由是不直秦。秦楚絶。

【一】集解徐廣曰：「年表云取十六城，既取析，又并取左右十五城也。」駰按：地理志弘農有析縣。正義括地志云：「鄧州内鄉縣城本楚析邑，一名丑，漢置析縣，因析水爲名也。」

【二】索隱主字亦或作「王」。

六年，秦使白起伐韓於伊闕，【一】大勝，斬首二十四萬。秦乃遺楚王書曰：「楚倍秦，秦且率諸侯伐楚，爭一旦之命。願王之飭士卒，得一樂戰。」楚頃襄王患之，乃謀復與秦平。七年，楚迎婦於秦，秦楚復平。

【一】正義括地志云：「伊闕山在洛州南十九里也。」

十一年，齊秦各自稱爲帝；月餘，復歸帝爲王。

十四年，楚頃襄王與秦昭王好會于宛，結和親。十五年，楚王與秦、三晉、燕共伐齊，取淮北。十六年，與秦昭王好會於鄢。其秋，復與秦王會穰。

十八年，楚人有好以弱弓微繳加歸鴈之上者，頃襄王聞，召而問之。對曰：「小臣之好射鶀鴈、【一】羅鸗，【二】小矢之發也，何足爲大王道也。且稱楚之大，因大王之賢，所弋非直此也。昔者三王以弋道德，五霸以弋戰國。故秦、魏、燕、趙者，鶀鴈也；齊、魯、韓、衞者，青首也；〔三〕騶、費、〔四〕郯、邳者，羅鸗也。外其餘則不足射者。見鳥六雙，〔五〕以王何取？王何不以聖人爲弓，以勇士爲繳，時張而射之？此六雙者，可得而囊載也。其樂非特朝昔之樂也，〔六〕其獲非特鳧鴈之實也。王朝張弓而射魏之大梁之南，加其右臂而徑屬之於韓，則中國之路絶而上蔡之郡壞矣。還〔七〕射〔八〕圉之東，〔九〕解魏左肘〔一〇〕而外擊定陶，則魏之東外弃而大宋、方與二郡者舉矣。〔一一〕且魏斷二臂，顛越矣；膺擊郯國，大梁可得而有也。王綪繳蘭臺，〔一二〕飲馬西河，定魏大梁，此一發之樂也。若王之於弋誠好而不厭，則出寶弓，碆新繳，〔一三〕射噣鳥於東海，還蓋長城以爲防，〔一四〕朝射東莒，〔一五〕夕發浿丘，〔一六〕夜加即墨，顧據午道，〔一七〕則長城之東收而太山之北舉矣。〔一八〕西結境於趙〔一九〕而北達於燕，〔二〇〕三國布翄，〔二一〕則從不待約而可成也。北遊目於燕之遼東而南登望於越之會稽，此再發之樂也。若夫泗上十二諸侯，左縈而右拂之，可一旦而盡也。今秦破韓以爲長憂，得列城而不敢守也；伐魏而無功，擊趙而顧病，〔二二〕則秦魏之勇力屈矣，楚之故地漢中、析、酈可得而復有也。王出寶弓，碆新繳，涉鄳塞，〔二三〕而待秦之倦也，山東、河內〔二四〕可得而一也。勞民休衆，南面稱王矣。故曰秦爲大鳥，負海內而處，東面而立，左臂據趙之西南，右臂傅楚鄢郢，膺擊韓魏，〔二五〕垂頭中國，〔二六〕處既形便，勢有地利，奮翼鼓翄，方三千里，則秦未可得獨招而夜射也。」欲以激怒襄王，故對以此言。襄王因召與語，遂言曰：「夫先王爲秦所欺而客死於外，怨莫大焉。今以匹夫有怨，尚有報萬乘，白公、子胥是也。今楚之地方五千里，帶甲百萬，猶足以踊躍中野也，而坐受困，臣竊爲大王弗取也。」於是頃襄王遣使於諸侯，復爲從，欲以伐秦。秦聞之，發兵來伐楚。

【一】索隱 鶀音其，小鴈也。

【二】集解 徐廣曰：「呂靜曰：鸗，野鳥也。音龍。」 索隱 呂靜音聾，鄒亦音盧動反，劉音龍。鸗，小鳥。

【三】索隱 亦小梟(四四)，有青首者。

【四】索隱 鄒祕二音。

【五】索隱 以喻下文秦趙等十二國，故云「六雙」。

【六】索隱 昔猶夕也。

【七】索隱 音患，謂繞也。

【八】索隱 音石。

【九】正義 圉音語。城在汴州雍丘縣東。

【一〇】索隱 解音紀買反。

【一一】正義言王朝張弓射魏大梁、汴州之南，即加大梁之右臂；連韓、鄭，則河北中國之路向東南斷絶，則韓上蔡之郡自破壞矣。復遶射雍丘圉城之東，便解散魏左肘宋州，而外擊曹定陶，及魏東之外解弃，則宋、方與兩郡並舉。

【一二】集解徐廣曰：「綪，縈也，音爭。蘭，一作『簡』。」正義鄭玄云：「綪，屈也，江沔之閒謂之縈，收繩索綪也。」按：繳，絲繩，繫弋射鳥也。若膺擊郯，圍大梁已了，乃收弋繳於蘭臺。蘭臺，桓山之別名也。

【一三】集解徐廣曰：「以石傅弋繳曰碆。碆音波。」索隱碆作「磻」，音播。傅音附。

【一四】集解徐廣曰：「噣，一作『獨』。還音宦。蓋，一作『益』。益縣在樂安，蓋縣在泰山。濟北盧縣有長城，東至海也。」索隱噣音晝，謂大鳥之有鉤喙者，以比齊也。還音患，謂遶也。蓋者，覆也。言射者環遶蓋覆，使無飛走之路，因以長城爲防也。徐以蓋爲益縣，非也。長城當在濟南。正義太山郡記云：「太山西北有長城，緣河徑太山千餘里，至琅邪臺入海。」齊記云：「齊宣王乘山嶺之上築長城，東至海，西至濟州千餘里，以備楚。」括地志云：「長城西北起濟州平陰縣，緣河歷太山北岡上，經濟州淄川〔四五〕，即西南兗州博城縣北，東至密州琅邪臺入海。薊代記云齊有長城巨防，足以爲塞也。」

【一五】正義括地志云：「密州莒縣，故莒子國。地理志云周武王封少昊之後嬴姓於莒，始都計斤，春秋時徙居莒也。」

【一六】集解徐廣曰：「在清河。」正義括地志云：「浿丘，丘名也，在青州臨淄縣西北二十五里也。」

【一七】索隱顧，反也。午道當在齊西界。一從一橫爲午道〔四六〕，亦未詳其處。正義劉伯莊云「齊西界」。按：蓋在博州之西境也。

【一八】正義言從齊州長城東至海，太山之北，黄河之南，盡舉收於楚。

【一九】正義言得齊地約結於趙，爲境界，定從約也。

【二〇】索隱北，一作「杜」。杜者，寬大之名。言齊晉既伏，收燕不難也。正義北達，言四通無所滯礙。言燕無山河之限也。

【二一】集解徐廣曰：「音翅。一作『屬』。」索隱亦作「翅」，同式豉反。三國，齊、趙、燕也。

【二二】索隱顧猶反也。

【二三】集解徐廣曰：「或以爲『冥』，今江夏。一作『黽』。」正義括地志云：「故鄍城在陝州河北縣東十里，虞邑也。杜預云河東大陽有鄍城是也。」徐言江夏，亦誤也。

【二四】正義謂華山之東，懷州河内之郡。

【二五】索隱謂韓、魏當秦之前，故云「膺擊」。俗本作「鷹」，非。

【二六】索隱垂頭猶申頭也〔四七〕。言欲吞山東。

楚欲與齊韓連和伐秦，因欲圖周。周王赧使武公【一】謂楚相昭子曰：「三國以兵割周郊地以便輸，而南器以尊楚，臣以爲不然。夫弑共主，臣世君，【二】大國不親；以衆脅寡，小國不附。大國不親，小國不附，不可以致名實。名實不得，不足以傷民。夫有圖周之聲，非所以爲號也。」昭子曰：「乃圖周則無之。雖然，周何故不可圖也？」對曰：「軍不五不攻，城不十不圍。夫一周爲二十晉，【三】公之所知也。韓嘗以二十萬之衆辱於晉之城下，鋭士死，中士傷，而晉不拔。公之無百韓以圖周，此天下之所知也。夫怨結於兩周以塞騶魯之心，【四】交絶於齊，【五】聲失天下，其爲事危矣。夫危兩周以厚三川，【六】方城之外必爲韓弱矣。【七】何以知其然也？西周之地，絶長補短，不過百里。名爲天下共主，裂其地不足以肥國，得其衆不足以勁兵。雖無攻之，名爲弑君。然而好事之君，喜攻之臣，發號用兵，未嘗不以周爲終始。是何也？見祭器在焉，欲器之至而忘弑君之亂。今韓以器之在楚，臣恐天下以器讎楚也。臣請譬之。夫虎肉臊，其兵利身，【八】人猶攻之也。若使澤中之麋蒙虎之皮，人之攻之必萬於虎矣。【九】裂楚之地，足以肥國；詘楚之名，足以尊主。今子將以欲誅殘天下之共主，居三代之傳器，【一〇】吞三翮六翼，【一一】以高世主，非貪而何？周書曰『欲起無先』，故器南則兵至矣。」於是楚計輟不行。

【一】集解徐廣曰：「定王之曾孫，而西周惠公之子。」

【二】索隱共主、世君，俱是周自謂也。共主，言周爲天下共所宗主也；世君，言周室代代君於天下。

【三】正義言周王之國，其地雖小，諸侯尊之，故敵二十晉也。

【四】索隱騶魯有禮義之國，今楚欲結怨兩周而奪九鼎，是塞鄒魯之心。

【五】正義楚本與齊韓和伐秦，因欲圖周；齊不與圖周，故齊交絕於楚。

【六】正義三川，兩周之地，韓多有之，言厚韓也。

【七】正義方城之外，許州葉縣東北也。言楚取兩周，則韓彊，必弱楚方城之外也。

【八】索隱謂虎以爪牙爲兵，而自利於防身也。

【九】索隱攻易而利大也。正義野澤之麋蒙衣虎皮，人之攻取必萬倍於虎也。譬楚伐周收祭器，其猶麋蒙虎皮矣。

【一〇】索隱謂九鼎也。

【一一】索隱翮，亦作「⿰鬲瓦」，同音歷。三翮六翼，亦謂九鼎也。空足曰翮。六翼即六耳，翼近耳旁，事具小爾雅。

十九年，秦伐楚，楚軍敗，割上庸、漢北地予秦。【一】二十年，秦將白起拔我西陵。【二】二十一年，秦將白起遂拔我郢，燒先王墓夷陵。【三】楚襄王兵散，遂不復戰，東北保於陳城。二十二年，秦復拔我巫、黔中郡。

【一】正義謂割房、金、均三州及漢水之北與秦。

【二】集解徐廣曰：「屬江夏。」正義括地志云：「西陵故城在黄州黄山西二里〔四八〕。」

【三】集解徐廣曰：「年表云拔郢，燒夷陵。」索隱夷陵，陵名，後爲縣，屬南郡。正義括地志云：「峽州夷陵縣是也。在荆州西。應劭云『夷山在西北』。」

二十三年，襄王乃收東地兵，得十餘萬，復西取秦所拔我江旁十五邑以爲郡，距秦。二十七年，使三萬人助三晉伐燕。復與秦平，而入太子爲質於秦。楚使左徒侍太子於秦。

三十六年，頃襄王病，太子亡歸。秋，頃襄王卒，太子熊元【一】代立，是爲考烈王。考烈王以左徒爲令尹，封以吴，號春申君。

【一】索隱系本作「完」。

考烈王元年，納州于秦以平。【一】是時楚益弱。

【一】集解徐廣曰：「南郡有州陵縣。」

六年，秦圍邯鄲，趙告急楚，楚遣將軍景陽救趙。七年，至新中。【一】秦兵去。【二】十二年，秦昭王卒，楚王使春申君弔祠于秦。十六年，秦莊襄王卒，秦王趙政立。二十二年，與諸侯共伐秦，不利而去。楚東徙都壽春，【三】命曰郢。

【一】索隱按：趙地無名新中者，「中」字誤。鉅鹿有新市，「中」當爲「市」。正義新中，相州安陽縣也。七國時魏寧新中邑，秦莊襄王拔之，更名安陽也。

【二】集解徐廣曰：「年表云『六年，春申君救趙』；十年，徙於鉅陽』。」

【三】正義壽春在南壽州〔四九〕，壽春縣是也。

二十五年，考烈王卒，子幽王悍立。李園殺春申君。幽王三年，秦、魏伐楚。秦相呂不韋卒。九年，秦滅韓。十年，幽王卒，同母弟猶代立，是爲哀王。哀王立二月餘，哀王庶兄負芻之徒襲殺哀王而立負芻爲王。是歲，秦虜趙王遷。

王負芻元年，燕太子丹使荆軻刺秦王。二年，秦使將軍伐楚，大破楚軍，亡十餘城。三年，秦滅魏。四年，秦將王翦破我軍於蘄，【一】而殺將軍項燕。

【一】索隱機祈二音。

五年，秦將王翦、蒙武遂破楚國，虜楚王負芻，滅楚，爲郡云〔五〇〕。【一】

【一】集解孫檢曰：「秦虜楚王負芻，滅去楚名，以楚地爲三郡〔五一〕。」索隱裴注頻引孫檢，不知其人本末，蓋齊人也。

太史公曰：楚靈王方會諸侯於申，誅齊慶封，作章華臺，求周九鼎之時，志小天下；及餓死于申亥之家，爲天下笑。操行之不得，悲夫！勢之於人也，可不慎與？弃疾以亂立，嬖淫秦女，甚乎哉，幾〔一〕再亡國！

〔一〕索隱音祈。

【索隱述贊】鬻熊之嗣，周封於楚。僻在荆蠻，蓽路藍縷。及通而霸，僭號曰武。文既伐申，成亦赦許。子圍篡嫡，商臣殺父。天禍未悔，憑姦自怙。昭困奔亡，懷迫囚虜。頃襄、考烈，祚衰南土。

校勘記

〔一〕六曰季連芈姓　左傳僖公二十六年、昭公十二年孔穎達疏引楚世家重「季連」二字。

〔二〕斟姓　耿本、黄本、彭本、索隱本、柯本、凌本、殿本作「斯姓」。

〔三〕故鄶城在鄭州新鄭縣東北二十二里　「二十二里」，本書卷四二鄭世家「地近虢、鄶」正義引括地志作「三十二里」。按：元和志卷八河南道四鄭州鄶城在新鄭縣東北三十二里。

〔四〕昔高辛之土　張文虎札記卷四：「王本『高辛』下有『氏』字。」按：「之土」，疑當作「火正」。

毛詩譜：「檜者，古高辛氏火正祝融之墟。」疑此有脱誤。

〔五〕穎容左傳例云　「左」，原作「云」。本書卷四五韓世家「斬首八萬於丹陽」正義：「左傳例云：『楚居丹陽，今枝江縣故城是也。』」引文與楚世家全同。今據改。殿本作「三」，當爲「左」之譌。

〔六〕庸濮在漢之南　「漢」上疑脱「江」字。按：本書卷四周本紀「及庸、蜀、羌、髳、微、纑、彭、濮人」集解引孔安國曰：「庸、濮在江、漢之南。」尚書牧誓孔安國傳「漢」上有「江」字。

〔七〕熊通　左傳文公十六年、宣公十二年、昭公二十三年孔穎達疏引楚世家皆作「熊達」。漢書卷二八下地理志下：「後十餘世至熊達，是爲武王。」

〔八〕江陵縣北五十里　「五十里」，疑當作「十五里」。按：本書卷二三禮書「然而秦師至，鄢、郢舉」正義引括地志作「十五里」。通鑑卷三周紀三赧王十六年「郢中立王」胡三省注：「劉昫曰：故楚都之郢城，今江陵縣北十五里紀南城是也。」賀次君括地志輯校卷四：「紀南城以在紀山之南而得名，紀山在江陵縣北三十里，則紀南城不能遠至江陵縣北五十里。」

〔九〕莊敖　景祐本、紹興本、耿本、黄本、彭本、柯本、凌本、殿本作「杜敖」，疑是。按：本書卷一四十二諸侯年表作「堵敖」，堵、杜聲相近。左傳莊公十四年「生堵敖及成王焉」釋文：「史記作杜敖。」陸氏引史記之文，當據楚世家。今世家亦作「莊敖」，或是後人據年表索隱改。

〔一〇〕陘山在鄭州西南一百一十里　賀次君括地志輯校卷三：「元和郡縣志謂新鄭縣在鄭州西南

九十里，括地志陘山在新鄭縣西南三十里，則陘山在州西南一百二十里，此引『一』爲『二』之誤。」

〔一〕潁川許昌縣故許國也　「昌」字疑衍。按：漢書卷二八上地理志上潁川郡：「許，故國，姜姓，四岳後，太叔所封，二十四世爲楚所滅。」三國志卷二魏書二文帝紀：「（黄初二年）改許縣爲許昌縣。」

〔二〕光州定城縣四十里　「四十里」，疑當作「西十二里」。元和志河南道五光州定城縣：「黄國故城在縣西十二里。」通典卷一八一：「定城，春秋黄國也，漢代有弋陽縣，故城在今縣西。」通志卷二六氏族略二：「今光州定城西十二里有黄國故城。」

〔三〕重耳過　「過」下原有「楚」字，據景祐本、紹興本、耿本、黄本、彭本、柯本删。按：本書卷一四十二諸侯年表：「（三十五年）重耳過，厚禮之。」卷三七衞康叔世家、卷四二鄭世家皆云「晉公子重耳過」，蓋世家以國别紀事，「過」下不必加繫國名也。

〔四〕河南陽翟縣南有鈞臺陂　「陂」，原作「坡」，據紹興本、耿本、黄本、彭本、柯本、凌本、殿本改。按：左傳昭公四年杜預注作「陂」。

〔五〕於是靈王使疾殺之　「疾」上原有「弃」字。王念孫雜志史記第三：「此當作『使疾殺之』。疾，速也。昭四年左傳作『王使速殺之』，是其證也。今本『疾』上有『弃』字者，因下文『公子弃疾』而誤。」今據删。

〔一六〕三國楚別都也　「三」，原作「二」，據景祐本、紹興本、耿本、黃本、彭本、柯本、凌本、殿本改。按：國語楚語上：「靈王城陳、蔡、不羹。」韋昭注：「三國，楚別都也。」

〔一七〕潁川邵陵縣西有鄧城　「西」，左傳昭公十三年杜預注作「西南」。

〔一八〕召五公子齋而入　景祐本、紹興本、耿本、黃本、彭本、殿本無「公」字。

〔一九〕抱而入再拜　原作「抱其上而拜」，據景祐本、耿本、黃本、彭本、柯本、凌本、殿本改。按：左傳昭公十三年云「平王弱，抱而入，再拜，皆厭紐」。

〔二〇〕寵貴妃子也　左傳昭公十三年杜預注重「貴」字。

〔二一〕鄖陽之女奔之　左傳昭公十九年「鄖陽」下有「封人」二字，疑此脫。

〔二二〕鄖蔡邑也　左傳昭公十九年杜預注「鄖」下有「陽」字，疑此脫。

〔二三〕於是王遂囚伍奢　此下原有「而召其二子而告以免父死」十一字。張文虎札記卷四：「召二子在下文，此不當闌入，蓋後人妄竄。」今據刪。

〔二四〕杜預云言成父　張文虎札記卷四：「『云』、『言』當衍其一。」

〔二五〕集解　原作「索隱」，據景祐本、紹興本、耿本、黃本、彭本、柯本、凌本、殿本改。

〔二六〕昭三十年二公子奔楚公子掩餘奔徐公子燭庸奔鍾離此言三公子非也　張文虎札記卷四：「此在二十七年，不當在三十年。『奔楚』下蓋有脫文，又錯倒。」按：據左傳，此當云「昭二十七年，吳公子掩餘奔徐，公子燭庸奔鍾吾。三十年，二公子奔楚」。「鍾離」當作「鍾吾」。

〔二七〕隨州城外　「城外」，上文「楚伐隨」正義引括地志作「外城」。

〔二八〕隨州縣北七里　「縣」上疑脱「隨」字。按：唐代無隨州縣。

〔二九〕括地志　原作「地理志」。賀次君括地志輯校卷三以爲當作「括地志」。今據改。

〔三〇〕汝陰縣西北胡城　「汝陰」，原作「汝南」，據景祐本改。按：春秋經昭公四年「胡子」杜預注：「胡，國，汝陰縣西北有胡城。」本書卷四一越王句踐世家「宗胡之地」集解引徐廣曰：「胡國，今之汝陰。」

〔三一〕十月　梁玉繩志疑卷二二：「『十月』乃『七月』之譌。」按：春秋經哀公六年：「秋七月庚寅，楚子軫卒。」左傳同。

〔三二〕故下立惠王後即罷兵歸葬　「立」，原作「云」，據耿本、黄本、彭本、柯本、凌本、殿本及正文改。

〔三三〕褒信東南三十二里　「三十二」，本書卷六六伍子胥列傳正義引括地志作「四十二」。按：元和志卷九河南道五蔡州褒信：「白亭，在縣東南四十二里。」

〔三四〕故國也　會注本作「故莒國也」。下文「朝射東莒」正義引括地志：「密州莒縣，故莒子國。」疑此脱「莒」字。

〔三五〕括地志　原作「地理志」。按：據其内容及文例，當是括地志而非地理志，今據改。

〔三六〕復搏其士卒以與王遇　「搏」，景祐本、紹興本、耿本、黄本、彭本、柯本、凌本作「摶」。王念孫雜志史記第三：「『搏』當爲『摶』字之誤也。『摶』與『專』同。田完世家『韓馮摶三國之兵』

集解：『徐廣曰：摶，音專，專，猶并合制領之謂也。』」

〔三七〕取我陘山　「取」，疑當作「敗」。按：本書卷一五六國年表楚威王十一年「魏敗我陘山」。卷四四魏世家：「魏伐楚，敗之陘山。」卷六九蘇秦列傳「北有陘塞、郇陽」集解：「楚威王十一年，魏敗楚陘山。」戰國策趙策四：「魏敗楚於陘山。」

〔三八〕注商於在今順陽　原作「商於在今慎陽」，據索隱本改補。

〔三九〕二十年　原作「二十六年」，據景祐本、紹興本、耿本、黄本、彭本、柯本、凌本、殿本改。按：小司馬所見本作「二十六年」，誤，下文云「二十四年」、「二十五年」、「二十六年」，其明證也。

〔四〇〕則此　此下原有「錯」字，據耿本、黄本、彭本、柯本、凌本、殿本删。

〔四一〕漢中郡也　殿本重「漢」字，疑此脱其一。

〔四二〕在水北山南故曰咸陽咸皆也　耿本、黄本、彭本、柯本、凌本、殿本無此十二字。

〔四三〕予我下東國　「予」，原作「子」，據景祐本、紹興本、耿本、黄本、彭本、柯本、凌本、殿本改。

〔四四〕亦小皃　耿本、黄本、彭本、柯本、凌本、殿本無「亦」字。

〔四五〕經濟州淄川　「濟州」，疑當作「淄州」。按：本書卷二夏本紀「濰、淄其道」、卷四三趙世家「攻昌城」正義引括地志皆云淄川屬淄州。

〔四六〕一從一横爲午道　「道」字疑衍。按：本書卷七〇張儀列傳索隱引鄭玄云「一縱一横爲午」，通鑑卷三周紀三赧王四年胡三省注引同。儀禮大射「度尺而午」鄭玄注：「一從一横曰午。」

〔四七〕申頭　原作「申頸」，據耿本、黄本、彭本、柯本、凌本、殿本改。

〔四八〕西陵故城在黄州黄山西二里　「黄山」疑誤。按：元和志卷二七江南道三黄州：「黄岡縣，本漢西陵縣地，故城在今縣西二里。」

〔四九〕壽春在南壽州　殿本無「南」字，疑此衍。按：本書卷七項羽本紀「劉賈軍從壽春並行」正義：「壽州壽春縣也。」卷五一荆燕世家「圍壽春」正義：「今壽州壽春縣是也。」

〔五〇〕滅楚爲郡云　原作「滅楚名爲楚郡云」。張文虎札記卷四：「疑『名』『楚』二字後人妄增。」按：張説是。本書卷四三趙世家云「遂滅趙以爲郡」，卷四四魏世家云「遂滅魏以爲郡縣」，卷四六田敬仲完世家云「遂滅齊爲郡」，文例皆同。卷七三白起王翦列傳云「盡定趙地爲郡」，又云「竟平荆地爲郡縣」，文亦相類。今據改。

〔五一〕三郡　景祐本、紹興本、耿本作「秦郡」。

史記卷四十一

越王句踐世家第十一

越王句踐，其先禹之苗裔，【一】而夏后帝少康之庶子也。封於會稽，以奉守禹之祀。文身斷髮，披草萊而邑焉。後二十餘世，至於允常。【二】允常之時，與吴王闔廬戰而相怨伐。允常卒，子句踐立，是爲越王。

【一】正義吴越春秋云：「禹周行天下，還歸大越，登茅山以朝四方羣臣，封有功，爵有德，崩而葬焉。至少康，恐禹迹宗廟祭祀之絶，乃封其庶子於越，號曰無餘。」賀循會稽記云：「少康，其少子號曰於越，越國之稱始此。」越絶記云：「無餘都，會稽山南故越城是也。」

【二】正義輿地志云：「越侯傳國三十餘葉，歷殷至周敬王時，有越侯夫譚，子曰允常，拓土始大，稱王，春秋貶爲子，號爲於越。」杜注云：「於，語發聲也。」

元年，吴王闔廬聞允常死，乃興師伐越。越王句踐使死士挑戰，三行，至吴陳，呼而自到。吳師觀之，越因襲擊吳師，吳師敗於檇李，【一】射傷吳王闔廬。闔廬且死，告其子夫差曰：「必毋忘越。」

【一】集解杜預曰「吳郡嘉興縣南有檇李城。」索隱事在左傳魯定公十四年。

三年，句踐聞吳王夫差日夜勒兵，且以報越，越欲先吳未發往伐之。范蠡諫曰：「不可。臣聞兵者凶器也，戰者逆德也，爭者事之末也。陰謀逆德，好用凶器，試身於所末，上帝禁之，行者不利。」越王曰：「吾已決之矣。」遂興師。吳王聞之，悉發精兵擊越，敗之夫椒。【一】越王乃以餘兵五千人保棲於會稽。【二】吳王追而圍之。

【一】集解杜預曰「夫椒在吳郡吳縣，太湖中椒山」是也。索隱夫音符。椒音焦，本又作「湫」，音酒小反。賈逵云地名。國語云敗之五湖，則杜預云在椒山爲非。事具哀公元年。

【二】集解杜預曰：「上會稽山也。」索隱鄒誕云：「保山曰棲，猶鳥棲於木以避害也，故六韜曰『軍處山之高者則曰棲』。」

越王謂范蠡曰：【一】「以不聽子，故至於此，爲之柰何？」蠡對曰：「持滿者與天，【二】定傾者與人，【三】節事者以地。【四】卑辭厚禮以遺之，不許，而身與之市。」【五】句踐曰：「諾。」乃令大夫種行成於吳，【六】膝行頓首曰：「君王亡臣句踐使陪臣種敢告下執事：句踐請爲臣，妻爲妾。」吳王將許之。子胥言於吳王曰：「天以越賜吳，勿許也。」種還，以報句踐。句踐欲殺妻子，燔寶器，觸戰以死。種止句踐曰：「夫吳太宰嚭貪，可誘以利，請閒行【七】言之。」於是句踐乃以美女寶器令種閒獻吳太宰嚭。【八】嚭受，乃見大夫種於吳王。種頓首言曰：「願大王赦句踐之罪，盡入其寶器。不幸不赦，句踐將盡殺其妻子，燔其寶器，悉五千人觸戰，必有當也。」【九】嚭因説吳王曰：「越以服爲臣，若將赦之，此國之利也。」吳王將許之。子胥進諫曰：「今不滅越，後必悔之。句踐賢君，種、蠡良臣，若反國，將爲亂。」吳王弗聽，卒赦越，罷兵而歸。

【一】正義會稽典録云：「范蠡字少伯，越之上將軍也。本是楚宛三户人，佯狂倜儻負俗。文種爲宛令，遣吏謁奉。吏還曰：『范蠡本國狂人，生有此病。』種笑曰：『吾聞士有賢俊之姿，必有佯狂之譏，内懷獨見之明，外有不知之毀，此固非二三子之所知也。』駕車而往，蠡避之。後知種之必來謁，謂兄嫂曰：『今日有客，願假衣冠。』有頃種至，抵掌而談，旁人觀者聳聽之矣。」

【二】集解韋昭曰：「與天，法天也。天道盈而不溢。」索隱與天，天與也。言持滿不溢，與天同道，故天與之。

【三】集解虞翻曰：「人道尚謙卑以自牧。」索隱人主有定傾之功，故人與之也。

【四】集解韋昭曰：「時不至，不可彊生；事不究，不可彊成。」索隱國語「以」作「與」，此作「以」，亦與義也。言地能財成萬物，人主宜節用以法地，故地與之。韋昭等解恐非。

【五】集解韋昭曰：「市，利也。謂委管籥屬國家，以身隨之。」正義卑作言辭，厚遺珍寶。不許平，越王身往事之，如市賈貨易以利。此是定傾危之計。

【六】索隱大夫，官；種，名也。一曰大夫姓，猶司馬、司徒之比〔一〕，蓋非也。成者，平也，求和於吴也。正義吴越春秋云：「大夫種姓文名種，字子禽。荆平王時爲宛令，之三户之里，范蠡從犬竇蹲而吠之，從吏恐文種慙，令人引衣而鄣之。文種曰：『無鄣也。吾聞犬之所吠者人，今吾到此，有聖人之氣，行而求之，來至於此。且人身而犬吠者，謂我是人也。』乃下車拜，蠡不爲禮。」

【七】索隱閒音紀閑反。閒行猶微行。

【八】索隱國語云：越飾美女二人〔二〕，使大夫種遺太宰嚭。

【九】索隱言悉五千人觸戰，或有能當吴兵者，故國語作「耦」，耦亦相當對之名。又下云「無乃傷君王之所愛乎」，是有當則相傷也。

句踐之困會稽也，喟然嘆曰：「吾終於此乎？」種曰：「湯繫夏臺，文王囚羑里，晉重耳犇翟，齊小白犇莒，其卒王霸。由是觀之，何遽不爲福乎？」

吴既赦越，越王句踐反國，乃苦身焦思，置膽於坐，坐卧即仰膽，飲食亦嘗膽也。曰：「女忘會稽之恥邪？」身自耕作，夫人自織，食不加肉，衣不重采，折節下賢人，厚遇賓客，振貧弔死，【一〇】與百姓同其勞。欲使范蠡治國政，蠡對曰：「兵甲之事，種不如蠡；填【一一】

撫國家，親附百姓，蠡不如種。」於是舉國政屬大夫種，而使范蠡與大夫柘稽【三】行成，爲質於吳。二歲而吳歸蠡。

【一】集解徐廣曰：「弔，一作『葬』。」

【二】索隱鎮音。

【三】索隱越大夫也。國語作「諸稽郢」。

句踐自會稽歸七年，拊循其士民，欲用以報吳。大夫逢同【一】諫曰：「國新流亡，今乃復殷給，繕飾備利，吳必懼，懼則難必至。且鷙鳥之擊也，必匿其形。今夫吳兵加齊、晉，怨深於楚、越，名高天下，實害周室，德少而功多，必淫自矜。爲越計，莫若結齊，親楚，附晉，以厚吳。吳之志廣，必輕戰。是我連其權，三國伐之，越承其弊，可克也。」句踐曰：「善。」

【一】索隱逢，姓；同，名。故楚有逢伯。

居二年，吳王將伐齊。子胥諫曰：「未可。臣聞句踐食不重味，與百姓同苦樂。此人不死，必爲國患。吳有越，腹心之疾，齊與吳，疥瘲【一】也。願王釋齊先越。」吳王弗聽，遂伐齊，敗之艾陵，【二】虜齊高、國【三】以歸。讓子胥。子胥曰：「王毋喜！」王怒，子胥欲自殺，王聞而止之。越大夫種曰：「臣觀吳王政驕矣，請試嘗之貸粟，以卜其事。」請貸，吳王欲與，子胥諫勿與，王遂與之，越乃私喜。子胥言曰：「王不聽諫，後三年吳其墟乎！」太宰嚭聞之，乃數與子胥爭越議，因讒子胥曰：「伍員貌忠而實忍人，其父兄不顧，安能顧王？王前欲伐齊，員彊諫，已而有功，用是反怨王。王不備伍員，員必爲亂。」與逢同共謀，讒之王。王始不從，乃使子胥於齊，聞其託子於鮑氏，王乃大怒，曰：「伍員果欺寡人，欲反〔三〕！」使人賜子胥屬鏤劍以自殺。子胥大笑曰：「我令而父霸，〔四〕我又立若，〔五〕若初欲分吳國半予我，我不受，已，今若反以讒誅我。嗟乎，嗟乎，一人固不能獨立！」報使者曰：「必取吾眼置吳東門，以觀越兵入也！」〔六〕於是吳任嚭政。

〔一〕索隱 疥癬，音介鮮。

〔二〕索隱 在魯哀十一年。

〔三〕索隱 國惠子、高昭子。

〔四〕索隱 而，汝也。父，闔廬也。

〔五〕索隱 若，亦汝也。

〔六〕索隱 國語云：「吳王愠曰：『孤不使大夫得見！』乃盛以鴟夷，投之于江也。」

居三年，句踐召范蠡曰：「吳已殺子胥，導諛者衆，可乎？」對曰：「未可。」

至明年春，吳王北會諸侯於黃池，【一】吳國精兵從王，惟獨老弱與太子留守。【二】句踐復問范蠡，蠡曰「可矣」。乃發習流二千人，【三】教士四萬人，【四】君子六千人，【五】諸御千人，【六】伐吳。吳師敗，遂殺吳太子。吳告急於王，王方會諸侯於黃池，懼天下聞之，乃祕之。吳王已盟黃池，乃使人厚禮以請成越。越自度亦未能滅吳，乃與吳平。

【一】索隱 在哀十三年。

【二】索隱 據左氏傳，太子名友。

【三】索隱 虞書云「流宥五刑」。按：流放之罪人，使之習戰，任爲卒伍，故有二千人。正義 謂先慣習流利戰陣死者二千人也。

【四】索隱 謂常所教練之兵也。故孔子曰「以不教民戰，是謂弃之」是也。

【五】集解 韋昭曰：「君子，王所親近有志行者，猶吳所謂『賢良』，齊所謂『士』也。」虞翻曰：「言君養之如子。」索隱 君子謂君所子養有恩惠者。又按：左氏「楚沈尹戌帥都君子以濟師」，杜預曰「都君子，謂都邑之士有復除者」。國語「王以私卒君子六千人」。

【六】索隱 諸御謂諸理事之官在軍有職掌者。

其後四年，越復伐吳。吳士民罷弊，輕鋭盡死於齊、晉。而越大破吳，因而留圍之三年，吳師敗，越遂復棲吳王於姑蘇之山。吳王使公孫雄【一】肉袒膝行而前〔四〕，請成越王曰：「孤臣夫差敢布腹心，異日嘗得罪於會稽，夫差不敢逆命，得與君王成以歸。今君王舉玉趾而誅孤臣，孤臣惟命是聽，意者亦欲如會稽之赦孤臣之罪乎？」句踐不忍，欲許之。范蠡曰：「會稽之事，天以越賜吳，吳不取。今天以吳賜越，越其可逆天乎？且夫君王蚤朝晏罷，非爲吳邪？謀之二十二年，一旦而弃之，可乎？且夫天與弗取，反受其咎。『伐柯者其則不遠』，君忘會稽之戹乎？」句踐曰：「吾欲聽子言，吾不忍其使者。」范蠡乃鼓進兵，曰：「王已屬政於執事，〔一〕使者去，不者且得罪。」〔二〕吳使者泣而去。句踐憐之，乃使人謂吳王曰：「吾置王甬東，君百家。」〔三〕〔四〕吳王謝曰：「吾老矣，不能事君王！」遂自殺。乃蔽其面，〔五〕曰：「吾無面以見子胥也！」越王乃葬吳王而誅太宰嚭。

〔一〕集解虞翻曰：「吳大夫。」

〔二〕集解虞翻曰：「執事，蠡自謂也。」

〔三〕集解虞翻曰：「我爲子得罪。」　索隱虞翻注蓋依國語之文，今望此文〔五〕，謂使者宜速去，不且得罪於越，義亦通。

〔四〕集解杜預曰：「甬東，會稽句章縣東海中洲也。」　索隱國語云與之夫婦三百是也。

〔五〕正義今之面衣是其遺象也。越絶云：「吳王曰『聞命矣！以三寸帛幎吾兩目。使死者有知，吾慚見伍子胥、公孫聖；以爲無知，吾恥生者』。越王則解綬以幎其目，遂伏劍而死。」幎音覓。顧野王云「大巾覆也」。

句踐已平吳，乃以兵北渡淮，與齊、晉諸侯會於徐州，致貢於周。周元王使人賜句踐胙，命爲伯。句踐已去，渡淮南，以淮上地與楚，【一】歸吳所侵宋地於宋，與魯泗東方百里。當是時，越兵横行於江、淮東，諸侯畢賀，號稱霸王。【二】

【一】集解楚世家曰：「越滅吳，而不能正江、淮北。楚東侵，廣地至泗上。」

【二】索隱越在蠻夷，少康之後，地遠國小，春秋之初未通上國，國史既微，略無世系，故紀年稱爲「於粵子」。據此文，句踐平吳之後，周元王始命爲伯，後遂僭而稱王也。

范蠡遂去，自齊遺大夫種書曰：「蜚鳥盡，良弓藏；狡兔死，走狗烹。【一】越王爲人長頸鳥喙，可與共患難，不可與共樂。子何不去？」種見書，稱病不朝。人或讒種且作亂，越王乃賜種劍曰：「子教寡人伐吳七術，【二】寡人用其三而敗吳，其四在子，子爲我從先王試之。」種遂自殺。

【一】集解徐廣曰：「狡，一作『郊』。」

【二】正義越絶云：「九術：一曰尊天事鬼；二曰重財幣以遺其君；三曰貴糴粟槀以空其邦；四曰遺之好美以熒其志；五曰遺之巧匠，使起宮室高臺，以盡其財，以疲其力；六曰貴其諛臣，使之易伐；七曰彊其諫臣，使之自殺；八曰邦家富而備器利；九曰堅甲利兵以承其弊。」

句踐卒，【一】子王鼫與立。【二】王鼫與卒，子王不壽立。王不壽卒，【三】子王翁立。王翁卒，【四】子王翳立。王翳卒，子王之侯立。【五】王之侯卒，子王無彊立。【六】

【一】索隱紀年云：「晉出公十年十一月，於粵子句踐卒，是爲菼執。」

【二】索隱鼫音石。與音餘。按：紀年云「於粵子句踐卒，是菼執。次鹿郢立，六年卒」。樂資云「越語謂鹿郢爲鼫與也」。

【三】索隱紀年云：「不壽立十年見殺，是爲盲姑。次朱句立。」

【四】索隱紀年於粵子朱句三十四年滅滕，三十五年滅郯，三十七年朱句卒。

【五】索隱紀年云：「翳三十三年遷于吳，三十六年七月太子諸咎弒其君翳，十月粵殺諸咎。粵滑，吳人立子錯枝爲君。明年，大夫寺區定粵亂，立無余之。十二年，寺區弟忠弒其君莽安，次無顓立。無顓八年薨，是爲菼蠋卯。」故莊子云「越人三弒其君，子搜患之，逃乎丹穴不肯出，越人薰之以艾，乘以王輿」。樂資云「號曰無顓」。蓋無顓後乃次無彊也，則王之侯即無余之也。

【六】索隱蓋無顓之弟也。音其良反。

王無彊時，越興師北伐齊，西伐楚，與中國爭彊。當楚威王之時，越北伐齊，齊威王使人說越王曰：「越不伐楚，大不王，小不伯。圖越之所爲不伐楚者，爲不得晉也。韓、魏固不攻楚。韓之攻楚，覆其軍，殺其將，則葉、陽翟危；【一】魏亦覆其軍，殺其將，則陳、上蔡不安。【二】故二晉之事越也，【三】不至於覆軍殺將，馬汗之力不效。【四】所重於得晉者何也？」【五】越王曰：「所求於晉者，不至頓刃接兵，而況于攻城圍邑乎？【六】願魏以聚大梁之下，願齊之試兵南陽、【七】莒地，以聚常、郯之境，【八】則方城之外不南，【九】淮、泗之間不東，商、於、析、酈、【一〇】宗胡之地，【一一】夏路以左，【一二】不足以備秦，江南、泗上不足以待越矣。【一三】則齊、秦、韓、魏得志於楚也，是二晉不戰而分地，不耕而穫之。不此之爲，而頓刃於河山之間以爲齊秦用，所待者如此其失計，柰何其以此王也！」齊使者曰：「幸也越之不亡也！吾不貴其用智之如目，見豪毛而不見其睫也。今王知晉之失計，而不自知越之過，是目論也。【一四】王所待於晉者，非有馬汗之力也，又非可與合軍連和也，將待之以分楚衆也。今楚衆已分，何待於晉？」越王曰：「柰何？」曰：「楚三大夫張九軍，北圍曲沃、於中，【一五】以至無假之關者【一六】三千七百里，【一七】景翠之軍北聚魯、齊、南陽，分有大此者乎？【一八】且王之所求者，鬭晉楚也；晉楚不鬭，越兵不起，是知二五而不知十也。此時不攻楚，臣以是知越大不王，小不伯。復讎、龐、【一九】長沙，【二〇】楚之粟也；竟澤陵，楚之材也。【二一】越窺兵通無假之關，【二二】此四邑者不上貢事於郢矣。【二三】臣聞之，圖王不王，其敝可以伯。然而不伯者，王道失也。故願大王之轉攻楚也。」

【一】正義葉，式涉反，今許州葉縣。陽翟，河南陽翟縣也。二邑此時屬韓，與楚犬牙交境，韓若伐楚，恐二邑爲楚所危。

【二】正義陳，今陳州也。上蔡，今豫州上蔡縣也。二邑此時屬魏，與楚犬牙交境，魏若伐楚，恐二國爲楚所危也。

【三】正義言韓、魏與楚鄰，今令越合於二晉而伐楚。

【四】集解徐廣曰：「效猶見也。」

【五】正義從「不至」已下，此是齊使者重難越王。

【六】正義頓刃，築營壘也。接兵，戰也。越王言韓魏之事越，猶不至頓刃接兵，而況更有攻城圍邑，韓、魏始服乎？言畏秦、齊而故事越也。

【七】索隱此南陽在齊之南界，莒之西。

【八】索隱常，邑名，蓋田文所封邑。郯，故郯國。二邑皆齊之南地。

【九】正義方城山在許州葉縣西南十八里。外謂許州、豫州等。言魏兵在大梁之下，楚方城之兵不得南伐越也。

【一〇】索隱四邑並屬南陽，楚之西南也。正義酈音擲。括地志云：「商洛縣則古商國城也。」荆州圖副云「鄧州内鄉縣東七里於村，即於中地也」。括地志又云：「鄧州内鄉縣，楚邑也。故鄗縣在鄧州新城縣西北三十里〔六〕。」按：商、於、析、酈在商、鄧二州界，縣邑也。

【一一】集解 徐廣曰：「胡國，今之汝陰。」 索隱 宗胡，邑名。胡姓之宗，因以名邑。杜預云「汝陰縣北有故胡城〔七〕」是。

【一二】集解 徐廣曰：「蓋謂江夏之夏。」 索隱 徐氏以爲江夏，非也。劉氏云「楚適諸夏，路出方城，人向北行，以西爲左，故云夏路以左」，其意爲得也。 正義 括地志云：「故長城在鄧州内鄉縣東七十五里，南入穰縣，北連翼望山，無土之處累石爲固。楚襄王控霸南土，爭强中國，多築列城於北方，以適華夏〔八〕，號爲方城。」按：此說劉氏爲得，云邑徒衆少，不足備秦嶢、武二關之道也。

【一三】正義 江南，洪、饒等州，春秋時爲楚東境也。泗上，徐州，春秋時楚北境也。二境並與越鄰，言不足當伐越。

【一四】索隱 言越王知晉之失，不自覺越之過，猶人眼能見豪毛而自不見其睫，故謂之「目論」也。

【一五】集解 徐廣曰：「一作『北面曲沃』。」 正義 括地志云：「曲沃故城在陝縣西三十二里〔九〕。於中在鄧州内鄉縣東七里。」爾時曲沃屬魏，於中屬秦，二地相近，故楚圍之。

【一六】集解 徐廣曰：「無，一作『西』。」

【一七】正義 按：無假之關當在江南長沙之西北也。言從曲沃、於中西至漢中、巴、巫、黔中千餘里，皆備秦、晉也。

【一八】正義魯，兗州也。齊，密州莒縣邑南至泗上也。南陽，鄧州也，時屬韓也。言楚又備此三國也，分散有大此者乎？

【一九】集解徐廣曰：「一作『寵』。」

【二〇】索隱劉氏云「復者發語之聲」，非也。言發語聲者，文勢然也，則是脱「況」字耳。讎，當作「犨」，犨，邑名，字訛耳。則犨、龐、長沙是三邑也。

【二一】索隱「竟澤陵」，當爲「竟陵澤」。言竟陵之山澤出材木，故楚有七澤，蓋其一也。合上文爲四邑也。正義復，扶富反。

【二二】集解徐廣曰：「無，一作『西』。」

【二三】正義言今越北欲鬬晉楚，南復讎敵楚之四邑，龐、長沙、竟陵澤也。龐、長沙出粟之地，竟陵澤出材木之地，此邑近長沙潭、衡之境，越若窺兵西通無假之關，則四邑不得北上貢於楚之郢都矣。戰國時永、郴、衡、潭、岳、鄂、江、洪、饒並是東南境，屬楚也。袁、吉、虔、撫、歙、宣並越西境，屬越也。

於是越遂釋齊而伐楚。楚威王興兵而伐之，大敗越，殺王無彊，盡取故吴地至浙江，北破齊於徐州。【一】而越以此散，諸族子爭立，或爲王，或爲君，濱於江南海上，【二】服朝於楚。

【一】集解徐廣曰：「周顯王之四十六年【一〇】。」索隱按：紀年粤子無顓薨後十年，楚伐徐州，無楚敗越殺無彊之語，是無彊爲無顓之後，紀年不得録也。

【三】正義 今台州臨海縣是也。

後七世，至閩君摇，佐諸侯平秦。漢高帝復以摇爲越王，以奉越後。東越、閩君，皆其後也。

范蠡【一】事越王句踐，既苦身勠力，與句踐深謀二十餘年，竟滅吴，報會稽之恥，北渡兵於淮以臨齊、晉，號令中國，以尊周室，句踐以霸，而范蠡稱上將軍。還反國，范蠡以爲大名之下，難以久居，且句踐爲人可與同患，難與處安，爲書辭句踐曰：「臣聞主憂臣勞，主辱臣死。昔者君王辱於會稽，所以不死，爲此事也。今既以雪恥，臣請從會稽之誅。」句踐曰：「孤將與子分國而有之。不然，將加誅于子。」范蠡曰：「君行令，臣行意。」乃裝其輕寶珠玉，自與其私徒屬乘舟浮海以行，終不反。於是句踐表會稽山以爲范蠡奉邑。【二】

【一】集解 太史公素王妙論曰：「蠡本南陽人。」列仙傳云：「蠡，徐人。」正義 吴越春秋云：「蠡字少伯，乃楚宛三户人也。」越絶云：「在越爲范蠡，在齊爲鴟夷子皮，在陶爲朱公。」又云：「居楚曰范伯。謂大夫種曰：『三王則三皇之苗裔也，五伯乃五帝之末世也。天運曆紀，千歲一至，黄帝之元，執辰破巳，霸王之氣，見於地户。伍子胥以是挾弓矢干吴王。』於是要大夫種入吴。此時馮同相與共戒之：『伍子胥在，自餘不能關其詞。』蠡曰：『吴越之邦同風共俗，地户之位非吴則越。彼爲彼，我爲我。』乃入越，越王常與言，盡日方去。」

【二】索隱 國語云「乃環會稽三百里以爲范蠡之地」。奉音扶用反。

范蠡浮海出齊，變姓名，自謂鴟夷子皮，【一】耕于海畔，苦身戮力，父子治産。居無幾何，致産數十萬〔二〕。齊人聞其賢，以爲相。范蠡喟然嘆曰：「居家則致千金，居官則至卿相，此布衣之極也。久受尊名，不祥。」乃歸相印，盡散其財，以分與知友鄉黨，而懷其重寶，閒行以去，止于陶，【二】以爲此天下之中，交易有無之路通，爲生可以致富矣。於是自謂陶朱公。復約要父子耕畜，廢居，候時轉物，逐什一之利。居無何，則致貲累巨萬。【三】天下稱陶朱公。

【一】索隱 范蠡自謂也。蓋以吴王殺子胥而盛以鴟夷，今蠡自以有罪，故爲號也。韋昭曰「鴟夷，革囊也」。或曰生牛皮也。

【二】集解 徐廣曰：「今之濟陰定陶。」正義 括地志云：「陶山在濟州平陰縣東三十五里。」止此山之陽也，今山南五里猶有朱公冢。

【三】集解 徐廣曰：「萬萬也。」

朱公居陶，生少子。少子及壯，而朱公中男殺人，囚於楚。朱公曰：「殺人而死，職也。然吾聞千金之子不死於市。」告其少子往視之。乃裝黃金千溢，置褐器中，載以一牛車。且遣其少子，朱公長男固請欲行，朱公不聽。長男曰：「家有長子曰家督，今弟有罪，大人不遣，乃遣少弟，是吾不肖。」欲自殺。其母爲言曰：「今遣少子，未必能生中子也，而先空亡長男，柰何？」朱公不得已而遣長子，爲一封書遺故所善莊生。【一】曰：「至則進千金于莊生所，聽其所爲，慎無與爭事。」長男既行，亦自私齎數百金。

【一】索隱據其時代，非莊周也。然驗其行事，非子休而誰能信任於楚王乎？正義年表云周元王四年越滅吳，范蠡遂去齊，歸定陶，後遺莊生金。莊周與魏惠王、齊宣王同時〔三〕，從周元王四年至齊宣王元年一百三十年，此莊生非莊子。

至楚，莊生家負郭，披藜藋到門，居甚貧。然長男發書進千金，如其父言。莊生曰：「可疾去矣，慎毋留！即弟出，勿問所以然。」長男既去，不過莊生而私留，以其私齎獻遺楚國貴人用事者。

莊生雖居窮閻，然以廉直聞於國，自楚王以下皆師尊之。及朱公進金，非有意受也，欲以成事後復歸之以爲信耳。故金至，謂其婦曰：「此朱公之金。有如病不宿誡，後復歸，勿動。」而朱公長男不知其意，以爲殊無短長也。

莊生閒時入見楚王，言「某星宿某，此則害於楚」。楚王素信莊生，曰：「今爲柰何？」莊生曰：「獨以德爲可以除之。」楚王曰：「生休矣，寡人將行之。」王乃使使者封三錢之府。〔一〕楚貴人驚告朱公長男曰：「王且赦。」曰：「何以也？」曰：「每王且赦，常封三錢之府。昨暮王使使封之。」〔二〕朱公長男以爲赦，弟固當出也，重千金虛弃莊生，無所爲也，乃復見莊生。莊生驚曰：「若不去邪？」長男曰：「固未也。初爲事弟，弟今議自赦，故辭生去。」莊生知其意欲復得其金，曰：「若自入室取金。」長男即自入室取金持去，獨自歡幸。

〔一〕集解國語曰：周景王時將鑄大錢。賈逵説云：「虞、夏、商、周金幣三等，或赤，或白，或黃。黃爲上幣，銅錢爲下幣〔三〕。」韋昭曰：「錢者，金幣之名，所以貿買物，通財用也。單穆公云『古者有母權子，子權母而行』，然則三品之來，古而然矣。」駰謂楚之三錢，賈韋之説近之。

〔二〕集解或曰「王且赦，常封三錢之府」者，錢幣至重，慮人或逆知有赦，盜竊之，所以封錢府，備盜竊也。漢靈帝時，河内張成能候風角，知將有赦，教子殺人，捕得七日赦出，此其類也。

莊生羞爲兒子所賣，乃入見楚王曰：「臣前言某星事，王言欲以修德報之。今臣出，道路皆言陶之富人朱公之子殺人囚楚，其家多持金錢賂王左右，故王非能恤楚國而赦，乃以朱公子故也。」楚王大怒曰：「寡人雖不德耳，柰何以朱公之子故而施惠乎！」令論殺朱公子，明日遂下赦令。朱公長男竟持其弟喪歸。

至，其母及邑人盡哀之，唯朱公獨笑，曰：「吾固知必殺其弟也！彼非不愛其弟，顧有所不能忍者也。是少與我俱，見苦，爲生難，故重弃財。至如少弟者，生而見我富，乘堅驅良逐狡兔，【一】豈知財所從來，故輕弃之，非所惜吝。前日吾所爲欲遣少子，固爲其能弃財故也。而長者不能，故卒以殺其弟，事之理也，無足悲者。吾日夜固以望其喪之來也。」

【一】集解徐廣曰：「狡，一作『郊』。」

故范蠡三徙，成名於天下，非苟去而已，所止必成名。卒老死于陶，故世傳曰陶朱公。【二】

【二】集解張華曰：「陶朱公冢在南郡華容縣西，樹碑云是越之范蠡也。」正義盛弘之荆州記云：「荆州華容縣西有陶朱公冢，樹碑云是越范蠡。范蠡本宛三户人，與文種俱入越，吴亡後，自適齊而終。陶朱公登仙，未聞葬此所由。」括地志云陶朱公冢也。又云：「濟州平陰縣東三十里陶山南五里有陶公冢〔一四〕。并止於陶山之陽。」按：葬處有二，未詳其處。

太史公曰：禹之功大矣，漸九川，【一】定九州，至于今諸夏艾安。及苗裔句踐，苦身焦思，終滅彊吴，北觀兵中國，以尊周室，號稱霸王。【二】句踐可不謂賢哉！蓋有禹之遺烈焉。范蠡三遷，皆有榮名，名垂後世。臣主若此，欲毋顯，得乎！

【一】集解徐廣曰：「漸者亦引進通導之意也，字或宜然。」

【二】集解徐廣曰：「一作『主』。」

【索隱述贊】越祖少康，至于允常。其子始霸，與吳爭彊。槜李之役，闔閭見傷。會稽之恥，句踐欲當。種誘以利，蠡悉其良。折節下士，致膽思嘗。卒復讎寇，遂殄大邦。後不量力，滅於無彊。

校勘記

〔一〕猶司馬司徒之比　「司徒」，耿本、黄本、彭本、柯本、凌本、殿本作「司空」。

〔二〕美女二人　「二人」，疑當作「八人」。按：國語越語上作「八人」，本書卷三一吳太伯世家正義引國語同。

〔三〕欲反　原作「役反」，據景祐本、紹興本、耿本、黄本、彭本、柯本、凌本改。

〔四〕公孫雄　「雄」，疑當作「雒」。按：梁玉繩志疑卷二三：「國語今本作『王孫雄』，宋本作『雒』。越絶、吳越春秋作『王孫駱』，音同而通用。墨子所染、說苑雜言並作『雒』，呂氏春秋當染篇作『雄』，而困學紀聞六引呂氏是『王孫雒』，則『雄』字誤。韓子説疑作『頟』，蓋『雒』之譌也。國語補音謂漢改『洛』爲『雒』，疑『雒』字非吴人所名，以『雄』爲定，恐非。雒本鳥名馬名。」

〔五〕今望此文　「望」，耿本、黄本、彭本、柯本、凌本、殿本作「案」。

〔六〕三十里　本書卷五二齊悼惠王世家正義引括地志作「四十里」，卷九五樊酈滕灌列傳正義同。

〔七〕汝陰縣北有故胡城　「北」，春秋經昭公四年杜預注作「西北」，本書卷四〇楚世家集解引杜預注同。

〔八〕以適華夏　「適」，疑當作「逼」。按：水經注卷二一汝水：「楚盛，周衰，控霸南土，欲爭强中國，多築列城于北方，以逼華夏，故號此城爲萬城，或作方字。」

〔九〕陝縣西三十二里　「西」，本書卷五秦本紀、卷四四魏世家正義引括地志作「西南」，通鑑卷二周紀二顯王三十六年胡三省注引同。

〔一〇〕周顯王之四十六年　「四十六年」，疑當作「三十六年」。按：本書卷一五六國年表周顯王三十六年楚表云「（威王七年）圍齊于徐州」，齊表云「（宣王十年）楚圍我徐州」。卷四〇楚世家云「七年，齊孟嘗君父田嬰欺楚，楚威王伐齊，敗之於徐州」，卷四六田敬仲完世家云「十年，楚圍我徐州」，楚威王七年、齊宣王十年，皆當周顯王三十六年。

〔一一〕數十萬　「十」，景祐本、耿本、黄本、彭本、柯本、凌本、殿本作「千」。

〔二〕莊周與魏惠王齊宣王同時　「齊宣王」，原作「周元王」。本書卷六三老子韓非列傳云莊周「與梁惠王、齊宣王同時」，今據改。

〔三〕銅錢爲下幣　「錢」，原作「鐵」，據景祐本、紹興本、耿本、黄本、彭本、柯本、凌本、殿本、會注本改。按：本書卷三〇平準書：「虞夏之幣，金爲三品，或黄，或白，或赤；或錢，或布，或刀，或龜貝。及至秦，中一國之幣爲二等，黄金以溢名，爲上幣；銅錢識曰半兩，重如其文，爲下幣。」

〔四〕平陰縣東三十里　「三十里」，上文「止于陶」正義引括地志作「三十五里」，本書卷一二九貨殖列傳正義引同。

史記卷四十二

鄭世家第十二

鄭桓公友者，周厲王少子而宣王庶弟也。〔一〕宣王立二十二年，友初封于鄭。〔二〕封三十三歲，百姓皆便愛之。幽王以爲司徒。〔三〕和集周民，周民皆說，河雒之閒，人便思之。爲司徒一歲，幽王以褒后故，王室治多邪，諸侯或畔之。於是桓公問太史伯〔四〕曰：「王室多故，予安逃死乎？」太史伯對曰：「獨雒之東土，河濟之南可居。」公曰：「何以？」對曰：「地近虢、鄶，〔五〕虢、鄶之君貪而好利，〔六〕百姓不附。今公爲司徒，民皆愛公，公誠請居之，虢、鄶之君見公方用事，輕分公地。公誠居之，虢、鄶之民皆公之民也。」公曰：「吾欲南之江上，何如？」對曰：「昔祝融爲高辛氏火正，其功大矣，而其於周未有興者，楚其後也。周衰，楚必興。興，非鄭之利也。」公曰：「吾欲居西方，何如？」〔七〕對曰：「其民貪而好利，難久居。」公曰：「周衰，何國興者？」對曰：「齊、秦、晉、楚乎？夫齊，姜姓，伯夷之後也，伯夷佐堯典禮。秦，嬴姓，伯翳之後也，伯翳佐舜懷柔百物。及楚之先，皆嘗有功於天下。而周武王克紂後，成王封叔虞于唐，〔八〕其地阻險，以此有德。與周衰，並亦必興矣。」桓公曰：「善。」於是卒言王，東徙其民雒東，而虢、鄶果獻十邑，〔九〕竟國之。〔一〇〕

【一】集解徐廣曰：「年表云母弟。」

【二】索隱鄭，縣名，屬京兆。秦武公十一年「初縣杜、鄭」是也。又系本云「桓公居棫林，徙拾」。宋忠云「棫林與拾皆舊地名」，是封桓公乃名爲鄭耳。至秦之縣鄭，蓋是鄭武公東徙新鄭之後，其舊鄭乃是故都，故秦始縣之。

【三】集解韋昭曰：「幽王八年爲司徒。」索隱韋昭據國語以幽王八年爲司徒也〔一〕。

【四】集解虞翻曰：「周太史。」

【五】集解徐廣曰：「虢在成皋，鄶在密縣。」駰案：虞翻曰「虢，姬姓，東虢也。鄶，妘姓」。正義括地志云：「洛州汜水縣，古東虢叔之國〔二〕，東虢君也。」又云：「故鄶城在鄭州新鄭縣東北三十二里。」

【六】索隱鄭語云「虢叔恃勢，鄶仲恃險，皆有驕侈〔三〕，又加之以貪冒」是也。虢叔，文王弟。鄶，妘姓之國也。

【七】索隱國語曰：「公曰：『謝西之九州，何如？』」韋昭云「謝，申伯之國。謝西有九州。二千五百家爲州」。其説蓋異此。

【八】集解徐廣曰：「晉世家曰『唐叔虞，姓姬氏，字子于』。」索隱唐者，古國，堯之後，其君曰叔虞。何以知然者？據此系家下文云「唐人之季代曰唐叔虞。當武王邑姜方動大叔，夢天命『而子曰虞，與之唐』。及生有文在手曰『虞』，遂以名之。及成王滅唐而國太叔」。故因以稱唐叔虞。杜預亦曰「取唐君之名」是也。

【九】集解虞翻曰：「十邑謂虢、鄶、鄢〔四〕、蔽、補、丹、依、𩡧、歷、莘也〔五〕。」索隱國語云：「太史伯曰『若克二邑，鄢、蔽、補、丹、依、𩡧、歷、莘君之土也〔六〕』。」虞翻注皆依國語爲説。

【一〇】集解韋昭曰：「後武公竟取十邑地而居之，今河南新鄭也。」

二歲，犬戎殺幽王於驪山下，并殺桓公。鄭人共立其子掘突，【一】是爲武公。【二】

【一】正義上求勿反，下户骨反。

【二】索隱譙周云「名突滑」，皆非也。蓋古史失其名，太史公循舊失而妄記之耳。何以知其然者？按下文其孫昭公名忽，厲公名突，豈有孫與祖同名乎？當是舊史雜記昭、厲「忽」、「突」之名，遂誤以掘突爲武公之字耳。

武公十年，娶申侯女【一】爲夫人，曰武姜。生太子寤生，生之難，及生，夫人弗愛。後生少子叔段，段生易，夫人愛之。【二】二十七年，武公疾。夫人請公，欲立段爲太子，公弗聽。是歲，武公卒，寤生立，是爲莊公。

【一】正義括地志云：「故申城在鄧州南陽縣北三十里。左傳云鄭武公取於申也。」

【二】集解徐廣曰：「年表云十四年生寤生，十七年生太叔段。」

莊公元年，封弟段於京，【一】號太叔。祭仲曰：「京大於國，非所以封庶也。」莊公曰：「武姜欲之，我弗敢奪也。」段至京，繕治甲兵，與其母武姜謀襲鄭。二十二年，段果襲鄭，武姜爲內應。莊公發兵伐段，段走。伐京，京人畔段，段出走鄢。【二】鄢潰，段出奔共。【三】於是莊公遷其母武姜於城潁，【四】誓言曰：「不至黃泉，【五】毋相見也。」居歲餘，已悔思母。潁谷之考叔【六】有獻於公，公賜食。考叔曰：「臣有母，請君食賜臣母。」莊公曰：「我甚思母，惡負盟，柰何？」考叔曰：「穿地至黃泉，則相見矣。」於是遂從之，見母。

【一】集解賈逵曰：「京，鄭都邑。」杜預曰：「今滎陽京縣。」

【二】正義鄢音烏古反。今新鄭縣南鄢頭有村，多萬家。舊作「鄢」，音偃。杜預云：「鄢，今鄢陵也。」

【三】集解賈逵曰：「共，國名也。」杜預曰：「今汲郡共縣也。」正義按：今衛州共城縣是也。

【四】集解賈逵曰：「鄭地。」正義疑許州臨潁縣是也。

【五】集解服虔曰：「天玄地黃，泉在地中，故言黃泉。」

【六】集解賈逵曰：「潁谷，鄭地。」正義括地志云：「潁水源出洛州嵩高縣東南三十里陽乾山〔七〕，今俗名潁山，泉源出山之東谷。其側有古人居處，俗名爲潁墟，故老云是潁考叔故居，即酈元注水經所謂潁谷也。」

二十四年，宋繆公卒，公子馮奔鄭。鄭侵周地，取禾。【一】二十五年，衞州吁弒其君桓公自立，與宋伐鄭，以馮故也。二十七年，始朝周桓王。桓王怒其取禾，弗禮也。【二】二十九年，莊公怒周弗禮，與魯易祊、許田。【三】三十三年，宋殺孔父。三十七年，莊公不朝周，周桓王率陳、蔡、虢、衞伐鄭。莊公與祭仲、【四】高渠彌【五】發兵自救，王師大敗。祝瞻【六】射中王臂。祝瞻請從之，鄭伯止之，曰：「犯長且難之，況敢陵天子乎？」乃止。夜令祭仲問王疾。

【一】索隱隱三年左傳〔八〕「鄭武公、莊公爲平王卿士。王貳于虢，及王崩，周人將畀虢公政。夏四月，鄭祭足帥師取温之麥，秋，又取成周之禾」是。

【二】索隱杜預曰：「桓王即位，周鄭交惡，至是始朝，故言始也。」左傳又曰：「周桓公言於王曰『我周之東遷，晉鄭焉依。善鄭以勸來者，猶懼不蔇，況不禮焉，鄭不來矣』。」

【三】索隱許田，近許之田，魯朝宿之邑。祊者，鄭所受助祭太山之湯沐邑。鄭以天子不能巡守，故以祊易許田，各從其近。

【四】索隱左傳稱祭仲足，蓋祭是邑，其人名仲字仲足，故傳云「祭封人仲足」是也。此繻葛之戰在魯桓公五年。

【五】索隱一作「彌」，一作「眯」，並名卑反。

【六】索隱左傳作「祝聃」。

三十八年，北戎伐齊，齊使求救，鄭遣太子忽將兵救齊。齊釐公欲妻之，忽謝曰：「我小國，非齊敵也。」時祭仲與俱，勸使取之，曰：「君多内寵，【一】太子無大援將不立，三公子皆君也。」所謂三公子者，太子忽，其弟突，次弟子亹也。【二】

【一】集解服虔曰：「言庶子有寵者多。」

【二】索隱此文則數太子忽及突、子亹爲三，而杜預云不數太子，以子突、子亹、子儀爲三，蓋得之。

四十三年，鄭莊公卒。初，祭仲甚有寵於莊公，莊公使爲卿；公使娶鄧女，生太子忽，故祭仲立之，是爲昭公。

莊公又娶宋雍氏女，【一】生厲公突。雍氏有寵於宋。【二】宋莊公聞祭仲之立忽，乃使人誘召祭仲而執之，曰：「不立突，將死。」亦執突以求賂焉。祭仲許宋，與宋盟。以突歸，立之。昭公忽聞祭仲以宋要立其弟突，九月丁亥，【九】忽出奔衛。己亥，突至鄭，立，是爲厲公。

【一】集解賈逵曰：「雍氏，黄帝之孫，姞姓之後，爲宋大夫。」

【二】集解服虔曰：「爲宋正卿，故曰有寵。」

厲公四年，祭仲專國政。厲公患之，陰使其壻雍糾欲殺祭仲。【一】糾妻，祭仲女也，知之，謂其母曰：「父與夫孰親？」母曰：「父一而已，人盡夫也。」【二】女乃告祭仲，祭仲反殺雍糾，戮之於市。厲公無柰祭仲何，怒糾曰：「謀及婦人，死固宜哉！」夏，厲公出居邊邑櫟。【三】祭仲迎昭公忽，六月乙亥，復入鄭，即位。

【一】集解賈逵曰：「雍糾，鄭大夫。」

【二】集解杜預曰：「婦人在室則天父，出則天夫。女以爲疑，故母以所生爲本解之。」

【三】集解宋忠曰：「今潁川陽翟縣。」索隱按：櫟，音歷，即鄭初得十邑之歷也。

秋，鄭厲公突因櫟人殺其大夫單伯，【一】遂居之。諸侯聞厲公出奔，伐鄭，弗克而去。宋頗予厲公兵自守於櫟，鄭以故亦不伐櫟。

【一】集解杜預曰：「鄭守櫟大夫也。」索隱依左傳作「檀伯」。檀伯，鄭守櫟大夫，事在桓十五年。此文誤爲「單伯」者，蓋亦有所因也。按魯莊公十四年，厲公自櫟侵鄭，事與周單伯會齊師伐宋相連，故誤耳。

昭公二年，自昭公爲太子時，父莊公欲以高渠彌爲卿，太子忽惡之，莊公弗聽，卒用渠彌爲卿。及昭公即位，懼其殺己，冬十月辛卯，渠彌與昭公出獵，射殺昭公於野。祭仲與渠彌不敢入厲公，乃更立昭公弟子亹爲君，是爲子亹也，無謚號。

子亹元年七月，齊襄公會諸侯於首止，〔一〕鄭子亹往會，高渠彌相，從，祭仲稱疾不行。所以然者，子亹自齊襄公爲公子之時，嘗會鬬，相仇，及會諸侯，祭仲請子亹無行。子亹曰：「齊彊，而厲公居櫟，即不往，是率諸侯伐我，内厲公。我不如往，往何遽必辱，且又何至是！」卒行。於是祭仲恐齊并殺之，故稱疾。子亹至，不謝齊侯，齊侯怒，遂伏甲而殺子亹。高渠彌亡歸，〔二〕歸與祭仲謀，召子亹弟公子嬰於陳而立之，是爲鄭子。〔三〕是歲，齊襄公使彭生醉拉殺魯桓公。

〔一〕集解服虔曰：「首止，近鄭之地。」杜預曰：「首止，衞地。陳留襄邑縣東南有首鄉。」

〔二〕索隱左氏云「轘高渠彌」。

〔三〕索隱左傳以鄭子名子儀，此云嬰，蓋别有所見。

鄭子八年，齊人管至父等作亂，弒其君襄公。十二年，宋人長萬弒其君湣公。鄭祭仲死。

十四年，故鄭亡厲公突在櫟者使人誘劫鄭大夫甫假〔一〇〕，〔一一〕要以求入。假曰：「舍我，我爲君殺鄭子而入君。」厲公與盟，乃舍之。六月甲子，假殺鄭子及其二子而迎厲公突，突自櫟復入即位。初，內蛇與外蛇鬬於鄭南門中，內蛇死。居六年，厲公果復入。入而讓其伯父原〔一二〕曰：「我亡國外居，伯父無意入我，亦甚矣。」原曰：「事君無二心，人臣之職也。原知罪矣。」遂自殺。厲公於是謂甫假曰：「子之事君有二心矣。」遂誅之。假曰：「重德不報，誠然哉！」

〔一一〕索隱 左傳作「傅瑕」。此本多假借，亦依字讀。

〔一二〕索隱 左傳謂之原繁。

厲公突後元年，齊桓公始霸。

五年，燕、衛與周惠王弟穨伐王，〔一〕王出奔溫，立弟穨爲王。六年，惠王告急鄭，厲公發兵擊周王子穨，弗勝，於是與周惠王歸，王居于櫟。七年春，鄭厲公與虢叔襲殺王子穨而入惠王于周。

〔一〕索隱 惠王，莊王孫，僖王子。子穨，莊王之妾王姚所生。事在莊十九年。

秋，厲公卒，子文公踕〔一〕立。厲公初立四歲，亡居櫟，居櫟十七歲，復入，立七歲，與亡凡二十八年。

【一】索隱 音在接反。系本云文公徙鄭。宋忠云即新鄭。

文公十七年，齊桓公以兵破蔡，遂伐楚，至召陵。

二十四年，文公之賤妾曰燕姞，【一】夢天與之蘭，【二】曰：「余爲伯鯈。余，爾祖也。【三】以是爲而子，【四】蘭有國香。」以夢告文公，文公幸之，而予之草蘭爲符。遂生子，名曰蘭。

【一】集解 賈逵曰：「姞，南燕姓。」

【二】集解 賈逵曰：「香草也。」

【三】集解 賈逵曰：「伯鯈，南燕祖。」

【四】集解 王肅曰：「以是蘭也爲汝子之名。」

三十六年，晉公子重耳過，文公弗禮。文公弟叔詹曰：「重耳賢，且又同姓，窮而過君，不可無禮。」文公曰：「諸侯亡公子過者多矣，安能盡禮之！」詹曰：「君如弗禮，遂殺之；弗殺，使即反國，爲鄭憂矣。」文公弗聽。

三十七年春，晉公子重耳反國，立，是爲文公。秋，鄭入滑，滑聽命，已而反與衞，於是鄭伐滑。【一】周襄王使伯犕【二】請滑。鄭文公怨惠王之亡在櫟，而文公父厲公入之，而惠王不賜厲公爵禄，【三】又怨襄王之與衞滑，故不聽襄王請而囚伯犕。王怒，與翟人伐鄭，弗克。冬，翟攻伐襄王，襄王出奔鄭，鄭文公居王于氾。三十八年，晉文公入襄王成周。

【一】索隱 僖二十四年左傳「鄭公子士、泄堵俞彌帥師伐滑」。

【二】索隱 音服。左傳「王使伯服、游孫伯如鄭請滑」。杜預云「二子周大夫」。知伯犕即伯服也。

【三】索隱 此言爵禄，與左氏説異。左傳云「鄭伯享王，王以后之鞶鑑與之。虢公請器，王予之爵」。則爵酒器，是太史公與丘明説別也〔一〕。

四十一年，助楚擊晉。自晉文公之過無禮，故背晉助楚。四十三年，晉文公與秦穆公共圍鄭，討其助楚攻晉者〔三〕，及文公過時之無禮也。初，鄭文公有三夫人，寵子五人，皆以罪蚤死。公怒，溉【一】逐羣公子。子蘭奔晉，從晉文公圍鄭。時蘭事晉文公甚謹，愛幸之，乃私於晉，以求入鄭爲太子。晉於是欲得叔詹爲僇。鄭文公恐，不敢謂叔詹言。詹聞，言於鄭君曰：「臣謂君，君不聽臣，晉卒爲患。然晉所以圍鄭，以詹，詹死而赦鄭國，詹之願也。」乃自殺。鄭人以詹尸與晉。晉文公曰：「必欲一見鄭君，辱之而去。」鄭人患之，乃使人私於秦曰：「破鄭益晉，非秦之利也。」秦兵罷。晉文公欲入蘭爲太子，以告鄭。鄭大夫石癸曰：「吾聞姞姓乃后稷之元妃，【二】其後當有興者。子蘭母，其後也。且夫人子盡已死，餘庶子無如蘭賢。今圍急，晉以爲請，利孰大焉！」遂許晉，與盟，而卒立子蘭爲太子，晉兵乃罷去。

【一】集解徐廣曰：「一作『瑕』。」索隱音蔇。左傳作「瑕」。

【二】集解杜預曰：「姞姓之女，爲后稷妃。」

四十五年，文公卒，子蘭立，是爲繆公。

繆公元年春，秦繆公使三將將兵欲襲鄭，至滑，逢鄭賈人弦高詐以十二牛勞軍，故秦兵不至而還，晉敗之於崤。初，往年鄭文公之卒也，鄭司城繒賀以鄭情賣之，秦兵故來。三年，鄭發兵從晉伐秦，敗秦兵於汪。

往年【一】楚太子商臣弑其父成王代立。二十一年，與宋華元伐鄭【二】。華元殺羊食士，不與其御羊斟，怒以馳鄭，鄭囚華元。宋贖華元，元亦亡去。晉使趙穿以兵伐鄭。

【一】集解徐廣曰：「繆公之二年。」

二十二年，鄭繆公卒，子夷立，是爲靈公。

靈公元年春，楚獻黿於靈公。子家、子公將朝靈公，【一】子公之食指動，【二】謂子家曰：「佗日指動，必食異物。」及入見靈公，進黿羹。子公笑曰：「果然！」靈公問其笑故，具告靈公。靈公召之，獨弗予羹。子公怒，染其指，【三】嘗之而出。公怒，欲殺子公。子公與子家謀先。夏，弒靈公。鄭人欲立靈公弟去疾，去疾讓曰：「必以賢，則去疾不肖；必以順，則公子堅長。」堅者，靈公庶弟，【四】去疾之兄也。於是乃立子堅，是爲襄公。

【一】集解賈逵曰：「二子鄭卿也。」

【二】集解服虔曰：「第二指。」

【三】集解左傳曰：「染指於鼎。」

【四】集解徐廣曰：「年表云靈公庶兄。」

襄公立，將盡去繆氏。繆氏者，殺靈公子公之族家也。去疾曰：「必去繆氏，我將去之。」乃止。皆以爲大夫。

襄公元年，楚怒鄭受宋賂縱華元，伐鄭。鄭背楚，與晉親。五年，楚復伐鄭，晉來救之。六年，子家卒，國人復逐其族，以其弒靈公也。

七年，鄭與晉盟鄢陵。八年，楚莊王以鄭與晉盟，來伐，圍鄭三月，鄭以城降楚。楚王入自皇門，鄭襄公肉袒掔羊以迎，曰：「孤不能事邊邑，使君王懷怒以及弊邑，孤之罪也。敢不惟命是聽。君王遷之江南，及以賜諸侯，亦惟命是聽。若君王不忘厲、宣王，桓、武公，哀不忍絶其社稷，錫不毛之地，【一】使復得改事君王，孤之願也，然非所敢望也。敢布腹心，惟命是聽。」莊王爲卻三十里而後舍。楚羣臣曰：「自郢至此，士大夫亦久勞矣。今得國舍之，何如？」莊王曰：「所爲伐，伐不服也。今已服，尚何求乎？」卒去。晉聞楚之伐鄭，發兵救鄭。其來持兩端，故遲，比至河，楚兵已去。晉將率或欲渡，或欲還，卒渡河。莊王聞，還擊晉。鄭反助楚，大破晉軍於河上。十年，晉來伐鄭，以其反晉而親楚也。

【一】集解何休曰：「墝埆不生五穀曰不毛。謙不敢求肥饒。」

十一年，楚莊王伐宋，宋告急于晉。晉景公欲發兵救宋，伯宗諫晉君曰：「天方開楚，未可伐也。」乃求壯士，得霍人解揚，字子虎，誆楚，令宋毋降。過鄭，鄭與楚親，乃執解揚而獻楚。楚王厚賜與約，使反其言，令宋趣降，三要乃許。於是楚登解揚樓車，【一】令呼宋。遂負楚約而致其晉君命曰：「晉方悉國兵以救宋，宋雖急，慎毋降楚，晉兵今至矣！」楚莊王大怒，將殺之。解揚曰：「君能制命爲義，臣能承命爲信。受吾君命以出，有死無隕。」【二】莊王曰：「若之許我，已而背之，其信安在？」解揚曰：「所以許王，欲以成吾君命也。」將死，顧謂楚軍曰：「爲人臣無忘盡忠得死者！」楚王諸弟皆諫王赦之，於是赦解揚使歸。晉爵之爲上卿。

【一】集解服虔曰：「樓車所以窺望敵軍，兵法所謂『雲梯』也。」杜預曰：「樓車，車上望櫓也。」

【三】集解服虔曰：「隕，墜也。」

十八年，襄公卒，子悼公濆【一】立。

【一】索隱劉音祕。鄒本一作「沸」，一作「弗」。左傳作「費」，音扶味反。

悼公元年，鄦公【一】惡鄭於楚，悼公使弟睔【二】於楚自訟。訟不直，楚囚睔。於是鄭悼公來與晉平，遂親。睔私於楚子反，子反言歸睔於鄭。

【一】集解徐廣曰：「鄦音許。許公，靈公也。」

【二】索隱公遜反。

二年，楚伐鄭，晉兵來救。是歲，悼公卒，立其弟睔，是爲成公。

成公三年，楚共王曰「鄭成公孤有德焉」，使人來與盟。成公私與盟。秋，成公朝晉，晉曰「鄭私平於楚」，執之。使欒書伐鄭。四年春，鄭患晉圍，公子如乃立成公庶兄繻【一】爲君。其四月，晉聞鄭立君，乃歸成公。鄭人聞成公歸，亦殺君繻。迎成公。晉兵去。

【一】索隱音須。鄒氏云：「一作『纁』，音訓。」

十年，背晉盟，盟於楚。晉厲公怒，發兵伐鄭。楚共王救鄭。晉楚戰鄢陵，楚兵敗，晉射傷楚共王目，俱罷而去。十三年，晉悼公伐鄭兵於洧上。【一】鄭城守，晉亦去。

【一】集解服虔曰：「洧，水名。」正義括地志云：「洧水在鄭州新鄭縣北三里，古新鄭城南。韓詩外傳云『鄭俗，二月桃花水出時，會於溱、洧水上，以自祓除』。」按：在古城城南，與溱水合。

十四年，成公卒，子惲【一】立。是爲釐公。

【一】索隱紆粉反。左傳作「髡頑」。

釐公五年，鄭相子駟朝釐公，釐公不禮。子駟怒，使廚人藥殺釐公，【一】赴諸侯曰釐公暴病卒。立釐公子嘉，嘉時年五歲，是爲簡公。

【一】集解徐廣曰：「年表云『子駟使賊夜弒僖公』。」

簡公元年，諸公子謀欲誅相子駟，子駟覺之，反盡誅諸公子。二年，晉伐鄭，鄭與盟，晉去。冬，又與楚盟。子駟畏誅，故兩親晉、楚。三年，相子駟欲自立爲君，公子子孔使尉止殺相子駟而代之。子孔又欲自立。子產曰：「子駟爲不可，誅之，今又效之，是亂無時息也。」於是子孔從之而相鄭簡公。

四年，晉怒鄭與楚盟，伐鄭，鄭與盟。楚共王救鄭，敗晉兵。簡公欲與晉平，楚又囚鄭使者。

十二年，簡公怒相子孔專國權，誅之，而以子産爲卿。十九年，簡公如晉請衞君還，而封子産以六邑。〔一〕子産讓，受其三邑。二十二年，吴使延陵季子於鄭，見子産如舊交，謂子産曰：「鄭之執政者侈，難將至，政將及子。子爲政，必以禮；不然，鄭將敗。」子産厚遇季子。二十三年，諸公子爭寵相殺，又欲殺子産。公子或諫曰：「子産仁人，鄭所以存者子産也，勿殺！」乃止。

〔一〕集解服虔曰：「四井爲邑。」

二十五年，鄭使子産於晉，問平公疾。平公曰：「卜而曰實沈、臺駘爲祟，史官莫知，敢問？」對曰：「高辛氏有二子，長曰閼伯，季曰實沈，居曠林，〔一〕不相能也，日操干戈以相征伐。后帝弗臧，〔二〕遷閼伯于商丘，主辰，〔三〕商人是因，故辰爲商星。〔四〕遷實沈于大夏，主參，〔五〕唐人是因，服事夏、商，〔六〕其季世曰唐叔虞。〔七〕當武王邑姜方娠大叔，夢帝謂己：〔八〕『余命而子曰虞，〔九〕乃與之唐，屬之參而蕃育其子孫。』及生有文在其掌曰『虞』，遂以命之。及成王滅唐而國大叔焉。故參爲晉星。〔一〇〕由是觀之，則實沈，參神也。昔金天氏有裔子曰昧，爲玄冥師，〔一一〕生允格、臺駘。〔一二〕臺駘能業其官，〔一三〕宣汾、洮，〔一四〕障大澤，〔一五〕以處太原。〔一六〕帝用嘉之，國之汾川。〔一七〕沈、姒、蓐、黄實守其祀。〔一八〕今晉主汾川而滅之。〔一九〕由是觀之，則臺駘，汾、洮神也。然是二者不害君身。山川之神，則水旱之菑禜之；〔二〇〕日月星辰之神，則雪霜風雨不時禜之；若君疾，飲食哀樂女色所生也。」平公及叔嚮曰：「善，博物君子也！」厚爲之禮於子産。

〔一〕集解賈逵曰：「曠，大也。」

〔二〕集解賈逵曰：「后帝，堯也。臧，善也。」

〔三〕集解賈逵曰：「商丘在漳南。」杜預曰：「商丘，宋地。」服虔曰：「辰，大火。主祀也〔一五〕。」

〔四〕集解服虔曰：「商人，契之先，湯之始祖相土封閼伯之故地，因其故國而代之。」

〔五〕集解服虔曰：「大夏在汾澮之閒，主祀參星。」杜預曰：「大夏，今晉陽縣。」

〔六〕集解賈逵曰：「唐人謂陶唐氏之胤劉累事夏孔甲，封於大夏，因實沈之國，子孫服事夏、商也。」正義括地志云：「故唐城在絳州翼城縣西二十里。」徐才宗國都城記云『唐國，帝堯之裔子所封。春秋云「夏孔甲時有堯苗胄劉累者，以豢龍事孔甲，夏后嘉之，賜曰御龍氏，以更豕韋之後。龍一雌死，潛醢之以食夏后。既而使求之，懼而遷于魯縣」。夏后蓋別封劉累之後于夏之墟，爲唐侯。至周成王時，唐人作亂，成王滅之而封太叔，遷唐人子孫于杜，謂之杜伯，范氏所云在周爲唐杜氏也』。地記云『唐氏在大夏之墟，屬河東安縣。今在絳城西北一百里有唐城者，以爲唐舊國』。」然則叔虞之封即此地也。

〔七〕集解杜預曰：「唐人之季世，其君曰叔虞。」

【八】集解賈逵曰：「帝，天也。己，武王也。」

【九】集解杜預曰：「取唐君之名。」

【一〇】集解賈逵曰：「晉主祀參，參爲晉星。」

【一一】集解服虔曰：「金天，少皞也。玄冥，水官也。師，長也。昧爲水官之長。」

【一二】集解服虔曰：「允格、臺駘，兄弟也。」

【一三】集解服虔曰：「脩昧之職〔一六〕。」

【一四】集解賈逵曰：「宣猶通也。汾、洮，二水名。」

【一五】集解服虔曰：「陂障其水也。」

【一六】集解服虔曰：「太原，汾水名。」杜預曰：「太原，晉陽也，臺駘之所居者。」

【一七】集解服虔曰：「帝顓頊也。」

【一八】集解賈逵曰：「四國臺駘之後也。」

【一九】集解賈逵曰：「滅四國。」

【二〇】集解服虔曰：「禜爲營，攢用幣也。若有水旱，則禜祭山川之神以祈福也。」

二十七年夏，鄭簡公朝晉。冬，畏楚靈王之彊，又朝楚，子產從。二十八年，鄭君病，使子產會諸侯，與楚靈王盟於申，誅齊慶封。

三十六年，簡公卒，子定公寧立。秋，定公朝晉昭公。

定公元年，楚公子弃疾弒其君靈王而自立，爲平王。欲行德諸侯，歸靈王所侵鄭地于鄭。

四年，晉昭公卒，其六卿彊，公室卑。子產謂韓宣子曰：「爲政必以德，毋忘所以立。」

六年，鄭火，公欲禳之。子產曰：「不如修德。」

八年，楚太子建來奔。十年，太子建與晉謀襲鄭。鄭殺建，建子勝奔吳。

十一年，定公如晉。晉與鄭謀，誅周亂臣，入敬王于周。【一】

【一】索隱王避弟子朝之亂出居狄泉，在昭二十三年；至二十六年，晉、鄭入之。經曰「天王入于成周」是也。

十三年，定公卒〔一七〕，子獻公蠆立。獻公十三年卒，子聲公勝立。當是時，晉六卿彊，侵奪鄭，鄭遂弱。

聲公五年，鄭相子產卒，【一】鄭人皆哭泣，悲之如亡親戚。子產者，鄭成公少子也。爲人仁愛人，事君忠厚。孔子嘗過鄭，與子產如兄弟云。及聞子產死，孔子爲泣曰：「古之遺愛也〔一八〕！」【二】

【一】正義括地志云：「子產墓在新鄭縣西南三十五里。酈元注水經云『子產墓在潩水上，累石爲方墳，墳東北向鄭城，杜預云言不忘本也』。」

【三】集解賈逵曰：「愛，惠也。」杜預曰：「子產見愛，有古人遺風也。」

八年，晉范、中行氏反晉，告急於鄭，鄭救之。晉伐鄭，敗鄭軍於鐵。【一】

【一】集解杜預曰：「戚城南鐵丘。」正義括地志云：「鐵丘在滑州衞南縣東南十五里。」

十四年，宋景公滅曹。二十年，齊田常弒其君簡公，而常相於齊。二十二年，楚惠王滅陳。孔子卒。

三十六年，晉知伯伐鄭，取九邑。

三十七年，聲公卒，子哀公易立。【一】哀公八年，鄭人弒哀公而立聲公弟丑，是爲共公。共公二年〔一九〕，三晉滅知伯。三十一年〔二〇〕，共公卒，子幽公已立。幽公元年，韓武子伐鄭，殺幽公。鄭人立幽公弟駘，是爲繻公。【二】

【一】集解年表云三十八年。

【二】集解年表云鄭立幽公子駘。繻，或作「繚」。

繻公十五年，韓景侯伐鄭，取雍丘。鄭城京。

十六年，鄭伐韓，敗韓兵於負黍。【一】二十年，韓、趙、魏列爲諸侯。二十三年，鄭圍韓之陽翟。

【一】集解徐廣曰：「在陽城。」正義括地志云：「負黍亭在洛州陽城縣西南三十五里，故周邑也。」

二十五年，鄭君殺其相子陽。二十七年，子陽之黨共弒繻公駘而立幽公弟乙爲君，是爲鄭君。【二】

【二】集解徐廣云：「一本云『立幽公弟乙陽爲君，是爲康公』。六國年表云『立幽公子駘』，又以鄭君陽爲鄭康公乙。班固云『鄭康公乙爲韓所滅』。」

鄭君乙立二年，鄭負黍反，復歸韓。十一年，韓伐鄭，取陽城。

二十一年，韓哀侯滅鄭，并其國。

太史公曰：語有之，「以權利合者，權利盡而交疏」，甫瑕是也。甫瑕雖以劫殺鄭子內厲公，厲公終背而殺之，此與晉之里克何異？守節如荀息，身死而不能存奚齊。變所從來，亦多故矣！

【索隱述贊】厲王之子，得封於鄭。代職司徒，緇衣在詠。虢、鄶獻邑，祭足專命〔二一〕。莊既犯王，厲亦奔命。居櫟克入，蔓蘭毓慶。伯服生囚，叔瞻尸聘。釐、簡之後，公室不競。負黍雖還，韓哀日盛。

校勘記

〔一〕以幽王八年爲司徒也　耿本、黄本、彭本、柯本、凌本、殿本作「以爲説耳」。

〔二〕古東虢叔之國　「叔」字疑衍。按：本書卷五秦本紀「虢叔」、卷四九外戚世家「河南宮成皋臺」正義引括地志皆無「叔」字。

〔三〕皆有驕侈　國語鄭語此下有「怠慢之心」四字。

〔四〕鄢　國語鄭語作「鄔」。

〔五〕莘也　「莘」，景祐本、紹興本、耿本、黄本、彭本、柯本、凌本作「華」。

〔六〕莘君之土也　「莘」，耿本、黄本、彭本、索隱本、柯本、凌本作「華」。

〔七〕三十里　本書卷二三禮書正義引括地志作「三十五里」。

〔八〕隱三年　「三年」，原作「二年」，據耿本、黄本、彭本、柯本、凌本改。按：左傳鄭武公、莊公爲平王卿士及取麥、禾之事皆在隱公三年。

〔九〕九月丁亥　「丁亥」，原作「辛亥」。張文虎札記卷四：「下文有己亥，則此文『辛』字誤可知。」

按：左傳桓公十一年：「秋九月丁亥，昭公奔衞。己亥，厲公立。」今據改。

〔一〇〕甫假　景祐本、紹興本、耿本、黄本、彭本、柯本、凌本、殿本作「甫瑕」。

〔一一〕是太史公與丘明説別也　耿本、黄本、彭本、柯本、凌本、殿本作「非爵禄也故曰與左氏説異」。

〔一二〕攻晉者　梁玉繩志疑卷二三：「『者』字衍。」

〔一三〕與宋華元伐鄭　梁玉繩志疑卷二三：「宣二年傳鄭公子歸生受命於楚伐宋，宋華元、樂吕禦之而獲，非宋伐鄭也。『與』字尤謬。」按：本書卷一四十二諸侯年表云：「與宋師戰，獲華元。」

〔一四〕年表云靈公庶兄　「庶兄」，本書卷一四十二諸侯年表作「庶弟」。按：漢書卷二〇古今人表：「鄭襄公堅，靈公子。」

〔一五〕主祀也　疑當作「主祀辰星也」。按：下文「主參」服虔曰「主祀參星」，文例相同。

〔一六〕脩昧之職　「職」，原作「識」，據景祐本、紹興本、耿本、黄本、彭本、殿本改。

〔一七〕十三年定公卒　「十三年」，通志卷七七周同姓世家一作「十六年」，疑是。按：本書卷一四十二諸侯年表鄭定公在位十六年。

〔一八〕古之遺愛也　景祐本、耿本、黄本、彭本、柯本、凌本、殿本、會注本此下有「兄事子産」四字。

〔一九〕共公二年　「二年」，原作「三年」，據景祐本改。按：本書卷一五六國年表三晉滅智伯在周定王十六年，當鄭共公二年。

〔三〇〕三十一年　景祐本、紹興本、耿本、黄本、彭本、柯本、凌本、殿本作「三十年」。

〔三一〕祭足專命　「祭足」，原作「祭祝」，據黄本、彭本、柯本、凌本、殿本改。按：左傳桓公五年作「祭足」。